古典文獻研究輯刊

十九編

潘美月・杜潔祥 主編

第 9 冊

群書校補（續）
——三餘讀書雜記（第九冊）

蕭 旭 著

國家圖書館出版品預行編目資料

群書校補（續）——三餘讀書雜記（第九冊）／蕭旭 著 -- 初
版 -- 新北市：花木蘭文化出版社，2014〔民 103〕
目 4+222 面；19×26 公分
（古典文獻研究輯刊 十九編；第 9 冊）
ISBN 978-986-322-869-1（精裝）
1.古籍　2.研究考訂
011.08　　　　　　　　　　　　　　　　103013715

ISBN-978-986-322-869-1

9 789863 228691

古典文獻研究輯刊
十九編　第九冊　　　　　　　　ISBN：978-986-322-869-1

群書校補（續）——三餘讀書雜記（第九冊）

作　　者　蕭旭
主　　編　潘美月　杜潔祥
總 編 輯　杜潔祥
副總編輯　楊嘉樂
編　　輯　許郁翎
企劃出版　北京大學文化資源研究中心
出　　版　花木蘭文化出版社
社　　長　高小娟
聯絡地址　235 新北市中和區中安街七二號十三樓
　　　　　電話：02-2923-1455／傳眞：02-2923-1452
網　　址　http://www.huamulan.tw 信箱 hml 810518@gmail.com
印　　刷　普羅文化出版廣告事業
初　　版　2014 年 9 月
定　　價　十九編 18 冊（精裝）新台幣 32,000 元

群書校補(續)
——三餘讀書雜記(第九冊)

蕭　旭　著

目 次

「嬰兒」語源考

1. 最早考察「嬰兒」一詞語源的，當是東漢的劉成國，他在《釋名・釋長幼》中說：「人始生曰嬰兒，胸前曰嬰，抱之嬰前，乳養之也。或曰嫛婗。嫛，是也，言是人也。婗，其啼聲也。故因以名之也。」對劉氏的這段話，我所知道的，有三人作過疏解。

（1）王先謙曰：「嬰無胸前義，此借嬰爲膺。《說文》『嫛』下云：『婗也。』『婗』下云：『嫛婗也。』嫛婗總謂小兒耳。《廣雅》：『婗，子也。』亦作緊倪，《孟子・梁惠王下》：『反其旄倪。』注：『倪，弱小緊倪者也。』《詩・雄雉》箋：『緊，猶是也。』此借嬰爲緊。《荀子・富國篇》：『呢嘔之。』楊注：『呢嘔，嬰兒語聲也。』此又借婗爲呢也。」

（2）葉德炯曰：「《禮記・雜記》鄭注：『嬰兒，嬰猶鷖彌也。』鷖彌即嬰兒之轉聲。」〔註1〕

（3）徐復亦引《孟子》趙岐注以說之，又曰：「婗爲啼聲之說，未聞。」〔註2〕

2. 宋人徐鍇也考察了「嬰兒」一詞的語源，他在《說文繫傳・通論中》中說：「兒者，倪也。女曰嬰，其聲細，嚶嚶然。兒猶謙，其聲倪倪然，差壯大也。倪者，耑倪也，人之始也，如木之有端倪也。又兒者，提也。兒則提攜之，女則擁抱之，從母言之也。於文，儿臼爲兒。」又《繫傳》「婗」字條

〔註1〕 二說並見王先謙《釋名疏證補》卷3，收入《續修四庫全書》第190冊，上海古籍出版社2002年版，第76～77頁。

〔註2〕 徐復《〈釋名〉補疏上篇》，收入《徐復語言文字學晚稿》，江蘇教育出版社2007年版，第20頁。

云：「嫛婗，嬰兒貌也。」清人薛傳均曰：「嫛，頸飾也，與『賏』訓相同。婗，孺子也。自是本字。」〔註3〕

3. 劉氏的說法除了「婗，其啼聲也」是對的，其餘都錯。徐鍇謂「其聲嫛嫛然」、「其聲婗婗然」是對的，其餘亦都錯。薛傳均「嫛」讀「賏」，亦誤。葉德炯的說法是對的。王先謙謂「嫛爲緊」以申證劉說，未得其語源；而引《孟子》、《荀子》，則是也。徐復謂「婗爲啼聲之說，未聞」者，蓋未得「婗」字古音，故闕疑耳。下面分條疏說之。

4. 「嬰兒」一詞，不同的方言有不同的記錄形式。俗亦作「覲兒」，《龍龕手鑑》：「覲，覲兒。」

4.1. 「嬰兒」音轉作「嫛婗」。《說文》：「嫛，嫛〔婗〕也。」〔註4〕又「婗，嫛婗也。」《廣雅》：「婗、兒，子也。」《玉篇》：「婗，嫛婗。」又「嫛，人始生曰嫛婗。」《玄應音義》卷9：「嬰咳：嬰猶嫛婗也。《蒼頡篇》云：『女曰嬰，男曰兒。』」《蒼頡篇》云云是強生分別，其說非也。清・虞兆漋曰：「女之幼者曰嬰，男之幼者曰兒，故嬰字以女。今人不分男女，凡始生者皆謂之嬰兒，欠分別矣。」〔註5〕虞氏惑於《通俗文》之說，又不明「嬰」字之語源也。錢大昕曰：「嫛婗即嬰兒之異文。」〔註6〕段玉裁曰：「凡言嬰兒，則嫛婗之轉語。」〔註7〕王念孫曰：「婗亦兒也，方俗語有輕重耳。《說文》：『婗，嫛婗也。』《釋名》云：『人始生曰嬰兒，或曰嫛婗。』《孟子・梁惠王篇》：『反其旄倪。』趙岐注云：『倪，弱小緊倪者也。』緊倪與嫛婗同。凡物之小者謂之倪。嬰兒謂之婗，鹿子謂之麑，小蟬謂之蜺，老人齒落更生細齒謂之齯齒。義竝同也。」〔註8〕朱駿聲曰：「嫛婗，雙聲連語，即嬰兒之音轉。」又曰：「嫛婗，雙聲連語，猶言嬰兒也⋯⋯嫛、婗皆小兒學語聲。」〔註9〕黃侃曰：「嬰兒本作嫛婗。」〔註10〕章太炎曰：「山東謂幼女爲婗子，

〔註3〕 薛傳均《說文答問疏證》卷6，收入《叢書集成初編》第1125冊，中華書局1985年影印，第126頁。

〔註4〕 「婗」字據段玉裁說補。《集韻》引已脫。段玉裁《說文解字注》，上海古籍出版社1981年版，第614頁。

〔註5〕 虞兆漋《天香樓偶得》，收入《叢書集成續編》第215冊，臺灣新文豐出版公司1988年版，第11頁。

〔註6〕 錢大昕《潛研堂集》卷11《答問八》，上海古籍出版社1989年版，第170頁。

〔註7〕 段玉裁《說文解字注》，上海古籍出版社1981年版，第622頁。

〔註8〕 王念孫《廣雅疏證》，收入徐復主編《廣雅詁林》，江蘇古籍出版社1992年版，第505頁。

〔註9〕 朱駿聲《說文通訓定聲》，武漢市古籍書店1983年版，第523、606頁。

亦以稱婢。兒、婗、孺古皆在泥紐，音轉爲怒。《治要》引《桓子新論》：『哀帝時，待詔伍客言漢朝當生勇怒子。帝爲怒子，非所宜言。』今揚、越愛憐其兒，皆稱爲怒。又轉爲麠，《說文》：『麠，鹿麠也。奴亂切。』江南、浙江亦謂小兒爲麠。」〔註11〕「婗子」就是「倪子」，只是改換偏旁以別男女。幼女稱爲「婗子」，俗作「妮子」。

4.2. 音轉亦作「殹兒」。郭店楚簡《語叢四》：「一王母保（抱）三殹兒。」劉釗曰：「『殹兒』應讀作『嫛婗』。『嫛婗』乃『嬰兒』的異寫。」林素清曰：「嫛婗，簡文省女旁。」〔註12〕

4.3. 音轉亦作「嬰蜺」、「嫛婗」。漢・東方朔《神異經》：「此蟲常春生，以季夏藏于鹿耳中，名嬰蜺，亦細小也。」《太平廣記》卷479引作「……名嫛婗。嫛婗，細小也」，《廣博物志》卷50引誤作「嬰媿」。小蟲謂之「嬰蜺」、「嫛婗」，與小兒謂之「嬰兒」，其義一也，只是增加或改換了形旁作分別字耳。

4.4. 音轉亦作「鷖彌」、「嫛彌」、「嬰嫛」。「嫛婗」轉作「鷖彌」，與「鉏鋙」轉作「鉏彌」（詳見下文）同理。《集韻》：「婗，《說文》：『嫛也。』一曰啼聲。或作彌。」又「彌，嫛彌，嬰兒貌。」《禮記・襍記》：「中路嬰兒失其母焉。」鄭玄注：「嬰猶鷖彌也。」《玄應音義》卷9即云「嬰猶嫛婗也」。元・黃玠《辛未七月廿三日大雨》：「男兒性命不自保，往往中路遺嬰嫛。」段玉裁曰：「按『鷖彌』即『嫛婗』，語同而字異耳。」〔註13〕王筠曰：「案『鷖彌』、『繫倪』皆『嫛婗』之借字。要是形容之詞以聲爲義，故單字連文秖是長言短言之分，若《釋名》曰『嫛，是也，言是人也。婗，其啼聲也，故因以名之也』，恐非。大約疊韻雙聲，皆不可以義求之。」〔註14〕朱駿聲曰：「鷖彌，按小兒言語不清嫛婗然也。《蒼頡篇》：『女曰嬰，男曰兒。』非是。《釋名》：『人始生曰嬰兒，胸前曰嬰，抱之嬰前，乳養之也。』此以膺

〔註10〕黃侃《說文段注小箋》，收入黃侃《說文箋識》，中華書局2006年版，第220頁。

〔註11〕章太炎《新方言》卷3，收入《章太炎全集（七）》，上海人民出版社1980年版，第87頁。《治要》見卷44。

〔註12〕劉釗《讀郭店楚簡字詞札記》，林素清《郭店竹簡〈語叢四〉箋釋》，並收入《郭店楚簡國際學術研討會論文集》，湖北人民出版社2000年版，第81、394頁。劉釗說又見《郭店楚簡校釋》，福建人民出版社2005年版，第234頁。

〔註13〕段玉裁《說文解字注》，上海古籍出版社1981年版，第614頁。

〔註14〕王筠《說文解字句讀》，中華書局1988年版，第493頁。

釋嬰，聲訓之法，非本義；又云：『或曰嫛婗。嫛，是也，言是人也。婗，其啼聲也。』亦失之。」〔註15〕王、朱二氏各有得失。朱氏謂劉說「婗，其啼聲也」失之，是以不狂為狂；其餘說法皆正確可信。王筠謂「疊韻雙聲，皆不可以義求之」，則為大誤。疊韻雙聲之詞，非不可以義求之也。即以「嫛婗」而言，就可分訓（詳見下文）。

5.「婗」是「兒」的增旁字，古音當讀如牙，俗作「呀」。有以下諸證：

（1）《玉篇》：「唲，乙佳切，唲嘔，小兒語也，亦作哇，又音兒。」《廣韻》：「唲，於佳切，唲嘔，小兒言也。」《荀子・富國篇》：「拊循之，唲嘔之。」楊倞註：「唲嘔，嬰兒語聲也。唲，於佳反。嘔，與『謳』同。」《集韻》：「啞，啞嘔，小兒學言。」《六書故》：「唲，於嘉切，唲嘔，與嬰兒應和語也。今俗云『阿嘔』是也。」「唲嘔」即「啞嘔」、「阿嘔」也。宋・歐陽修《鬼車》：「車回輪轉，軸聲啞嘔。」此則以狀車軸聲。倒言則作「嘔唲」，《集韻》：「唲，嘔唲，小兒言。」又「唲，嘔唲，聲也。」倒言亦作「嘔啞」，唐・白居易《念金鑾子》：「況念夭札時，嘔啞初學語。」

（2）《玉篇殘卷》：「詉，女佳反，《埤蒼頡》：『詀詉，言不正也。』」〔註16〕又「詉，《埤蒼》：『詉譺，詀詉也。』《聲類》或為短字。」《玉篇》：「短，短譺，詀詉也，亦作詉。」《集韻》：「詉，《埤倉》：『詀詉，言不正。』」《廣韻》「詉」、「貌」、「捉」並音妳佳切，《集韻》「詉」、「貌」、「捉」、「挩」並音居佳切。此皆從「兒」之字讀「崖」之證，諸書轉相承襲，要自有據。「詀詉」何以有「言不正」之義，語源不明，於典籍亦無所徵。考《莊子・天下》：「謑髁無任。」《釋文》：「謑髁，訛倪不正貌。」「詀詉」當即「訛倪」之誤。訛，讀為闊，俗作歪。詉，讀為斜。「訛倪」即「歪斜」。

（3）《玄應音義》卷20：「唲掘：上乙佳反。」《可洪音義》卷23：「唲掘：上於街反。」

（4）《楚辭・卜居》：「喔咿儒兒。」王逸注：「強笑噱也，一作嚅唲。」朱熹注：「喔咿儒兒，強語笑貌。」《廣韻》：「唲，汝移切，曲從貌，《楚詞》云：『喔咿嚅唲。』」《六書故》引作「儒兒」，解云：「兒女聲也。」「喔咿嚅唲」皆喉舌間聲，以狀勉強出聲之笑耳。字亦作哇、䶑、欸，《集韻》：「哇，《說文》：『諂聲也。』或作䶑。」又「欸，邪兒，一曰聲也。」《玉篇》：「欸，

〔註15〕 朱駿聲《說文通訓定聲》，武漢市古籍書店1983年版，第859頁。
〔註16〕 「頡」字當衍。

於佳切，狋聲。」《廣韻》「呢」又音汝移切，乃俗音之變。《玉篇》：「羠，女奚切，羺羠，胡羊也。」《御覽》卷 902 引《字林》同。《廣韻》：「羠，妳佳切，羺羠，羊也。」倒言則作「羠羺」，《集韻》：「羠，居佳切，羠羺，胡羊。」羊名「羺羠」者，其語源是「嚅呢」，蓋以聲得名。「羠」的俗音轉爲女奚切，與「倪」的俗音轉爲五稽切、研奚切，是同一音理。

（5）《莊子・大宗師》：「不知端倪。」《釋文》：「端倪，本或作沅，同，音崖。徐音詣。」「沅」同「倪」，讀音崖是也。《集韻》：「倪，宜佳切，極際也。《莊子》：『不知端倪。』或作沅。」《莊子・天下》：「荒唐之言，無端崖之辭。」漢・馬融《廣成頌》：「天地虹洞，固無端涯。」段玉裁曰：「借端爲耑，借倪爲題也。題者，物初生之題也。」〔註17〕朱駿聲曰：「倪，叚借爲兒。《莊子・大宗師》：『不知端倪。』按耑者，草之微始；兒者，人之微始也。」〔註18〕段、朱二氏讀倪爲題、兒，並失之。《正字通》：「舊註引《莊》改音匡，非。」此亦所謂以不狂爲狂也。

（6）《莊子・齊物論》：「和之以天倪。」郭象注：「天倪者，自然之分也。」《釋文》：「倪，李音崔（崖），徐音詣，郭音五底反，李云：『分也。』崔云：『或作霓，音同，際也。』班固曰『天研』。」班固曰「天研」者，未詳所出，「研」亦「倪」音轉，《玉篇》、《廣韻》「研」或作「硯」。盧文弨曰：「舊本崖訛崔，今據《大宗師篇》改正。倪音近研，故計倪亦作計研。」黃焯採其說〔註19〕。考《宋書・謝靈運傳》《山居賦》自注云：「莊周云：『和以天倪。』倪者，崖也。」謝氏亦取李音，字正作「崖」也。章太炎曰：「倪當借爲崖，李音崔訓是也。」〔註20〕「端倪」即「端崖（涯）」，「天倪」即

〔註17〕段玉裁《說文解字注》，上海古籍出版社 1981 年版，第 376 頁。
〔註18〕朱駿聲《說文通訓定聲》，武漢市古籍書店 1983 年版，第 522 頁。
〔註19〕盧文弨《莊子音義上考證》，《經典釋文考證》，收入《叢書集成新編》第 3 冊，新文豐出版公司 1985 年版，第 317 頁。黃焯《經典釋文彙校》，中華書局 2006 年版，第 744 頁。《史記・貨殖傳》：「乃用范蠡、計然。」《漢書》同。《集解》引徐廣曰：「計然者，范蠡之師也，名研。故諺曰：『研、桑心筭。』」《索隱》：「《吳越春秋》謂之『計倪』，《漢書・古今人表》『計然』列在第四。則倪之與研是一人，聲相近而相亂耳。」顏師古曰：「計然一號計研，故《戲賓（答賓戲）》曰：『研、桑心計於無垠。』即謂此耳。《吳越春秋》及《越絕書》並作計倪，此則『倪』、『研』及『然』聲皆相近，實一人耳。」
〔註20〕章太炎《莊子解故》，收入《章太炎全集（6）》，上海人民出版社 1980 年版，第 130 頁。

「天涯」。

（7）《莊子‧秋水》：「由此觀之，又何以知豪末之足以定至細之倪！又何以知天地之足以窮至大之域！」《釋文》：「倪，五厓反，徐音詣，郭五米反。」朱季海曰：「倪、輗共氏，明倪亦耑也。下云『知是非之不可爲分，細大之不可爲倪』，又曰『惡至而倪貴賤，惡至而倪小大』，是倪又與分爲對文。《齊物論》言『天倪』，李、郭並以爲分也，五佳反，正讀如崖，與李音合。」〔註21〕王叔岷曰：「章太炎云：『倪借爲儀，度也。』倪讀爲崖，倪與域對言，倪猶崖也。章謂倪借爲儀，於義殊晦。」〔註22〕「細大之不可爲倪」二句，成玄英疏：「各執是非，故是非不可爲定分；互爲大小，故細大何得有倪限。」「倪限」即「崖垠」。

（8）《莊子‧馬蹄》：「夫加之以衡扼，齊之以月題，而馬知介倪、闉扼、鷙曼、詭銜、竊轡。」《釋文》：「介，徐古八反。倪，徐五圭反，郭五第反。李云：『介倪，猶睥睨也。』崔云：『介出俾倪也。』」「五圭反」之「圭」當作「厓」或「佳」。朱駿聲曰：「介，叚借爲齡。介倪，按齡輗也。注『睥睨』，非是。」〔註23〕孫詒讓曰：「倪即輗之借字。《說文》『輗，大車〔轅〕耑持衡者。』」〔註24〕輗取義於轅耑，是古音當讀五厓反也。成玄英疏：「介，獨也。倪，睥睨也。闉，曲也。……睥睨曲頭緓扼，抵突禦人。」郭嵩燾曰：「今案《成二年左傳》『不介馬而馳之。』杜預注：『介，馬甲也。』《說文》：『俾，益也。倪，俾也。』言馬知甲之加其身。」〔註25〕二氏皆失之。

（9）《莊子‧人間世》：「於是並生心厲。」晉‧郭象注：「但生痯疵以相對之。」《釋文》：「痯，疑賣反，又音詣。疵，士賣反，又齊計反。」盧文弨曰：「痯疵，蓋讀與『睚眥』同。」〔註26〕朱起鳳曰：「痯讀疑賣反，疵讀士賣反，即爲『睚眥』之叚。」〔註27〕二氏說是也，《集韻》：「睚，一

〔註21〕朱季海《莊子故言》，中華書局 1987 年版，第 80 頁。

〔註22〕王叔岷《莊子校詮》，「中央」研究院歷史語言研究所專刊之八十八，1988 年版，第 593 頁。

〔註23〕朱駿聲《說文通訓定聲》，武漢市古籍書店 1983 年版，第 663 頁。

〔註24〕孫詒讓《莊子札迻》，收入《札迻》，齊魯書社 1989 年版，第 156 頁。原引脫「轅」字，茲據《說文》補。

〔註25〕郭嵩燾說轉引自郭慶藩《莊子集釋》，中華書局 1961 年版，第 340 頁。

〔註26〕盧文弨《經典釋文考證》，收入《叢書集成新編》第 3 冊，新文豐出版公司 1985 年版，第 317 頁。

〔註27〕朱起鳳《辭通》，上海古籍出版社 1982 年版，第 1899 頁。

曰怒視，或作瞙、矏、疢、厓。」又「眦，眦眭，恨視，或作疵。」可知「疢疵」與「瞙眦」同字，「疢」、「瞙」同音。《釋文》所列別音別字並非。《集韻》：「疢，研計切，疢疵，恨也。疵，才詣切，疢疵，恨也。」釋義則是，讀音則非。林希逸注：「厲，狼戾也。」「瞙眦」猶言不合，故郭氏以釋「心厲」也。成疏：「心生疵疾。」已不得郭氏之誼。《集韻》：「瞙，或作瞙、矏、疢、厓。」又「眦，或作疵。」可知「疢疵」與「瞙眦」同字，「疢」、「瞙」同音。《正字通》：「疢，俗字，呰恨不當從疒作疢。」斯又未達古音通借之指也。《佛說㮈女祇域因緣經》卷1：「恒苦瞋恚，眭皆殺人。」宮本作「睨皆」，《經律異相》卷31引同。相同文字亦見《佛說㮈女耆婆經》卷1，明本作「瞙皆」，宋、元本作「睨皆」。《慧琳音義》卷79：「睨皆：上蜺計反，下音薺。準經義，睨皆者，怒目視人也。《說文》：『邪視也。』睨目之皃也。」「睨皆」即「瞙皆」，慧琳於音義並失之。《可洪音義》卷13：「睨眦：上五計反，下在計反。睨眦，恨視也。經音義以瞙眦替之，上五賣反，下助賣反，目際也，非。」可洪以不誤爲誤。

（10）《淮南子・要略篇》：「《氾論》者，所以箴縷綜緤之間，攝（撮）挍呢齵之郄也。」許愼注：「呢齵，錯梧（啎）也。」「呢」讀爲齖。「呢齵」即「齖齵」，齒不正，故許氏訓爲錯啎也。《說文》：「齵，齒不正也。」《玉篇》：「齖，齒不平。」《類篇》：「齖，齖齵，齒不正。」馬宗霍謂「呢」讀爲齯，引《說文》「齯，老人齒」、《爾雅》郭注「齯齒，齒墮更生細者」以解之〔註28〕。「齯」、「齵」義不相類，馬說非是。字或作「齖齵」〔註29〕，《集韻》：「齖，齖齵，齒不正。」倒言又音轉作「齵差」，《荀子・君道》：「天下之變，境內之事，有弛易齵差者矣。」倒言音轉又作「敖倪」、「傲睨」、「傲倪」，《莊子・天下》：「獨與天地精神往來，而不敖倪於萬物。」言與萬物不合也。成玄英疏：「敖倪，猶驕矜也。」《文選・江賦》：「冰夷倚浪以傲睨，江妃含嚬而矊眇。」李善注引《莊子》作「傲睨」，又解云：「傲睨，自寬縱不正之貌。」李氏改字以就正文，所解是也。王先謙曰：「『敖倪』與『傲睨』字同。」王闓運曰：「敖倪，視貌。」王叔岷曰：「傲睨，蓋傲視貌。」〔註30〕解作「傲視」恐未得。嵇康《卜疑集》：「寧斥逐凶佞守正

〔註28〕 馬宗霍《淮南舊注參正》，齊魯書社1984年版，第415頁。
〔註29〕 《慧琳音義》卷58：「齲齒：謂高下不齊平也，律文作齲。」
〔註30〕 三說並見王叔岷《莊子校詮》，中央研究院歷史語言研究所專刊之八十八，1988

不傾明否臧乎？將傲倪滑稽挾智任術爲智囊乎？」倒言音轉又爲「聱牙」、「聱齖」、「聱岈」、「敖牙」〔註31〕，唐·韓愈《進學解》：「周《誥》殷《盤》，佶屈聱牙。」《五百家注昌黎文集》卷 12 引孫氏注：「佶屈聱牙，皆艱澀也。」〔註32〕柳宗元《晉問》：「其高壯則騰突撐拒，聱岈鬱怒焉。」《集注》：「聱，語不入。岈，山深貌，與谺同，谷中大空。」〔註33〕所釋非也。《新唐書·元結傳》《自釋書》：「樊左右皆漁者，少長相戲，更曰聱叟。彼誚以聱者，爲其不相從聽，不相鉤加，帶笭箵而盡船，獨聱齖而揮車。」元結自釋爲「不相從聽」，即與人意見不合，亦齒不平正之引申義也。宋·王十朋《舟中記所見》：「浪翁未免聱牙戲，漁父時爲欸乃歌。」《兩宋名賢小集》卷 166 引作「敖牙」。宋·蘇轍《和子瞻題風水洞》：「土囊鬱怒聲初散，石齒聱牙勢未前。」宋·洪邁《夷堅甲志·婦人三重齒》：「天明視之，已生齒三重，極聱牙可畏。」此二例皆用其本義。宋·朱熹《枯木次擇之韻》：「百年蟠木老聱牙，偃蹇春風不肯花。」此用其引申義，謂樹枝參差也。「牙」皆非「牙齒」之謂也。段玉裁曰：「牙上下錯互，故曰犬牙相錯，曰聱牙，曰牙儈。」〔註34〕劉潔修曰：「聱牙，拗口。」〔註35〕皆非也。

（11）《左傳·宣公二年》：「宣子驟諫，公患之，使鉏麑賊之。」《國語·晉語五》同，《說苑·立節》作「鉏之彌」，《呂氏春秋·過理》作「沮麛」，《漢書·古今人表》作「鉏麛」。杜注：「鉏麑，晉力士。」《釋文》：「鉏，仕俱反。麑，音迷，一音五兮反。」「麑」、「彌」、「麛」音轉讀如崖。「鉏麑」、「鉏彌」、「沮麛」即「鉏牙」、「槎牙」音轉，亦轉作「鉏吾」、「鉏鋙」、「齟齬」等形〔註36〕。「鉏麑」爲人名，蓋得名於牙齒參差不齊。《通志》卷 29《氏族略》：「鉏氏，《左傳》晉有力士鉏麑。」以「鉏」爲姓，殆非也。《左

　　　年版，第 1347 頁。

〔註31〕黃生曰：「齟，齒參差也，今謂木器不平整曰齟，音敖，語之轉也。」黃生《義府》卷上，黃生、黃承吉《字詁義府合按》，中華書局 1954 年版，第 162 頁。齟，疑母侯部；敖，疑母宵部。二字雙聲，旁轉疊韻。

〔註32〕宋·魏仲舉《五百家注昌黎文集》卷 12，收入景印文淵閣《四庫全書》第 1074 冊，臺灣商務印書館 1986 年初版，第 237 頁。

〔註33〕宋·童宗說等《柳河東集注》卷 15，收入景印文淵閣《四庫全書》第 1076 冊，臺灣商務印書館 1986 年初版，第 600 頁。

〔註34〕段玉裁《與江晉三說〈說文〉「牙」字》，《經韻樓集》卷 5，上海古籍出版社 2008 年版，第 106 頁。

〔註35〕劉潔修《漢語成語考釋詞典》，商務印書館 1989 年版，第 496 頁。

〔註36〕參見蕭旭《「齟齬」考》。

傳·襄公二十三年》：「公彌長而愛悼子。」杜注：「公彌，公鉏。」又《定公八年》：「公鉏極。」杜注：「公彌曾孫。」春秋魯公彌字鉏也，其名、字相應，當即「鉏彌」之分言〔註 37〕。張澍曰：「公彌字鉏，《爾雅》：『彌，終也。』郭注：『終，竟也。』《說文》作『𨤳』，云：『久長也。』字鉏者，取『禾易長畝，終善且有』之義。」〔註 38〕其說至晦，非的解也。《左傳·定公十年》：「犁彌言於齊侯曰：『孔丘知禮而無勇。』」《史記·齊太公世家》、《韓子·說林上》作「犁鉏」，《史記·孔子世家》作「黎鉏」，《韓子·內儲說下》、《長短經·昏智》作「犁且」，《齊世家索隱》本亦作「犁且」，云：「且，即餘反。即犁彌也。」「且」即「鉏」省借。春秋齊犁彌字鉏（且），其名、字相應，亦當即「鉏彌」之分言。又考《穀梁傳·莊公五年》：「郳黎來來朝。」《公羊傳》作「倪黎來」。「犁彌」即「郳（倪）黎來」也。王引之曰：「彌讀爲鑗。《玉篇》：『鑗，青州人呼鎌也。』《說文》：『鉏，立薅斫也。』鑗、鉏皆所以芟夷者，故名鑗字鉏。」〔註 39〕張澍曰：「犁彌字鉏，彌爲鑗之省文，刈田之器，猶公彌字鉏矣。」〔註 40〕二氏說皆非。

（12）清華簡（三）《芮良夫毖》：「此心目亡（無）亟（極），富而亡（無）汜。」整理者曰：「汜，典籍或作倪。《莊子·大宗師》：『不知端倪。』《釋文》：『倪，本或作汜。』《集韻》：『倪，或作汜。』《莊子·齊物論》：『何謂和之以天倪。』《釋文》引崔譔云：『倪，際也。』」〔註 41〕整理者得其義矣，而於字尚隔一間，未探其本。「汜」當讀爲厓，故「汜」得訓際也。《說文》：「厓，山邊也。」引申之，則爲邊際之義，後出字作「崖（㟃）」。「涯（漄）」爲水際，「睚」爲目際，與「崖」同源，皆「厓」字後出之分別字。《莊子》、《淮南子》、《楚辭》多楚語，其書「倪」、「汜」、「霓」、「睨」、「呢」，皆楚音之存。荀子廢老蘭陵，不排除《荀子》用吳楚語。後世則進入通語，蓋南

〔註 37〕晉大夫叔向名肸，宋公子肸字向父，「向」借爲「響」，其名肸字向，名、字相應，當即「肸響」之分言。齊高彊子字子良，亦即「彊良（梁）」之分言。皆是其比也。參見張澍《春秋時人名字釋》，《養素堂文集》卷 32，《續修四庫全書》第 1507 冊，上海古籍出版社 2002 年版，第 101、104 頁。

〔註 38〕張澍《春秋時人名字釋》，《養素堂文集》卷 32，《續修四庫全書》第 1507 冊，上海古籍出版社 2002 年版，第 100 頁。

〔註 39〕王引之《春秋名字解詁》，收入《經義述聞》卷 23，江蘇古籍出版社 1985 年版，第 551 頁。

〔註 40〕張澍《春秋時人名字釋》，《養素堂文集》卷 32，《續修四庫全書》第 1507 冊，上海古籍出版社 2002 年版，第 101 頁。

〔註 41〕李學勤主編《清華大學藏戰國竹簡（叁）》，中西書局 2012 年版，第 149 頁。

方方言之流傳也。「亡涭」即《莊子‧天下》「無端崖」，猶言「無崖際」，固無疑也。

（13）《孟子‧滕文公下》：「他日歸，則有饋其兄生鵝者，己頻顣曰：『惡用是鶂鶂者爲哉？』」《論衡‧刺孟篇》、《初學記》卷 26、《御覽》卷 919 引作「鴂鴂」，《世說新語‧豪爽》劉孝標注引皇甫謐《高士傳》、《御覽》卷 392 引嵇康《高士傳》亦同。《風俗通義‧愆禮》：「孟軻譏仲子吐鴂鴂之羹，而食井上苦李。」是所見本亦同。趙岐注：「鶂鶂，鵝鳴聲。」《釋文》：「鶂，五歷切，鵝也。」焦氏《正義》引阮元曰：「五歷切與鵝鳴聲不相似，蓋《孟子》書本作『兒』，如今人之讀小兒，與鵝聲相近也。俗人加鳥作『鶂』，則爲《說文》『六鶃』字。」〔註42〕黃生曰：「注：『鶂，魚乙切。』與逆同音，此誤也。鵝豈作如此聲乎？予謂當音捱去聲，蓋鶂與倪同從兒，《莊子》：『和以天倪。』注音涯。則鶂字亦可呼捱去矣。捱去正鵝聲也。」〔註43〕黃說是，孟子以鵝鳴「鶂鶂」代鵝。《大戴禮記‧五帝德》：「（帝舜）依于倪皇。」《古音駢字續編》卷 2：「娥皇、倪皇，二同。」「鶂」之爲「鵝」，猶「倪」之爲「娥」也，亦猶「吾」之爲「我」也。《孟子》陳仲子爲齊人，其讀「鶂鶂」音捱去聲，是其時楚音或已傳入齊地矣。

（14）《孟子‧梁惠王下》：「王速出令，反其旄倪。」趙岐注：「旄，老耄也。倪，弱小倪倪者也。」孫奭《音義》：「倪，丁云：『上音耄，下音齯，老也。』詳注意，倪謂繄倪小兒也。」孫氏《疏》云：「釋云耄齯，案《爾雅》云：『黃髮、倪齒，壽也。』然則趙注云『倪，弱小』，非止幼童之弱小，亦老之有弱小爾。」「倪」當音雅，「倪倪」猶言呀呀，「繄倪」猶言咿呀，亦是「呀呀」的音轉，正狀小兒之發聲，而非「齯齒」之齯，丁、孫之說非也。阮氏《校勘記》：「倪倪，閩、監、毛三本同，孔本、韓本作『繄倪』。案《音義》出繄字……與孔、韓本合。按依《說文》、《釋名》作『嫛婗』，《禮記‧褓記》注作『鷖彌』，此本作『倪倪』者誤也。」〔註44〕焦循《正義》從阮校徑改作「繄倪」〔註45〕。考《音義》云云，孫奭是以「繄倪」解「倪」，不能證明趙岐注就作「繄倪」。作「倪倪」不誤，阮校非也。焦循曰：「鷖即

〔註42〕 焦循《孟子正義》，中華書局 1987 年版，第 469 頁。
〔註43〕 黃生《義府》卷上，黃生、黃承吉《字詁義府合按》，中華書局 1954 年版，第 144 頁。
〔註44〕 《十三經注疏》（附校勘記），中華書局 1980 年版，第 2683 頁。
〔註45〕 焦循《孟子正義》，中華書局 1987 年版，第 156 頁。下引同此。

嫛，緊爲嬰字聲之轉。緊、婗疊韻字，爲小兒啼聲。『緊婗』即『嬰兒』。《釋名》解『嫛』爲『是人』，非也。」《漢語大詞典》：「倪倪，幼弱。」〔註46〕因趙注「弱小」而生義，非也。唐・陸羽《茶經》卷下：「炙之，則其節若倪倪如嬰兒之臂耳。」言至嫩之茶，炙之，則其節如呀呀學語的嬰兒之臂。沈冬梅曰：「倪倪，弱小的樣子。」〔註47〕取《漢語大詞典》之說，亦非是。又作「睨睨」，《說郛》卷8引鄭厚《藝圃折中》：「小兒方啼而怒，進以飯，推而不就；徐其怒歇而飢也，睨睨然望人進之矣。」〔註48〕宋・鄭樵《與景韋兄投宇文樞密書》：「坐即疑爲神仙怪物，不問姓名，睨睨而去。」宋・何夢桂《太學正節先生徐公序》：「況兒女睨睨，能使之駢首相從於九地而無慙色，難矣。」「呀呀」亦作「牙牙」，語源是「乙乙（音軋軋）」〔註49〕。

6.「婗」是嬰兒啼笑聲呀呀，故劉成國云「婗，其啼聲也」。俗音轉作「阿阿」、「啊啊」〔註50〕，又泛指其聲。

6.1. 小兒之啼笑聲，字也作「呝呝」、「喎喎」，陳士元《俗用雜字》：「小兒拍口作聲曰呝呝，又曰喎喎。呝音蛙，喎音渦。」〔註51〕

6.2. 笑聲，字也作「啞啞」，《說文》：「啞，笑也。《易》曰：『笑言啞啞。』」《易》見《震》，《釋文》引馬融曰：「啞啞，笑聲」《玉篇》：「啞，笑聲。」「啞啞」之爲笑聲，得義於擬聲。不能出聲，亦啞啞然，故「啞」又有不能出聲義，不能出聲之病，亦稱爲「啞」，俗製專字作「瘂」。《戰國策・趙策一》：「吞炭爲啞，變其音。」《史記・刺客傳》用其文。劉君敬謂「啞」由「瘂」變來，致欲改《史記》作「瘂」〔註52〕，毫無版本依據，於其源流亦顚倒。

6.3. 小兒之啼笑聲，字也作「哇哇」，故小兒稱作「哇哇」、「娃娃」、「娃兒」、「小娃」。《玉篇》：「呝，亦作哇。」《元包經・少陰》：「男反其室，女

〔註46〕《漢語大詞典》（縮印本），漢語大詞典出版社1997年版，第639頁。

〔註47〕沈冬梅《茶經校注》，中國農業出版社2006年版，第38頁。

〔註48〕宋・余允文《尊孟辨》卷下、宋・朱熹《晦庵集》卷73引「睨睨然」作「睨然」。

〔註49〕參見蕭旭《象聲詞「札札」考》。

〔註50〕《本草綱目》卷23：「阿片，俗作鴉片。」是其音轉之例。魚歌通轉也。

〔註51〕陳士元《俗用雜字》，附於《古俗字略》卷7，收入《歸雲別集》卷25，《四庫存目叢書・經部》第190冊，齊魯書社1997年版，第164頁。

〔註52〕劉君敬《「啞」「瘂」用字變異研究》，《漢語史學報》第11輯，2011年版，第276～280頁。

歸其家。言唯唯，笑哇哇。」唐・劉禹錫《問大鈞賦》：「赤子哇哇，急其能言。」唐・白樂天《春盡勸客酒》：「嘗酒留閒客，行茶使小娃。」元・劉致《紅繡鞋》曲題：「北俗小兒不論男女皆以娃呼之。」元・李行道《灰闌記》第 2 折：「那員外也請小的每吃滿月酒，看見倒生的一個好哇哇。」元・王仲文《救孝子》楔子：「到這半路裏，他要養娃娃。」金・元好問《芳華怨》：「娃兒十八嬌可憐，亭亭裊裊春風前。」章太炎曰：「今通謂小兒爲小鼄子……俗或作娃。」〔註 53〕《太玄・飾》：「利口哇哇，商人之貞。」此泛指其聲也。

6.4. 小兒之啼聲，字也作「呱呱」，亦「呢呢」之音轉。《廣雅》：「呱呱，號也。」《六書故》：「呱，兒啼聲也。」《書・益稷》：「啓呱呱而泣。」蔡沈注：「呱呱，泣聲。」《法言・寡見》：「呱呱之子，各識其親。」小兒稱作「乖乖」，蓋即「呱呱」之音轉。明・馮夢龍《掛枝兒・叮囑》：「俏冤家，請坐下……我的乖乖。」

6.5. 狀聲字亦作「徛徛」〔註 54〕，《楚辭・九辯》：「屬雷師之闐闐兮，通飛廉之徛徛。」《廣雅》：「闐闐，聲也。」此文「闐闐」狀雷聲。《玉篇》：「徛，牛居、魚舉二切，行貌，《楚辭》曰：『導飛廉之徛徛。』又疏遠貌。」《廣韻》：「徛，語居切，《說文》曰：『徛徛，行兒。』又音牙。」《楚辭》「徛徛」當讀牙牙，狀風聲，俗音轉作「呼呼」、「嗚嗚」。舊訓行貌或疏遠貌，非是。方以智曰：「吾吾、阿阿，即哇哇也。萬國萬世，兒生下地，同此一聲，自中發焉。」〔註 55〕此言最精審。

7.「嬰兒」、「嬰婗」、「鷖彌」即是《楚辭》「咿呢」（引見上文）的音轉，俗作「咿呀」、「咿啊」，亦是「呀呀」的音轉，是小兒所發的聲音，故作小兒之稱，這即是「嬰兒」一詞的語源。「咳」爲小兒笑聲，字或作「孩」、「姟」，故亦爲小兒之稱，其理正同。唐・元結《大唐中興頌》：「繫睨我皇，匹馬北方。」〔註 56〕「繫睨」亦即「咿呀」，作歎聲用。「咿呢」爲聲，字

〔註 53〕章太炎《新方言》卷 2，收入《章太炎全集（七）》，上海人民出版社 1980 年版，第 22 頁。

〔註 54〕「牙」、「吾」音轉，例詳張儒、劉毓慶《漢字通用聲素研究》，山西古籍出版社 2002 年版，第 385～386 頁。又參見蕭旭《「齟齬」考》。

〔註 55〕方以智《通雅》卷 50，收入《方以智全書》第 1 冊，上海古籍出版社 1988 年版，第 1513 頁。

〔註 56〕此據《玉海》卷 60、《唐文粹》卷 20、《古今事文類聚》別集卷 8 所引，《次山集》卷 6「睨」誤作「曉」。

亦作「咿啞」、「伊軋」、「咿軋」、「伊鴉」、「伊吾」，倒言則作「軋伊」〔註57〕。

7.1. 《說文》：「兒，孺子也，從儿，象小兒頭囟未合。」許氏釋爲孺子，自無問題，但許氏認爲字形象小兒頭囟未合，則未得，馬敘倫、李孝定皆疑其說。李氏云：「契、金文字殊不象頭囟未合之形。」至於李孝定又謂「契、金文『兒』字皆象總角之形」〔註58〕，亦未得。「兒」字得義之由，當求諸聲音，不當拘於形體。鹿子爲「麛（麚、貋、猊）」，人子爲「倪」，其義一也。董志翹指出秦漢古籍中「兒子」指「嬰兒」、「小兒」〔註59〕，其說是也，「兒子」音轉，即今語「伢子」。

7.2. 《爾雅》：「鯢大者謂之鰕。」郭璞注：「今鯢魚似鮎，四脚，前似彌猴，後似狗，聲如小兒啼，大者長八九尺，別名鰕。」《水經注‧伊水》引《廣志》：「鯢魚，聲如小兒嘵。」《證類本草》卷 20：「鯢魚……伊洛間亦有，聲如小兒啼，故曰鯢魚。」「鯢」的語源就是「婗（呢）」，俗稱爲「娃娃魚」，「娃娃」亦即「哇哇」、「呢呢」，以聲得名也。章太炎曰：「兒……又孳乳爲鯢，刾魚也。《秦始皇本紀》謂之『人魚』，郭璞曰：『似鮎，四腳，前似彌猴，後似狗，聲如小兒啼。』故孳乳於兒。」〔註60〕章說是矣，而尚隔一間，未悟其得義於聲也。

7.3. 《埤雅》卷 2：「蓋其鳴聲哇淫，故曰蛙。」《證類本草》卷 22：「鼁，禹錫等謹按《蜀本》注云：『蝦蟇屬也，居陸地，青眷（脊），善鳴，聲作鼁者是。』」《本草綱目》卷 42：「宗奭曰：『鼁，後腳長，故善躍。大其聲則曰鼁，小其聲則曰蛤。』時珍曰：『鼁好鳴，其聲自呼。鼁亦作蛙字。』」「青蛙」得名於其聲自呼，亦即「哇哇」，而其色又青也。

8. 「婗」、「兒」古音讀牙，指稱小兒，俗字作「犽」、「伢」，《類篇》：「犽，吳人謂赤子曰犽子。」《東台縣志》卷 15：「小兒謂之犽子。」〔註61〕《莊子‧天地》：「齧缺之師曰王倪。」又《齊物論》、《應帝王》並載其人言行。《漢書‧古今人表》作「王兒」。梁玉繩曰：「兒、倪通用。」〔註62〕「王

〔註57〕 參見蕭旭《象聲詞「札札」考》。

〔註58〕 二說皆轉引自李圃主編《古文字詁林》第 7 冊，上海教育出版社 2002 年版，第 734 頁。

〔註59〕 董志翹《〈漢書〉舊注辨證（續）》，收入《訓詁類稿》，四川大學出版社 1999 年版，第 51 頁。

〔註60〕 章太炎《文始》卷 4，《章氏叢書》本，第 105 頁。

〔註61〕 《東台縣志》，嘉慶二十二年刻本。

〔註62〕 梁玉繩《漢書人表考》卷 2，收入《叢書集成初編》第 3708 冊，中華書局 1985

倪（兒）」即今言王伢也。宋・王觀國《學林》卷 10：「說者謂翳缺喻道之不全，王倪喻道之端倪。」此說恐未得。《公羊傳・昭公二十五年》：「夏，叔倪會晉趙鞅。」《釋文》：「倪，音詣，又五兮反，《左氏》作詣。」《穀梁傳・昭公二十九年》：「夏四月庚子，叔倪卒。」《釋文》：「倪，五計反，又五兮反，《左氏》作詣。」「叔倪（詣）」之名，當亦取此誼。《魏書・鄭羲傳》：「貴賓異母弟大倪、小倪，皆粗險薄行，好爲劫盜，侵暴鄉里，百姓毒患之。」大倪、小倪，猶言大伢兒、小伢兒。《墨子・雜守》：「睨者小五尺，不可卒者，爲署吏，令給事官府若舍。」蘇時學曰：「『睨者』二字傳寫錯誤，或爲『兒童』之訛。意言弱小未堪爲卒，唯給使令而已。」孫詒讓曰：「《孟子・梁惠王篇》趙注云：『倪，弱小繫倪者也。』《說文》云『婗，繫婗也。』《廣雅》云：『婗、兒，子也。』此睨即婗之假字。或云『睨者小』，疑當作『諸小婗』，者即諸之省，亦通。《孟子・滕文公篇》云『五尺之童』，《管子・乘馬篇》云『童五尺』，《荀子・仲尼篇》云『五尺豎子』。」〔註 63〕孫說是，「睨」即指五尺之童兒。音轉又作「儀」，《隸釋》卷 9 漢《費鳳碑》：「梨儀瘁傷。」洪适曰：「《孔宙碑》亦云：『迺綏三縣，黎儀以康。』黎則黎老之稱，儀則讀如『旄倪』之倪也。」黃生曰：「黎，老人也。儀與倪通，小兒也。」〔註 64〕《隸續》卷 20《斥彰長田君斷碑》：「安惠㴱（黎）儀。」

8.1. 音衍爲雙音詞，則作「㜽㜽」。「㜽㜽」是古今字或通借字合成的雙音詞，其構詞理據與「做作」、「等待」相同，都是由本字、借字組成的雙音詞。「朱」、「婁」聲轉〔註 65〕，「婁」者本字，「朱」者借音字，相合則以「邾婁」爲詞〔註 66〕，亦其比也。《集韻》：「㜽，吳人謂赤子曰㜽㜽。」陳士元曰：

年影印，第 63 頁。

〔註 63〕二說並見孫詒讓《墨子閒詁》，中華書局 1986 年版，第 634 頁。

〔註 64〕洪适《隸釋》卷 9，中華書局 1986 年版，第 108 頁。黃生《義府》卷下，黃生、黃承吉《字詁義府合按》，中華書局 1954 年版，第 245 頁。

〔註 65〕《孟子・離婁上》：「離婁之明。」趙注：「離朱即離婁也。」《類聚》卷 17、《文選・演連珠》李善注、《御覽》卷 366 並引《慎子》：「離朱之明。」《莊子・胠篋》：「離朱之目。」此「朱」、「婁」聲轉之證。《禮記・檀弓上》《釋文》：「邾人呼『邾』，聲曰『婁』，故曰『邾婁』。《公羊傳》與《記》同，《左氏》、《穀梁》但作『邾』。」

〔註 66〕章太炎曰：「《說文》有『焦僥』，『僥』本字也，『焦』則借音字……大抵古文以一字兼二音，既非常例，故後人旁駙本字，增注借音，久則遂以二字並書。亦猶『越』稱『于越』，『邾』稱『邾婁』，在彼以一字讀二音，自魯史書之，則自增注『于』字、『婁』字於其上下也。」章氏舉例甚多，茲不具錄。章太

「赤子曰孲兒。孲音牙。」〔註67〕胡文英曰:「孲:音岳平聲。揚子《方言》:『吳人謂赤子曰孲孲(音耶)。』案:孲,小兒也。孲,語助辭。吳中呼兒曰孲,俗作囝,非。」〔註68〕「孲」非語助辭,胡說稍疏。范寅曰:「孲孲,『牙雅』。稱生未百日之嬰。《集韻》引吳諺,倒轉說。」〔註69〕元・楊維楨《海鄉竹枝歌》:「孲孲三歲未識父,郎在海東何日歸。」楊維楨乃會稽人,固吳越語也。

8.2. 音衍為雙音詞,又作「牙兒」、「孲兒」。宋・孟元老《東京夢華錄》卷5:「凡孕婦入月,於初一日,父母家……並牙兒衣物、繃籍等,謂之催生……浴兒畢,落胎髮,遍謝坐客,抱牙兒入他人房,謂之移窠。」宋・吳自牧《夢粱錄》卷20記杭城育子習俗略同。明・張岱《陶菴夢憶》卷7:「凡楏鈙簪珥、牙尺剪刀,以至經典木魚、孲兒嬉具之類,無不集。」吳自牧乃錢塘人,張岱乃山陰(今紹興)人,此自是古吳越語無疑。今吳語稱小兒為「孲子」或「孲(牙)兒」,今靖江呼小兒為「小孲」或「小孲兒」。方一新教授告知:「今杭州話稱小兒為『伢兒』、『小伢兒』;男孩為『男伢兒』,女孩為『女伢兒』,後面都跟『兒』尾,蓋肇端於南宋。」謹按「伢兒」、「伢子」的「兒」和「子」皆非詞尾也。李實《蜀語》:「小子曰孲。孲音牙,俗轉音昂,淮陰人音得之。」〔註70〕是蜀語亦然也。

炎《國故論衡》上卷《小學略說・一字重音說》,上海中西書局1924年版,第50~51頁。這裏補舉數例如下:(1)《玉篇殘卷》引《埤蒼》:「謥,詷字。」又引《字書》:「謥詷,往來言。」《玉篇》:「謥,謥詷,言不節也。」「謥詷」是其例。(2)「褫奪」亦其例,參見蕭旭《〈說文〉「褫」字音義辨正》,《中國語學研究・開篇》第31卷,2012年10月日本好文出版,第197~203頁。(3)「側塞」是重言形式「塞塞」的變音詞,亦作「壃塞」、「側塞」,又音轉作「閟塞」、「夏塞」、「仄塞」等形。(4)「陸梁」、「陸量」為跳躍義,實亦一音之變。章太炎曰:「今蘄州謂跳為梁,梁、陸雙聲,故梁音轉為陸。」章太炎《新方言》卷2,收入《章太炎全集(7)》,上海人民出版社1999年版,第77頁。(5)《集韻》:「泡,儵泡,盛也。」「泡」亦「儵」也,同音包。(6)《釋名》:「醬掣:掣,卷掣也。醬,噬醬也。語說卷掣,與人相持醬也。」醬即讀為掣。(7)「葡萄」、「跳躍」、「勤懇」亦其例。

〔註67〕陳士元《俗用雜字》,附於《歸雲別集》卷25《古俗字略》卷7,收入《四庫全書存目叢書・經部》第190冊,齊魯書社1997年版,第165~166頁。
〔註68〕胡文英《吳下方言考》卷4,收入《續修四庫全書》第195冊,上海古籍出版社2002年版,第31頁。今本《方言》無此語,當出《集韻》,蓋胡氏誤記。
〔註69〕范寅《越諺》卷中(侯友蘭等點注),人民出版社2006年版,第142頁。范氏以「牙雅」擬其音。
〔註70〕李實《蜀語》,收入《叢書集成初編》第1182冊,中華書局1985年影印,第

8.3. 音衍爲雙音詞，又作「鴉兒」。翟灝《通俗編》卷 18「鴉兒」條曰：「《五代史·唐本紀》：『李克用少驍勇，軍中號曰李鴉兒。』按：『鴉兒』是小兒之稱，因其年甚少，故云。」又「嘔鴉」條曰：「陳造詩：『寧堪歲攬減，又抱兩嘔鴉。』自注：『淮人以歲饑爲年歲攬減，越人以嬰兒爲嘔鴉。』按：《荀子·富國篇》注：『呃嘔，嬰兒語聲。呃，於佳反。嘔音謳。』倪嘔、嘔鴉，惟上下文易置異耳。又《禮·雜記》注：『嬰，猶鷖彌也。』《孟子》注：『倪，弱小倪倪者也。』《音義》曰：『倪謂繄。』《釋名》曰：『嬰兒，或曰嫛婗。嫛，言是人也。婗，其啼聲也。』《集韻》曰：『吳人謂赤子曰孩孖。』音若鴉牙。觀諸說，可洞然于鴉兒、嘔鴉之義。」〔註 71〕「嘔鴉」即上文所引的「嘔啞」，亦即「呃嘔」、「啞嘔」、「阿嘔」之倒文也。

8.4. 音轉又作「禦兒」、「藥兒」、「葥兒」、「語兒」〔註 72〕。《國語·越語上》：「勾踐之地，南至於勾無，北至於禦兒。」韋昭注：「今嘉興語兒鄉是也。」《史記·東越傳》：「禦兒侯。」《正義》：「禦字今作語。語兒鄉在蘇州嘉興縣南七十里，臨官道也。」又《建元以來侯者年表》作「藥兒」，《漢書·兩粵傳》作「語兒侯」，又《景武昭宣元成功臣表》作「葥兒嚴侯」。《路史》卷 30謂越地有「葥兒」。《越絕書·記〔越〕地傳》：「女陽亭者，句踐入官於吳，夫人從道產女此亭，養於李鄉，句踐勝吳，更名女陽，更就李爲語兒鄉。」又《記吳地傳》：「柴辟（辟）亭到語兒就李，吳侵以爲戰地。」〔註 73〕「語兒」、「禦（葥、藥）兒」者，其地以句踐夫人于道產女得名。宋·張堯同《嘉禾百詠》引《三朝國史》：「有語兒亭，又名女兒亭，俗呼囡兒亭。」是「語兒」即「囡兒」，亦即「孖兒」也。宋·朱長文《吳郡圖經續記》卷下：「禦兒者，地名也……而俚俗之言以禦爲語。」「禦（葥、藥）兒」至東漢時音轉而寫作「語兒」，後世因造作產子能語的故事以附會之。《水經注·漸江水》：「《萬善歷》：『吳黃武六年正月，獲彭綺。是歲，由拳西鄉有產兒，墮地便能

30 頁。

〔註 71〕翟灝《通俗編》卷 18，收入《續修四庫全書》第 194 冊，上海古籍出版社 2002年版，第 455 頁。

〔註 72〕「牙」、「吾」、「午」音轉，例詳張儒、劉毓慶《漢字通用聲素研究》，山西古籍出版社 2002 年版，第 387～389 頁。

〔註 73〕錢培名曰：「辟，原誤碎，今改。」錢校是也，《咸淳臨安志》卷 16、《說略》卷 3 引作「辟」，《越絕書·記〔越〕地傳》亦作「柴辟亭」。錢培名《越絕書札記》，收入《叢書集成初編》第 3697 冊，中華書局 1985 年影印，第 79頁。

語……因是詔爲語兒鄉。』非也。禦兒之名遠矣，蓋無智之徒，因藉地名，生情穿鑿耳。《國語》曰『句踐之地，北至禦兒』，是也。安得引黃武證地哉？」《萬善歷》穿鑿爲「產兒墮地能語」，妄爲生事，酈道元已辨其誤。然酈氏亦未能明其語源也。《吳地記》：「嘉興縣……縣南一百里有語兒亭。勾踐令范蠡取西施以獻夫差，西施於路與范蠡潛通，三年始達於吳，遂生一子，至此亭，其子一歲，能言，因名語兒亭。」徐文靖辨其妄云：「獻西施者非蠡，且越、吳最近，安得三年始達乎？記說殊謬。」〔註74〕王士禎亦辨其誤〔註75〕。《路史》卷 23 羅苹注：「語，按《國語》、《通典》作禦，而越人謂兵爲兒，蓋禦兵云。」清人莊履豐、莊鼎鉉曰：「禦兒，越地名，越人謂兵爲兒，今誤語兒。」〔註76〕莊氏即取羅苹說。此又一說，以爲「禦兵」，亦非也。

8.5.「牙」音轉則作「吾」，增旁字作「娪」。章太炎曰：「萌芽亦始也，古祇作牙，《後漢書‧崔駰傳》：『甘羅童牙而報趙。』注：『童牙，謂幼小也。』《管子‧海王篇》：『吾子食鹽二升少半。』以吾爲之。芽又變牙，故《類篇》云：『吳人呼赤子曰牙子。』今揚州、鎮江、杭州通謂小兒爲小牙。」〔註77〕章氏所引《管子》，尹注云：「吾子，謂小男小女也。」劉盼遂謂「吾子」即「童牙」，張永言讀吾爲牙〔註78〕，說皆本於章氏，而未列出處耳。《列女傳》卷 1：「敬姜嘆曰：『魯其亡乎，使吾子備官而未之聞耶？』」此爲母責子語，「吾子」必非敬詞。「吾子」猶今言伢兒，《國語‧魯語下》、《慎子外篇》「吾子」作「僮子」，可爲確證。《列女傳》卷 1：「孟母曰：『眞可以居吾子矣。』遂居之。」此例「吾子」亦是僮子義，《文選‧景福殿賦》、《閑居賦》李善注二引，並無「吾」字，未達其義而妄刪也。專字作「娪」。《釋名‧釋長幼》：「女，如也……青、徐州曰娪。娪，忤也，始生時人意不喜，忤忤然也。」《集韻》：「娪，青州呼女曰娪。」又引《埤倉》：「娪，美女也。」《管子》、《列女傳》

〔註74〕徐文靖《管城碩記》卷 19，中華書局 1998 年版，第 343～344 頁。

〔註75〕王士禎《居易錄》卷 32、34，景印文淵閣《四庫全書》第 869 冊，臺灣商務印書館 1986 年初版，第 718、744 頁。

〔註76〕莊履豐、莊鼎鉉《古音駢字續編》卷 1，景印文淵閣《四庫全書》第 228 冊，臺灣商務印書館 1986 年初版，第 436 頁。

〔註77〕章太炎《新方言》卷 2，收入《章太炎全集（7）》，上海人民出版社 1999 年版，第 23 頁。

〔註78〕劉盼遂《〈春秋名字解詁〉補證》，收入《劉盼遂文集》，北京師範大學出版社 2002 年版，第 499 頁。張永言《論郝懿行的〈爾雅義疏〉》，《中國語文》1962 年第 11 期；又收入《語文學論集》，語文出版社 1992 年版，第 41 頁。

正用齊語，與《釋名》、《集韻》記載相合。吳語亦然，《集韻》：「娪，吳人謂女爲娪。」劉成國謂「娪」的語源是「忤」，亦不確。「娪」音轉又作「娃」，《說文》：「娃，或曰吳楚之間謂好曰娃。」《方言》卷2：「娃，美也。吳楚衡淮之間曰娃……故吳有館娃之宮。」《初學記》卷19「楚娃」條引服虔《通俗文》：「南楚以美色爲娃。」《御覽》卷381引《通俗文》作「南楚以好爲娃」。《文選・吳都賦》：「幸乎館娃之宮。」劉逵注：「吳俗謂好女爲娃。」《通鑑》卷4胡三省註：「吳楚之間謂美女曰娃。」《御覽》卷46引《越絕書》：「吳人於硯石置館娃宮。」梁・任昉《述異記》卷下：「葳蕤草，一名麗草，又呼爲女草，江浙中呼娃草。美女曰娃，故以爲名。」

9. 基於上面的考察，下面試著給古書中的上古人名解釋提供一些新的思路。

（1）《莊子・齊物論》：「瞿鵲子問乎長梧子曰：『……夫子以爲孟浪之言，而我以爲妙道之行也，吾子以爲奚若？』」林希逸曰：「吾子即長梧子也。」「吾子」即「梧子」，亦非敬稱。長梧子，猶言大伢兒、大小子。《釋文》：「李云：『居長梧下，因以爲名。』崔云：『名丘。』簡文云：『長梧封人也。』」李頤謂「居長梧下，因以爲名」，恐未得。《元和姓纂》卷5又以「長梧」爲姓，亦恐未得。俞樾曰：「《戰國策・宋策》有『梧下先生』，高注曰：『先生長者，有德者稱，家有大梧樹，因以爲號。』豈即斯人歟？崔云名丘則誤也。」〔註79〕俞氏謂即「梧下先生」，無有證據。春秋古人名「孔牙」〔註80〕、「呂牙」、「伯牙」（一作「百牙」）、「狄牙」（一作「易牙」）〔註81〕、「鮑叔牙」、

〔註79〕 俞樾《莊子人名考》，收入《俞樓雜纂》卷29，清光緒二十三年重訂石印本。
〔註80〕 「孔牙」見《穆天子傳》卷4。
〔註81〕 易牙何以名巫，待考。方以智曰：「易牙名巫，見孔穎達《左傳疏》。何子元云名亞，則牙之轉音也。巫又亞之訛，古牙與互通，或音之訛。《揚子》作『狄牙不能齊不齊之口』，即易牙也。」陶方琦曰：「《易》兑爲巫，又爲口舌。牙在口舌之間，故名巫字牙。《通雅》謂易牙名亞，牙、亞音近，遂訛爲巫。亦爲鑿空之談。」疑未得。張澍曰：「牙與雅通，蓋以巫之所爲，遠於雅道也。狄，遠也。」此說望文生訓。王萱齡曰：「古牙、巫多互訛，巫即牙互字……今按『易牙』應作『易乇』，以《易》有乇體……故易乇字巫。」改字作「乇」，尤無確證。胡元玉曰：「巫即醫也……是人之齒牙，亦常有疾。易，治也。易牙蓋治牙疾之謂，醫者之事也。『狄牙』通借字。」其說非也，未聞「狄」有治義。黃侃曰：「齊雝人巫，字易牙。巫讀爲巫鼓之巫（《法言》注：『猶妄説也。』）通作訛……易牙者，合聲爲雅。雅者，正也。名巫，字雅，相反爲誼。」「易」音狄，其說「易牙合聲爲雅」非也。方以智《通雅》卷20，收入《方以智全書》第1冊，上海

「東郭牙」〔註82〕、「董梧」、「肩吾（陸吾）」、「方吾子」、「公子語」，亦取此誼。「伯牙」、「叔牙」猶言大娃兒、二娃兒也。齊相「晏嬰」、靖郭君「田嬰」，《史記·陳涉世家》符離人「葛嬰」，《漢書》「竇嬰」，《列女傳》卷8棠邑侯「陳嬰」，秦印中人名多以「嬰」爲名字〔註83〕，其義一也。

（2）《家語·致思》：「孔子下車追而問曰：『子何人也？』對曰：『吾丘吾子也。』」《說苑·敬慎》同。丘，讀爲巨，《漢書·楚元王傳》：「時時與賓客過其丘嫂食。」《史記·楚元王世家》「丘」作「巨」，是其例。丘吾子，亦猶言大伢兒。《韓詩外傳》卷9作「皋魚」。《文選·解尚書表》李善注引《家語》作「吾丘」，《御覽》卷458引《家語》、卷764引《說苑》皆作「吾丘子」，卷764有注：「吾，一曰虞。」孫志祖曰：「丘吾，《外傳》作『皋魚』，聲轉字異，一人也。」〔註84〕李慈銘、朱季海亦謂「丘吾」、「皋魚」一音之轉〔註85〕。向宗魯曰：「皋與丘，魚與吾，皆聲近。以《外傳》證之，則

古籍出版社1988年版，第693頁。陶方琦《春秋名字解詁補誼》，收入《漢學室文鈔》卷1，《叢書集成續編》第15冊，新文豐出版公司1988年印行，第101頁。張澍《春秋時人名字釋》，《養素堂文集》卷32，《續修四庫全書》第1507冊，上海古籍出版社2002年版，第102頁。王萱齡《周秦名字解故補》，收入《叢書集成續編》第20冊，上海書店1994版，第577頁。胡元玉《駁〈春秋名字解詁〉》，收入《續修四庫全書》第128冊，上海古籍出版社2002年版，第455頁。黃侃《春秋名字解詁補誼》，《國學粹報》第4卷第4期，收入《黃侃論學雜著》，中華書局1964年版，第407頁。

〔註82〕《管子·小匡》、《管子·桓公問》、《晏子春秋·內篇問上》、《呂氏春秋·勿躬》、《呂氏春秋·重言》、《韓子·外儲說左下》、《韓詩外傳》卷4、《新序·雜事四》、《說苑·君道》、《論衡·知實》作「東郭牙」，《說苑·權謀》作「東郭垂」，俞樾、陶方琦、黃暉並謂「牙」是「才（古『垂』字）」之誤。我的意見正相反，「垂（才）」是「牙」之誤。不當諸書並誤，獨《說苑·權謀》不誤。王引之曰：「牙讀爲圉。《爾雅》：『圉，垂也。』」劉盼遂曰：「牙，讀爲吾。垂古作才，垂與我古音同在戈部，或本爲一字後漸岐而爲二歟？」二說皆非。俞樾《讀韓詩外傳》，收入《曲園雜纂》卷17。陶方琦《漢學室文鈔》卷1《春秋名字解詁補誼》卷下，收入《叢書集成續編》第15冊，新文豐出版公司1988年印行，第98～99頁。黃暉《論衡校釋》，中華書局1990年版，第1096頁。王引之《春秋名字解詁》，收入《經義述聞》卷23，江蘇古籍出版社1985年版，第560頁。劉盼遂《〈春秋名字解詁〉補證》，收入《劉盼遂文集》，北京師範大學出版社2002年版，第499頁。

〔註83〕參見劉釗《關於秦印姓名的初步考察》，收入《書馨集——出土文獻與古文字論集》，上海古籍出版社2013年版，第233～234頁。

〔註84〕孫志祖《家語疏證》，收入《續修四庫全書》第931冊，上海古籍出版社2002年版，第200頁。

〔註85〕李說轉引自屈守元《韓詩外傳箋疏》，巴蜀書社1996年版，第759頁。朱季

本書自當作『丘吾』，故《家語》亦同之。而《後漢書‧劉陶傳》注引作『虞丘子』，與《御覽》所云一本合，蓋後人因姓有『虞丘』亦作『吾丘』，因意此亦姓『虞丘』，而不知其與《外傳》、《家語》不合也。」〔註86〕朱起鳳謂「丘吾」、「皋魚」即「高柴」，其說云：「柴形近些，《正韻》：『些，思遮切。』音近柴。《集韻》：『些，桑何切。』音又近魚。皋與高同聲，此『高柴』所由通作『皋魚』也。皋與丘義通，吾與魚音相近。」趙善詒從其說〔註87〕。朱說頗牽合，未足信從也。

（3）《列女傳》卷 6：「齊女徐吾者，齊東海上貧婦人也，與鄰婦李吾之屬會燭，相從夜績。」徐吾、李吾，猶言徐姓、李姓之女也。「吾」非人名，乃小女孩兒之稱。

（4）晉侯名夷吾，管仲亦名夷吾。《史記‧建元以來侯者年表》：「四年六月丁卯，侯董荼吾元年。」《索隱》曰：「今以其人名余吾，余吾，匈奴水名也。」《漢書‧武帝紀》：「夏，馬生余吾水中。」又《匈奴傳上》：「匈奴聞，悉遠其累重于余吾水北。」《後漢書‧西域傳》：「帝以伊吾，舊膏腴之地，傍近西域，匈奴資之以爲鈔暴，復令開設屯田。」「夷吾」、「余（荼）吾」、「伊吾」皆一聲之轉，即「咿呀」。其爲人名、地名、水名不同，而取其聲則一也。黃侃曰：「《老子》：『視之不見曰夷。』夷蓋無色之謂。《爾雅》：『馬二目，白魚。』白即無色矣。疑晉惠公夷吾、管夷吾，皆取斯誼。魚、吾聲通故也。」〔註88〕黃說「夷蓋無色之謂」牽強，恐未得也。

海《韓詩外傳校箋（卷7～卷10）》，《學術集林》第 6 卷，上海遠東出版社 1995年版，第 72 頁。

〔註86〕向宗魯《說苑校證》，中華書局 1987 年版，第 260 頁。

〔註87〕朱起鳳《辭通》卷 4，上海古籍出版社 1982 年版，第 404 頁。趙善詒《韓詩外傳補正》，商務印書館 1938 年版，第 212 頁。

〔註88〕黃侃《春秋名字解詁補誼》，《國學粹報》第 4 卷第 4 期，收入《黃侃論學雜著》，中華書局 1964 年版，第 403 頁。

詈語「豎」語源考

1. 考察詈語「豎」的語源，余所知者有四說：

（1）劉師培曰：考短人謂之侏儒，而梁上短柱亦謂之侏儒……侏儒之合音爲豎，人之短者謂之豎，賤者亦謂之豎，故人之短者爲侏儒，賤者亦謂之侏儒。《左傳・襄四年》稱臧孫爲侏儒，漢高祖稱人爲豎儒，或稱爲豎子〔註1〕。

（2）張鵬麗、陳明富認爲「豎」的語源來自聲符「豆」。「豆」的形體一般較小，因而「豎」有「小」義，引申出「未冠者」、「孺」、「僮」之義，進而引申出「僮僕、小臣」等義，漸漸用作詈語，表鄙視或辱罵之詞〔註2〕。

（3）董志翹、趙家棟不同意張、陳的說法，謂「豆」的語源義是「豎立」，而不是「小」。接著提出自己的觀點：「豎」用作詈語與聲符「豆」沒有關係，而是由於其形符「臤」。「臤」又由「臣」和「又」會意而成。「臣」指因俘，又可指地位低下的奴僕。「又」與「殳」通，爲古代兵器。……「豎」的核心義位爲「地位卑賤」，由此引申發展出賤稱應該是很自然的〔註3〕。

（4）張文冠、黃沚青也不同意張、陳的說法，據王國維說，謂「豎」是「內豎」的本字，「豎」本義源於「臣」，謂「內侍」、「僮僕」，屬役之賤者，地位低下，又多是年幼之人，古人以小爲卑，故「豎」常爲人所鄙，由此引

〔註1〕 劉師培《法言補釋》，收入《劉申叔遺書》，江蘇古籍出版社 1997 年版，第 1057 頁。

〔註2〕 張鵬麗、陳明富《古書「豎」作詈語考》，《中國語文》2010 年第 1 期，第 86 ～87 頁。

〔註3〕 董志翹、趙家棟《也談詈語「豎」的語義來源》，《辭書研究》2012 年第 6 期，第 79～80 頁。

申出表示賤稱、蔑稱的用法〔註4〕。

劉師培謂「豎」是侏儒的合音，於語音有其可能，但與語言事實不合。後三說皆就「豎」字本身立論，或據其聲符，或據其形符。張鵬麗、陳明富說「『豆』的形體一般較小，因而豎有小義」，那是想當然之辭，他自己就沒有能舉出例證，不可信從。董志翹、趙家棟、張文冠、黃沚青說「詈語『豎』的核心義位爲『地位卑賤』」，也與語言事實不合。

2. 古籍中詈語「豎」的中心詞義，應當是「幼小」、「小童」，而不是「短人」或「地位卑賤」。這有確切的證據：

（1）《荀子·仲尼》：「仲尼之門人，五尺之豎子，言羞稱乎五伯。」「人」字衍。考《董子·對膠西王越大夫不得爲仁篇》：「是以仲尼之門，五尺童子，言羞稱五伯。」《漢書·董仲舒傳》、《漢紀》卷 11：「是以仲尼之門，五尺之童，羞稱五伯。」《荀子》宋刻本劉向《書錄》：「孟子、孫卿、董先生皆小五伯，以爲仲尼之門，五尺童子，皆羞稱五伯。」董仲舒、劉向易「豎子」爲「童子」，是「豎子」乃「小兒」之義至爲顯豁。《隸釋》卷 10 漢《安平相孫根碑》：「呱呱豎子，號咷失聲。」此例「豎子」也是「童子」、「小兒」之義，皆不含褒貶色彩。引申之，則爲「童僕」，《莊子·山木》：「故人喜，命豎子殺雁而烹之。」成玄英疏：「豎子，童僕也。」《楚辭·天問》：「有扈牧豎，云何而逢？」洪興祖《補注》：「豎，童僕之未冠者。」「豎」爲「豎」俗字。復引申之，則爲「小臣」，《左傳·昭公四年》：「皆召其徒，使視之，遂使爲豎。」杜預注：「豎，小臣也。」又《成公十六年》：「穀陽豎獻飲於子反。」孔疏：「鄭玄曰：『豎，未冠者之名。』故杜以爲內豎也。」《淮南子·人間篇》：「豎陽穀奉酒而進之。」高誘注：「豎，小使也。」小臣、小使固亦童僕之倫也。復引申之，則爲鄙稱、詈詞，今言「小子」是其遺存也。《戰國策·燕策三》：「荊軻怒，叱太子，曰：『今日往而不反者，豎子也！』」《史記·項羽本紀》：「（亞父）曰：『唉！豎子不足與謀！』」又《留侯世家》：「臣聞其將屠者子，賈豎易動以利。」《漢書》同，顏師古注：「商賈之人，志無遠大，譬猶僮豎，故云賈豎。」

（2）《荀子·宥坐》：「百仞之山，而豎子馮而游焉，陵遲故也。」《類聚》卷 52、《御覽》卷 624 引「豎子」作「童子」，《韓詩外傳》卷 3、《說苑·政

〔註4〕 張文冠、黃沚青《也談「豎」及其作詈語的來源》，《西南交通大學學報》2012 年第 3 期，第 46～48 頁。

－2086－

理》亦作「童子」。

（3）《太玄・事》：「丈人扶孤，豎子提壺。測曰：丈人扶孤，小子知方也。」是揚子自解「豎子」爲「小子」也。

此上三證，皆漢人舊說，則「豎子」乃「小兒」之稱，斷無可疑。《風俗通義・窮通》：「顧謂賓客：『平輿老夫何須召陵令哉？不但爲先冢故耶？而爲小豎子所慢。』」此例「豎子」上有「小」字修飾，猶今言小童兒也。

（4）《論衡・物勢》：「十年（圍）之牛，爲牧豎所驅；長仞之象，爲越僮所鉤。」〔註5〕此例「豎」、「僮」對舉，豎亦僮也。

（5）《文選・雜體詩》：「豎儒守一經，未足識行藏。」李善注引《漢書》韋昭注：「豎，猶小也。」劉良注：「豎，小兒稱。言儒者獨守一經，所識與小人同，安足以達行藏之理？」《史記・留侯世家》：「漢王罵曰：『豎儒，幾敗而公事。』」《索隱》：「高祖罵酈生爲豎儒，謂此儒生豎子耳。」《漢書》顏師古注：「言其賤劣無智若童豎也。」《史記・酈生傳》：「酈生入……沛公罵曰：『豎儒！』」《索隱》：「豎者僮僕之稱，沛公輕之，以比奴豎，故曰豎儒。」

3. 「豎」爲「幼小」、「小童」義，其語源當求之聲音，不當拘於字形。豎，讀爲孺。《說文》「豎」字條段玉裁注曰：「豎之言孺也。」又「閽」字條段玉裁注曰：「豎，猶孺也。」〔註6〕段君二說得之，上舉「豎子」，即「孺子」，故爲「童子」義。我還可舉出四個直接的異文證據及一條旁證：

（1）《山海經・海外東經》：「帝命豎亥步自東極，至於西極，五億十選九千八百步，豎亥右手把算，左手指青丘北。」（郭璞注：「選，萬也。」）《淮南子・墜形篇》：「使豎亥步自北極，至於南極，二億三萬三千五百里七十五步。」《吳越春秋・越王無餘外傳》：「使大章步東西，豎亥度南北。」《廣韻》、《龍龕手鑑》：「竤，豎竤，神人。」《集韻》：「竤，豎竤，神人也，通作亥。」「豎」即「豎」之形訛〔註7〕。「竤」即涉「豎」而加「立」旁，乃「亥」增旁俗字。豎（豎）之言孺也，指童子未冠者。亥（竤）之言孩，與「豎（孺）」同義連文。宋・王應麟《玉海》卷17引《山海經》作「孺亥」，又引《後漢・郡國志》注引《山海經》亦作「孺亥」（今本《後漢書・郡國志》劉昭注引作

〔註5〕 《意林》卷3引「年」作「圍」，「豎」作「豎」，「長」作「數」；《御覽》卷890引「年」作「圍」，「僮」作「童」。

〔註6〕 段玉裁《說文解字注》，上海古籍出版社1981年版，第118、590頁。

〔註7〕 參見郝懿行《山海經箋疏》卷9，中國書店1991年版，無頁碼；趙少咸《廣韻疏證》，巴蜀書社2010年版，第1817頁。二氏謂「豎」字之訛，稍隔。

「豎亥」），並加小字注指出亦見《淮南子・墜形篇》。《玉海》卷 15：「王母之圖，孺亥之籌。」亦本《山海經》。《周髀算經》卷上之三漢・趙君卿注引《淮南子》作「孺亥」。趙氏、王氏徑改作本字「孺」。「豎亥」、「孺亥」猶言孩孺，《類聚》卷 75 晉・嵇含《寒食散賦》：「起孩孺於重困，還精爽於既繼。」《中說・天地》：「子居家，雖孩孺必狎；其使人也，雖童僕必斂容。」

（2）《左傳・成公十年》：「公夢疾爲二豎子。」中村不折藏敦煌句道興本《搜神記》引《史記》作「二童子」，宋・洪邁《容齋三筆》卷 3 作「二孺子」。洪氏亦徑改作本字「孺」。

（3）《呂氏春秋・重己》：「使五尺豎子引其棬，而牛恣所以之。」宋・黃震《黃氏日抄》卷 56《讀諸子》引作「孺子」。黃氏亦徑改作本字「孺」。五尺豎子即五尺童子也。

（4）《左傳・僖公二十八年》：「晉侯有疾，曹伯之豎侯獳貨筮史，使曰：『以曹爲解。』」杜注：「豎，掌通內外者。」《路史》卷 28：「文公有疾，曹伯之寺儒胥筮之，史佚誨之，以曹爲解。」「豎」即「儒」，儒亦讀爲孺。《說文》：「孺，乳子也。一曰輸〔孺〕也，輸〔孺〕尙小也。」段玉裁注：「此二孺字，各本無，《廣韻》有之，文義乃完。輸孺疊韻字，孺讀如儒。《方言》十二曰：『儒輸，愚也。』郭注：『儒輸猶懦選也。』輸孺即儒輸也。《荀子・修身篇》：『偷儒憚事。』偷儒即輸孺。」〔註8〕

（5）《史記・仲尼弟子傳》：「燕人周子家豎。」《正義》：「周豎字子家，《漢書》作『周醜』也。」「醜」字爲音誤。俞樾曰：「豎者幼小之稱，故未冠曰豎。以豎命名，猶冉孺、公良孺之名孺也……孺猶言孺子，豎猶言豎子，無它意也。古人質樸，及長，遂以爲名，不復更易，因配之以字。周豎字子家者……蓋望其成立之意。豎者弱而未冠之稱，家者壯而有室之謂矣。」〔註9〕俞氏謂「豎者幼小之稱」，至確，唯尙未悟「豎」即「孺」之借，尙隔一間。魯冉子孺、陳公良孺之名孺，孺乃幼稚之稱〔註10〕。「周豎字子家」，猶「公子語字子人」也。王引之曰：「豎，內豎也。家，猶內也。」〔註11〕王萱齡曰：「醜、豎雙聲字，醜，類也。」〔註12〕其說皆未得。

〔註8〕 段玉裁《説文解字注》，上海古籍出版社 1981 年版，第 743 頁。

〔註9〕 俞樾《春秋名字解詁補義》，收入《續修四庫全書》第 128 冊，上海古籍出版社 2002 年版，第 424 頁。

〔註10〕 參見俞樾《春秋名字解詁補義》，收入《續修四庫全書》第 128 冊，上海古籍出版社 2002 年版，第 420 頁。

〔註11〕 王引之《春秋名字解詁》，收入《經義述聞》卷 22，江蘇古籍出版社 1985 年

　　4.《荀子・大略》:「古之賢人,賤爲布衣,貧爲匹夫,食則饘粥不足,衣則豎褐不完。」楊倞注:「豎褐,僮豎之褐,亦短褐也。」僮豎之褐,名爲豎褐,其爲專名,則加形符作「襈」,或省其形作「裋」。僮豎之褐短小,便於勞作,故又名「短褐」。《史記・秦始皇本紀》:「夫寒者利裋褐。」《索隱》:「裋,一音豎。謂褐布豎裁,爲勞役之衣,短而且狹,故謂之短褐,亦曰豎褐。」又《孟嘗君傳》:「而士不得裋褐。」《索隱》:「裋,音豎。豎褐,謂褐衣而豎裁之,以其省而便事也。」小司馬「豎裁」之說非也。《方言》卷4:「複襦,江湘之閒謂之襈。」《廣雅》:「複襦謂之襈。」王念孫曰:「古謂僮僕之未冠者曰豎,亦短小之意也。……裋、豎並與襈同。」〔註13〕

　　　　版,第 546 頁。

〔註12〕 王萱齡《周秦名字解故補》,收入《叢書集成續編》第 20 冊,上海書店 1994
　　　　版,第 580 頁。

〔註13〕 王念孫《廣雅疏證》,收入徐復主編《廣雅詁林》,江蘇古籍出版社 1992 年版,
　　　　第 583 頁。

「兒郎偉」命名考

1. 敦煌寫卷驅儺文、上梁文、障車文有「兒郎偉」的文體，傳世文獻中唐宋以後的上梁文、障車文亦有這種文體〔註1〕。敦煌寫卷 P.4055 作「兒郎衛」，「衛」即「偉」借音字。自宋人始，討論「兒郎偉」中「偉」字的用法者，論者夥矣，要之有四說：

1.1. 宋・樓鑰《跋姜氏上梁文藁》：「上梁文必言兒郎偉，舊不曉其義，或以爲唯諾之唯，或以爲奇偉之偉，皆所未安。在敕局時，見元豐中獲盜推賞刑部例，皆節元案，不改俗語，有陳棘云：『我部領你薀厮逐去深州。』邊吉云：『我隨你薀去。』薀本音悶，俗音門，猶言輩也。獨泰州李德一案云：『自家偉不如今夜去。』余啞然笑曰：『得之矣。所謂兒郎偉者，猶言兒郎薀，蓋呼而告之，此關中方言也。』……或有云『用相兒郎之偉』者，殆誤矣。」〔註2〕宋・王應麟《困學紀聞》卷20：「兒郎偉，猶言兒郎薀，攻媿嘗辯之。」〔註3〕明・王世貞《宛委餘編五》：「宋時上梁文有兒郎偉，偉者關中方言『們』也，其語極俗。」〔註4〕洪惠疇《明代以前之中國方言考略》：「偉，們也，關

〔註1〕 「兒郎偉」是一種文體，最新的討論可以參看王小盾《從朝鮮半島上梁文看敦煌兒郎偉》，《古典文獻研究》第11輯，鳳凰出版社2008年版，第114～141頁。

〔註2〕 樓鑰《攻媿集》卷72《跋姜氏上梁文藁》，收入景印文淵閣《四庫全書》第1153冊，臺灣商務印書館1986年初版，第183頁。又收入《四部叢刊》初編。

〔註3〕 欒保群等《困學紀聞全校本》，上海書籍出版社2008年版，第2131頁。

〔註4〕 王世貞《弇州四部稿》卷160《宛委餘編五》，收入景印文淵閣《四庫全書》第1281冊，臺灣商務印書館1986年初版，第559頁。

中方言。如『兒郎偉』即『兒郎們』。」〔註5〕皆是承襲樓鑰說。周紹良亦從樓說〔註6〕。呂叔湘根據樓鑰說，謂「偉」與「們」大概有語源上的關係。江藍生申證呂說，洪誠亦從呂說〔註7〕。二氏所舉的直接證據有二個，一是「兒郎偉」，另一個是《太平廣記》卷260引《嘉話錄》：「今抛向南衙，被公措大偉虓鄧鄧把將化官職去。」〔註8〕楊挺認爲「『兒郎偉』僅僅是一個呼辭，其原意正如樓鑰所說『兒郎輩』，即今天的『小夥子們』」〔註9〕。

　　1.2. 元·陶宗儀《說郛》卷17引宋人葉氏《愛日齋叢抄》引樓鑰說，又云：「予記《呂氏春秋·月令》：『舉大木者前呼輿謣，後亦應之。』高誘注爲舉重勸力之歌聲也。與謣，注或作邪謣。《淮南子》曰邪許。豈『偉』亦古者舉木隱和之音？」〔註10〕明·方以智《通雅》卷4引方子謙曰：「今人上梁之中稱兒郎偉，即邪虎類也。」〔註11〕清·梁玉繩《瞥記》卷6：「余又案《北史·儒林熊安生傳》，宗道暉被鞭，徐呼『安偉，安偉』，蓋猶阿瘤也。則兒郎偉者，邪許之聲。抱經先生以爲然，嘗著其說于《鍾山札記》。」〔註12〕清·盧文弨《鍾山札記》卷3：「上梁詩有『兒郎偉』，用之以齊眾力，如『邪許』之類耳。今凡拽重、打椿勞力之事，俗亦成口號，而于句末齊聲和之，猶此意也。」〔註13〕朝鮮宋時烈《宋子大全隨札》卷11指出「兒郎偉」是「舉重用力聲」，王小盾從其說〔註14〕。季羨林認爲「兒郎偉」只是和聲，並無實際

〔註5〕洪惠疇《明代以前之中國方言考略》，《學風》第6卷第2期，1936年出版。

〔註6〕周紹良《敦煌文學「兒郎偉」並跋》，《出土文獻研究》第1輯，，文物出版社1985年出版，第175～183頁；又收入《紹良文集》，北京古籍出版社2005年版，第1644～1658頁。其中第180頁、第1653頁周氏引「阿瘤」皆誤作「阿疼」。

〔註7〕江藍生《說「麼」與「們」同源》，收入《近代漢語探源》，商務印書館2000年版，第143～146頁。洪誠《關於漢語史材料運用的問題》，收入《洪誠文集·雒誦廬論文集》，江蘇古籍出版社2000年版，第102頁。

〔註8〕明鈔本「化」作「他」。今本《劉賓客嘉話錄》佚此條。

〔註9〕楊挺《不存在兒郎偉文體和兒郎偉曲調》，《敦煌研究》2003年第1期，第45～48頁。

〔註10〕陶宗儀《說郛》，收入景印文淵閣《四庫全書》第877冊，臺灣商務印書館1986年初版，第14頁。所引宋人葉氏佚其名。

〔註11〕方以智《通雅》，收入《方以智全書》第1冊，上海古籍出版社1988年版，第203頁。

〔註12〕梁玉繩《清白士集》卷23《瞥記》，收入《續修四庫全書》第1157冊，上海古籍出版社2002年版，第71頁。

〔註13〕盧文弨《鍾山札記》，中華書局2010年版，第76頁。

〔註14〕王小盾《從朝鮮半島上梁文看敦煌兒郎偉》，《古典文獻研究》第11輯，鳳凰

的意義〔註 15〕。黃笑天則反駁季氏的觀點，認爲「偉」可能就是呂叔湘所說的複數形式〔註 16〕。

1.3. 高國藩曰：「『兒郎偉』即『偉郎兒』之意也，簡稱爲『偉』……由於『偉』與『衛』同音……所以『偉郎兒』保衛敦煌的歌謠又被叫成《兒郎衛》。」〔註 17〕

1.4. 黃征曰：「樓鑰、梁玉繩之說未確，蓋蔽于見聞……筆者認爲『兒郎偉』就是『兒郎氣勇』。『偉』由『魁偉』引申爲『勇偉』之意。」〔註 18〕證據是 P.3451《張淮深變文》：「兒郎氣勇，膽顫肉飛，陌刀亂搖，虎鬥口口。」鍾書林謂「偉」是男兒的美稱〔註 19〕。

高國藩謂「『兒郎偉』簡稱爲『偉』」，是他看錯敦煌寫卷，斷句錯誤所致，黃征已作了駁正。高氏既將「偉」解作兒郎之狀語，又將「衛」解作保衛，前後失據，其誤不足辨也。黃征所引的變文「兒郎氣勇」，是描述句型，明顯不能用於解釋《兒郎偉》這類文體的命名之由。

我以前校敦煌寫卷《兒郎偉》時，未知「兒郎偉」之誼，因付闕如〔註 20〕。葉氏、方子謙、梁玉繩、盧文弨謂「偉」即「邪許（虎）」之類的助聲之辭，近是。而諸氏皆未得「偉」字確切含義。

我認爲，「兒郎」即稱呼年輕人。宋·劉克莊《後村新居》：「鬼郎偉！伏以先世有敝廬之舊，豈敢圖新？平生無華屋之心，矧當垂耆？」「鬼郎」是「兒郎」之形誤。「偉」是歎詞，文獻中也寫作「瘣」、「違」、「侑」等字形（見下文），「兒郎偉」猶言「兒郎啊」，呼喊之聲，用於勞力之事，以提高、協和眾人之氣力。《嘉話錄》「措大偉」理解爲「措大哇」〔註 21〕，亦無不可。其文

出版社 2008 年版，第 123 頁。
〔註 15〕 季羨林《論〈兒郎偉〉》，載《慶祝饒宗頤教授七十五歲論文集》，香港中華書局 1993 年版，第 1～3 頁。又收入《季羨林文集》卷 6，江西教育出版社 1996 年版，第 369 頁。
〔註 16〕 黃笑天《「兒郎偉」和「悉曇頌」的和聲》，《河南廣播電視大學學報》2001 年第 3 期，第 5 頁。
〔註 17〕 高國藩《敦煌民俗學》，上海文藝出版社 1989 年版，第 494 頁。
〔註 18〕 黃征《敦煌願文〈兒郎偉〉考證》，收入《敦煌語文叢說》，新文豐出版公司印行 1997 年版，第 603～606 頁。
〔註 19〕 鍾書林《也論「兒郎偉」》，《社會科學評論》2009 年第 2 期，第 43 頁。
〔註 20〕 蕭旭、趙鑫曄《〈兒郎偉〉校補》，《東亞文獻研究》總第 2 輯，2008 年 6 月出版；又收入蕭旭《群書校補》，廣陵書社 2011 年版，第 1064 頁。
〔註 21〕 「措大」或作「醋大」，「措（醋）」的語源是「俏醋」，參見蕭旭《釋「俏」「俏

蓋用當時方言寫成，「虇鄧鄧」明顯就是口語詞。

上梁文中，在「兒郎偉」後，有「拋梁東」、「拋梁西」、「拋梁南」、「拋梁北」、「拋梁上」、「拋梁下」的文字，故省總稱爲「六偉」〔註22〕，又稱爲「六詠」〔註23〕。這有點類似於後漢·梁鴻作的《五噫之歌》〔註24〕。

2. 元·陶宗儀《輟耕錄》卷 11：「淮人寇江南日，於臨陣之際，齊聲大喊阿㾭㾭，以助軍威。按《朝野僉載》：『武后時，滄州南皮縣丞郭勝靜，每巡鄉，喚百姓婦，託以縫補而姦之。其夫至，縛勝靜，鞭數十。主簿李戀往救解之，勝靜羞，諱其事，低身答云——忍痛不得，口唱阿㾭㾭——「勝靜不被打」，阿㾭㾭。』據此乃有所本。」〔註25〕明·田汝成《西湖遊覽志餘》卷25：「作事助力曰阿㾭㾭。」〔註26〕《字彙補》：「㾭，影規切，音威，喊聲也。」清·褚人穫《堅瓠集》甲集卷 3：「吳俗小兒遇可羞事，必齊拍手叫阿㾭㾭。《輟耕錄》云云。唐六如嘗題《列仙傳》云：『但聞白日昇天去，不見青天走下來。忽然一日天破了，大家都叫阿㾭㾭。』」〔註27〕清·揆敘《隟光亭雜識》卷4：「阿㾭㾭，吳語也。吳俗小兒輩遇可羞事，必齊拍手叫阿㾭㾭。㾭之音與歪相近。唐六如題《列仙傳》云云。」〔註28〕清·胡文英《吳下方言考》卷 6：「案：阿㾭㾭，痛楚聲也。吳中凡孩稚作痛聲，則曰『阿㾭㾭』。」〔註29〕清·胡式鈺《竇存》卷 4《語竇》：「阿㾭㾭，音威，喊聲也。」〔註30〕

醋」「波俏」「醋大」》，收入《群書校補》，廣陵書社 2011 年版，第 1397～1403 頁。

〔註22〕 宋·呂祖謙《祠堂記》：「輒依六偉之聲，用相百夫之役。」宋·程珌《雲溪上梁文》：「聽我六偉，作而一心。」宋·王炎午《延祐乙卯八月爲族孫智則修居梁文》：「群工並手，六偉齊聲。」

〔註23〕 唐·李琪《長蘆崇福禪寺僧堂上梁文》：「聊陳六詠，助舉雙梁。」

〔註24〕 《後漢書·逸民傳》梁鴻作《五噫之歌》曰：「陟彼北芒兮，噫！顧覽帝京兮，噫！宮室崔嵬兮，噫！人之劬勞兮，噫！遼遼未央兮，噫！」

〔註25〕 陶宗儀《輟耕錄》，收入《叢書集成新編》第 8 冊，新文豐出版公司 1985 年版，第 583 頁。

〔註26〕 田汝成《西湖遊覽志餘》，收入《叢書集成續編》第 223 冊，新文豐出版公司 1988 年版，第 619 頁。

〔註27〕 褚人穫《堅瓠集》甲集，收入《續修四庫全書》第 1260 冊，上海古籍出版社 2002 年版，第 447 頁。引文中「云云」者，以其文字上文已引，爲避繁複，故略去。下同。

〔註28〕 揆敘《隟光亭雜識》，收入《續修四庫全書》第 1146 冊，上海古籍出版社 2002 年版，第 76 頁。

〔註29〕 胡文英《吳下方言考》，乾隆四十八年留芝堂刻本，收入《續修四庫全書》第 195 冊，上海古籍出版社 2002 年版，第 54 頁。

《元和縣志》卷 10：「嘲笑人曰阿瘬瘬。」〔註31〕《光緒嘉定縣志》卷 8：「阿瘬瘬，俗呼痛聲也。」〔註32〕《嘉定縣續志》卷 5：「嘆詞：阿瘬瘬。」〔註33〕

3. 今吳語「瘬」音威或音偉。「阿瘬瘬」即「阿瘬」之衍音。

3.1. 「阿瘬」或音轉作「猗違」、「猗偉」。章太炎《新方言》卷 1：「反丂曰己，凡肯曰可，大言而怒曰訶，誰問曰何，皆自此衍成聲義。古語曰己，今語曰阿，經典相承作猗。其在語末者，《書・秦誓》：『斷斷猗。』《詩・魏風》：『河水清且漣猗。』《莊子・大宗師》：『而我猶為人猗。』今皆作阿，猶讀歌部本音。其在語首者，《商頌》：『猗與那與。』《晉語》：『猗兮違兮。』《漢書・武帝紀》：『猗與偉與。』文與《晉語》大同，此詠歎之音也。猗亦即阿。今自淮南以至吳、越，鄙俗謳歌猶云『阿（讀若亞）得偉』，以是為曼聲。苻秦趙整《琴歌》發聲曰『阿得脂』，亦猶『阿得偉』矣。（偉亦古人閒語之詞。《大戴禮・衛將軍文子篇》：『孔子既聞之，笑曰：「賜，女偉為知人。」』是也）」〔註34〕

3.2. 又音轉作「安偉」，《北史・儒林・熊安生傳》：「後齊任城王湝鞭之，（宗）道暉徐呼：『安偉！安偉！』出謂人曰⋯⋯」道暉被鞭呼「安偉」，猶郭勝靜被鞭呼「阿瘬瘬」也。清・沈濤《交翠軒筆記》卷 4：「『阿瘬瘬』乃呼痛之詞，南村引以證軍中助威之聲，非也⋯⋯『阿瘬瘬』即『安偉』之長言耳，今人被毆呼痛聲猶如此。」〔註35〕沈氏雖以呼痛之詞與助威之聲斷為二橛，未得；而下說則是也。清人梁玉繩亦謂「安偉猶阿瘬也」（見下文引）。王利器曰：「安偉，即阿侑也。」〔註36〕（「阿侑」見下文。）中華書局點校本點作「道暉徐呼安偉，安偉出」〔註37〕，以「安偉」為人名，非也。《北史》別無人名為「安偉」者。

〔註30〕 胡式鈺《竇存》，收入《叢書集成續編》第 23 冊，新文豐出版公司 1988 年版，第 771 頁。
〔註31〕 《元和縣志》，乾隆二十六年刻本。
〔註32〕 《光緒嘉定縣志》，光緒刻本。
〔註33〕 《嘉定縣續志》，民國十九年鉛印本。
〔註34〕 章太炎《新方言》，收入《章太炎全集（7）》，上海人民出版社 1999 年版，第 6 頁。
〔註35〕 沈濤《交翠軒筆記》，收入《叢書集成續編》第 20 冊，新文豐出版公司 1988 年版，第 759 頁。
〔註36〕 王利器《顏氏家訓集解》（增補本），中華書局 1996 年版，第 119 頁。
〔註37〕 《北史》第 9 冊，中華書局 1974 年版，第 2745 頁。

4. 「阿癐」即「猗違」、「猗偉」、「安偉」之音轉。

4.1. 「安」、「猗」、「阿」，一音之轉也。「阿」用爲嘆詞，表示驚訝或讚歎。上古作「猗」字，《玉篇》：「猗，歎辭也。」《詩經》已見，古音同「呵」、「何」。用於句末者，又借「兮」、「呵」、「可」三字爲之，「兮」古讀「阿」音〔註 38〕。近代則作「阿」、「啊」。此無煩多所舉證也。

4.2. 「癐」、「違」、「偉」亦嘆詞，其本字即「偉」，《說文》：「偉，奇也。」今吳方言尚有「偉奇」之語。故引申之，即表示驚異之詞。

字或作「衛」，與「偉」古通。《爾雅》：「衛、蹶，嘉也。」郭注：「未詳。」宋・鄭樵注：「今時俗訝其物則曰衛。蹶與衛亦不相遠，但方俗語有差耳。」清・邵晉涵《正義》：「衛，通作偉。」清・郝懿行《義疏》：「今登萊人嘉其物曰麾，或曰褘，或曰偉。」〔註 39〕清・范寅《越諺》卷下：「衛，訝其物之辭，與『喡』同。《爾雅・釋詁》鄭樵註。」〔註 40〕

其後出本字爲「喡」，《玉篇》：「喡，失聲。」《集韻》：「喡，羽鬼切，呼聲。」即指驚呼失聲也。明・李實《蜀語》：「呼人曰喡。喡音胃，輕之之詞也。」〔註 41〕清・胡文英《吳下方言考》卷 7：「案：失聲謂不意其如此而怪詫之也。今吳中小有驚詫，則失聲曰喡。」〔註 42〕清・范寅《越諺》卷下：「喡喡喡：『偉』。驚訝辭。《集韻》。」〔註 43〕

字亦作「譮」、「噦」，皆同音借字也。《玉篇》：「譮，烏回切，呼人也，又戶罪切。」又「噦，古回切，呼也。」《集韻》：「譮，呼聲。」清・胡文英《吳下方言考》卷 7：「案：譮，遙呼人也。吳中凡遠呼人而招之使來曰譮。」〔註 44〕胡吉宣曰：「本書『噦，呼也』。案：今呼人發聲曰喂，當作此譮。喂義爲恐，非呼聲也。」〔註 45〕

〔註 38〕參見蕭旭《〈淮南子〉古楚語舉證》，《東亞文獻研究》總第 6 輯，2010 年 8 月出版，第 67 頁。

〔註 39〕三說並轉引自朱祖延主編《爾雅詁林》，湖北教育出版社 1996 年版，第 687 頁。

〔註 40〕范寅《越諺》（侯友蘭等點注），人民出版社 2006 年版，第 324 頁。范氏以「偉」字擬其音。

〔註 41〕李實《蜀語校注》（黃仁壽、劉家和校注），巴蜀書社 1990 年版，第 85 頁。

〔註 42〕胡文英《吳下方言考》，乾隆四十八年留芝堂刻本，收入《續修四庫全書》第 195 冊，上海古籍出版社 2002 年版，第 57 頁。

〔註 43〕范寅《越諺》（侯友蘭等點注），人民出版社 2006 年版，第 278 頁。

〔註 44〕胡文英《吳下方言考》，乾隆四十八年留芝堂刻本，收入《續修四庫全書》第 195 冊，上海古籍出版社 2002 年版，第 59 頁。

〔註 45〕胡吉宣《玉篇校釋》，上海古籍出版社 1989 年版，第 1857 頁。

字亦借作「疛」、「疖」、「侑」、「幃」、「煒」、「喂」，俗亦作「喊」。《玄應音義》卷 15：「疛疛：諸書作侑，籀文作幃。案《通俗文》：『於罪反。痛聲曰疛，驚聲曰然。』律文從口作嘷、喂二形，非也。」《慧琳音義》卷 58「幃」作「煒」，「疛」作「疖」，音「於罪反」作「於鬼反」。此爲《僧祇律》13《音義》，檢經文作「我今欲求勝法，從彼出家，而此中嘷嘷似如童子在學堂中學誦聲」。《僧祇律》卷 19：「作嘷嘷聲恐怖十六群比丘。」又「乃至曲一指嘷嘷作恐怖相。」二例宋、元、明本皆作「喂喂」。《玄應》以「疛」爲本字，蓋惑於痛聲之義，不知「偉」爲驚歎之詞，非僅用於痛聲也。《可洪音義》卷 25「嘷喂」條辨云：「嘷，小兒嘷嘷讀書聲也。喂，律意謂黑處立地，口中作喂喂聲以怖小兒也……所用字因緣不同，義亦有異，而應和尚惣以疛字替之，非也。」又卷 15：「喂喂，烏悔反，謂黑處立，口中作喂喂之聲而恐怖小兒也。《經音義》以疛字替之，非也。郭氏作王貴反，亦非也。上方經作嘷嘷。」《可洪》辨玄應之失，是也；而不知「嘷嘷讀書聲」與「喂喂怖聲」皆擬聲，未能會通也。陳漢章曰：「《通俗文》：『痛聲曰侑，又曰疛。』皆羽罪反。案：《說文》：『姷，耦也，亦作侑。』又『疛，疛疛也。』痛聲之侑，當是疛之變。又『侴，刺也，一曰痛聲。』則作侴亦是。」〔註 46〕考「疛」本義爲疛疛，指歐腫；「侑」本義爲耦助，與痛聲何涉？《通俗文》但記同音字，安可據考本字？陳氏又謂「侴」亦是，不辨其字形與字音皆不合，其說非也。

字亦作「噢」、「唷」、「陓」、「郁」、「喴」、「啷」，音偉，又音郁。《玄應音義》卷 5：「噢咿：於六反，下於祇反。痛念之聲也。經文作唷、郁、啷三形，並非體也。」《玄應音義》卷 20、《慧琳音義》卷 33 同。《廣韻》：「唷，於六切，吐聲。」《集韻》：「喴、啷，乙六切，聲也，或從郁。」《龍龕手鑑》：「啷、嘷：二俗，於鬼反。」《搜神記》卷 14：「乃闇以杖撾之，良久，於室隅間有所中，便聞呻吟之聲，〔呼〕曰：『唷，唷。』宜死。」〔註 47〕《法苑珠林》卷 31 引作「陓陓」。

字亦作「喅」、「唷」，《玉篇》：「唷，出聲。」《集韻》：「喅，《說文》：『音聲喅喅然。』或作唷。」《龍龕手鏡》：「喅，音育。音聲也。《香嚴》又爲立反，助力聲也。」清·范寅《越諺》卷上引《山裏果子》：「癩頭婆偷偷喫者，嘴脯喫得油嚹嚹，屁股打得唉喅喅。」又卷下：「唉喅喅：『哀歾歾』，歎痛。」

〔註 46〕陳說轉引自王利器《顏氏家訓集解》（增補本），中華書局 1996 年版，第 119 頁。
〔註 47〕「呼」字據《法苑珠林》卷 31 補。

〔註 48〕《綴白裘》三編《白兔記·養子》：「阿唷！天吓！腹中一霎時又疼痛起來，想是要……阿唷！阿唷！這一回一發疼痛得緊。阿唷唷！娘吓！」〔註 49〕

字亦作「欥」，《玉篇》：「欥，驚辭也。」《集韻》、《類篇》同。《正字通》：「欥，俗字。舊註欥音育，驚辭。非。六書無欥。」清·胡文英《吳下方言考》卷 10：「欥：音育。案：欥，失驚而作聲也。吳中失驚而作聲曰阿欥，俗用唷，非。」〔註 50〕張氏以「欥」爲非，胡氏以「唷」爲非，皆拘矣。二字固同也。胡吉宣曰：「欥，本書『喑，音聲也。唷，出聲也』，與此同爲摹聲之詞，今人驚駭出聲亦然。」〔註 51〕斯爲得之。《通州直隸州志》卷 1：「阿欥，負痛聲也。」〔註 52〕《如皋縣志》卷 8：「呵欥，負痛聲也。」〔註 53〕

4.3.「唷」音偉，或音郁，方言又音轉如由。《嘉定縣續志》卷 5：「阿侑（侑）：俗呼痛聲也。俗讀由或育，皆通。」〔註 54〕故「阿侑」或作「阿唷」、「阿欥」，俗作「阿呦」。又音轉爲「阿與」，俞正燮《癸巳存稿》卷 3：「《北齊·儒林傳》：『宗道暉謁任城王湝，湝鞭之。道暉徐呼：「安偉，安偉。」』其音即阿雅偉，俗書阿呀喂也。《舊唐書·安祿山傳》：『反手據牀曰：「阿與，我死也。」』『阿與』即『安偉』、『阿瘖瘖』。」〔註 55〕俞說是也，《通鑑》卷 216、《通鑑紀事本末》卷 31、《通鑑總類》卷 4「阿與」作「噫嘻」，可知「阿與」是發聲詞，即「阿唷」也。「阿瘖瘖」音轉爲「阿唷唷」，又音轉爲「阿唷喂」、「阿由喂」、「阿呦喂」〔註 56〕。《嘉定縣續志》卷 5：「阿唷唷：俗呼痛聲也。《朝野僉載》：『郭勝靜被鞭，諱言曰：勝靜不被打，阿唷唷。』」〔註 57〕

〔註 48〕范寅《越諺》（侯友蘭等點注），人民出版社 2006 年版，第 115、323 頁。范氏以「哀翂翂」擬其音。

〔註 49〕《綴白裘》，乾隆四十二年刻本。

〔註 50〕胡文英《吳下方言考》，乾隆四十八年留芝堂刻本，收入《續修四庫全書》第 195 冊，上海古籍出版社 2002 年版，第 84 頁。

〔註 51〕胡吉宣《玉篇校釋》，上海古籍出版社 1989 年版，第 1949 頁。

〔註 52〕《通州直隸州志》，光緒刻本。

〔註 53〕《如皋縣志》，嘉慶十三年刻本。

〔註 54〕《嘉定縣續志》，民國十九年鉛印本。

〔註 55〕俞正燮《癸巳存稿》，收入《續修四庫全書》第 1159 冊，上海古籍出版社 2002 年版，第 654 頁。

〔註 56〕「了」、「鳥」、「吊」一音之轉，「了了」音轉爲「了鳥」、「了吊」，是其比也。參見蕭旭《敦煌寫卷 P.5001〈俗務要名林〉「了」□」考辨》，《古籍研究》2011 年卷，第 78～80 頁。

〔註 57〕《嘉定縣續志》，民國十九年鉛印本。

此改《朝野僉載》「阿㿜㿜」爲「阿唷唷」，是吳語音同也。又音轉爲「阿嗄壞」，《九尾龜》第 7 回：「摔得厚卿叫聲阿嗄壞。」〔註 58〕

　　4.4.《顏氏家訓·風操》：「《蒼頡篇》有侑字，《訓詁》云：『痛而謔也。音羽罪反。』今北人痛則呼之。《聲類》音于耒反。今南人痛或呼之。此二音隨其鄉俗，並可行也。」《說文》：「侑，刺（刺）也。一曰毒之。」段玉裁注：「按玄應佛書《音義》曰：『㾒㾒，諸書作侑，《通俗文》于罪切。痛聲曰㾒。』此條合之字義、俗語皆無不合。其云諸書作侑，蓋《蒼頡訓詁》亦在其中。借侑爲㾒，皆『有』聲也。《顏氏家訓》之侑當是侑之誤，不必與《說文》牽合……又《搜神記》卷 14 云：『聞呻吟之聲曰唷唷，宜死。』唷亦㾒之俗字。」〔註 59〕清·任大椿《小學鉤沈》卷 1 據《顏氏家訓》輯錄《倉頡篇》佚文，王念孫校正曰：「《風操篇》云云。今案：侑字從肴得聲，羽罪、於來（耒）二反，皆與肴聲不協……又案：《僧衹律》13《音義》云云，於罪與羽罪同音，然則音羽罪反之侑，乃侑字之訛。㾒、侑並從有得聲，與貨賄之賄聲相近，故《蒼頡訓詁》侑音羽罪反，《聲類》音於來（耒）反，今人痛呼之聲，猶有若此者。然考《廣韻》：『侑，胡茅切，痛聲也。』又『於罪切，痛而叫也。』《集韻》、《類篇》並與《廣韻》同，此字之誤，其來久矣。」〔註 60〕王說是也。清·翟灝《通俗編》卷 33：「阿㿜㿜：士卒納（呐）喊作力聲，又口唱痛也。士卒喊聲當即『許許』爲正，唱痛當作『侑侑』……古人借字之例，亦不可拘……『安偉』者，似亦口唱痛辭。」〔註 61〕翟氏既不知「侑」爲誤字，又誤以「許許」爲其正字也。

　　5.《象山縣志》：「今時小兒痛，父母以口就之曰燠休，代其痛也。今曰阿育。」〔註 62〕洪亮吉《曉讀書齋四錄》卷下：「按：既有羽罪、於耒二反，則字不當有爻音。疑侑字爲侑字傳寫之誤。今北俗痛苦甚尙呼『阿侑』，

〔註 58〕清石印本《九尾龜》，收入《古本小說集成》第 5 輯第 38 冊，上海古籍出版社 1995 年影印，第 38 頁。

〔註 59〕段玉裁《說文解字注》，上海古籍出版社 1981 年版，第 381 頁。

〔註 60〕王說轉引自任大椿《小學鉤沈》卷 1《倉頡篇》，收入《續修四庫全書》第 201 冊，上海古籍出版社 2002 年版，第 667 頁。王氏引文據誤本作「於來反」，當改作「於耒反」，桂馥、王利器已訂正。桂馥《說文解字義證》，齊魯書社 1987 年版，第 702 頁。王利器《顏氏家訓集解》（增補本），中華書局 1996 年版，第 119 頁。王利器引王念孫說有倒、誤，徑正。

〔註 61〕翟灝《通俗編》，收入《續修四庫全書》第 194 冊，上海古籍出版社 2002 年版，第 607 頁。

〔註 62〕《象山縣志》，乾隆二十四年刻本。

讀若洧，尚與古同也。《左傳·昭公三年》：『而或燠休之。』服虔注云：『燠休，痛其痛而念之，若今時小兒痛，父母以口就之曰燠休，代其痛也。』『阿侑』即『燠休』之轉聲。」〔註63〕章太炎《新方言》卷1：「今人呼痛曰燠休。休或呼如由，或轉呼曰阿育，皆一語也。」〔註64〕

考「燠休」一作「噢咻」，與《禮記·樂記》「煦嫗」義同，以體曰嫗，以氣曰煦。休亦音煦也。也作「姁媮」、「呴愉」、「嘔喝」、「呴喻」、「煦嫗」〔註65〕。與「阿侑」、「阿育」作嘆詞用者不同，《縣志》等說蓋未確也。

清·平步青《釋諺》：「《曉讀書齋四錄》卷下云云。按今小說彈詞，皆書作『阿唷』，《玉篇》：『唷，出聲也。』《集韻》同『喞』。《說文》：『喞，音聲喞喞然。』皆與今俗呼痛聲不合。《顏氏家訓》云云，則『侑』當作『脩』。」〔註66〕平氏疏於小學，所說全誤。

〔註63〕洪亮吉《曉讀書齋四錄》，收入《續修四庫全書》第1155冊，上海古籍出版社2002年版，第648頁。

〔註64〕章太炎《新方言》，收入《章太炎全集（7）》，上海人民出版社1999年版，第11頁。

〔註65〕參見吳玉搢《別雅》卷3，收入景印文淵閣《四庫全書》第222冊，臺灣商務印書館1986年初版，第686頁。

〔註66〕平步青《釋諺》，收入《霞外攟屑》卷10，上海古籍出版社1982年版，第744頁。

「風曰孛纜」再考

1. 元人陶宗儀《說郛》卷55引宋人孫穆《雞林類事・方言》記載古代朝鮮語云：「風曰孛纜。」〔註1〕關於「孛纜」的來源，有以下幾種說法：

1.1. 漢語說。各家的說法又各不相同。林語堂、羅常培舉「風曰孛纜」這條材料論證上古漢語有複輔音〔註2〕。尚玉河認為上古漢語有複輔音，謂「風」在上古漢語中可念成近似於「孛纜」的讀音，寫作「焚輪」、「飛廉」，近代寫作「毗藍」，並反駁了來自梵語、西域語、阿爾泰語的說法〔註3〕。俞敏肯定了黃有福二人反駁梵語來源說的正確，指出「風」字在後漢可念成近似於「孛纜」的讀音〔註4〕。張玉來認為「飛廉」、「梵（焚）輪」、「孛纜」同源，反映的是漢藏語系「風」的原始形式〔註5〕。楊劍橋曰：「『風』上古具有複輔音聲母*pr-，增加元音後變成『孛纜』（又作『飛廉』、『毗藍』、『焚輪』等）。」〔註6〕施向東認為「孛纜」是朝鮮語中的漢語借詞，「飛廉」、「梵

〔註1〕 陶宗儀《說郛》卷55，收入景印文淵閣《四庫全書》第879冊，臺灣商務印書館1986年初版，第63頁。《宋史・藝文志三》載「孫穆《雞林類事》三卷」，《玉海》卷16載「《雞林類事》三卷，崇寧初孫穆撰，敍土風、朝制、方言，附口宣刻石等文」。「雞林」即指「高麗」。

〔註2〕 林語堂《古有複輔音說》，收入《語言學論叢》，開明書店1933年版，第7～8頁。羅常培《語言與文化》，北京出版部2003年版，第123頁。

〔註3〕 尚玉河《「風曰孛纜」和上古漢語複輔音聲母的存在》，《語言學論叢》第8輯，商務印書館1981年版，第67～84頁。

〔註4〕 俞敏《古漢語「風」字確實有過像「孛纜」的音》，《民族語文》1982年第5期，第40～42頁。

〔註5〕 張玉來《漢藏語系「風」字的讀音——兼論上古漢語「風」的構擬》，《山東大學學報》1989年1期，第98～101頁。

〔註6〕 楊劍橋《閩方言來母S聲字補論》，收入《李新魁教授紀念文集》，中華書局

（焚）輪」、「孛纜」同源〔註7〕。龐光華反對上古漢語有複輔音，他說：「我們認爲『風日孛纜』中的『孛纜』有可能是古漢語中的辭彙的譯音詞，但那並不是『風』的上古音的直接對音。考古文獻，知我國上古稱風神爲『飛廉』……傅定淼《反切起源考》已說過『飛廉』相切爲『風』，這可以說已成定論。《雞林類事》中的『風日孛纜』的『孛纜』不是古漢語『風』的借音詞，而是『飛廉』的借音詞。『孛纜』和『飛廉』可以對音，僅僅稍有音轉而已。」〔註8〕師玉梅謂「孛纜」是「風」的語音緩讀分化〔註9〕。劉忠華曰：「『風』又名『飛廉』、『孛纜』，屬分音詞現象。分音詞用了假借字而沒有另外造字。」〔註10〕

1.2. 梵語、西域語說。十八世紀朝鮮學者黃胤錫曰：「風日波嵐，古日勃嵐，此則西域所呼迅猛風爲毗嵐，亦爲毗藍之轉音也。」〔註11〕其所據當即《玄應音義》卷1「毗嵐：或作毗藍婆風，或作韡嵐婆，或云吠藍婆，或作隨藍，或言旋藍，皆是梵言之楚、夏耳，此譯云迅猛風也」的記載。夏劍欽亦據《玄應音義》指出：「『毗嵐』就是後來出現在朝鮮語中的『孛纜』，這是隨唐代佛經傳入的，它們都是梵語的音譯詞，意思是『迅猛風』。」〔註12〕

1.3. 阿爾泰語說。應琳說「孛纜」與漢語不相近，而和阿爾泰語相同〔註13〕。丁啓陣贊成這個觀點〔註14〕。

1998年版，第124頁；又見楊劍橋《漢語音韻學講義》，復旦大學出版社2005年版，第161頁。

〔註7〕 施向東《上古介音*－-r－與來紐》，收入《漢語和藏語同源體系的比較研究》，華語教學出版社2000年版，第181頁。

〔註8〕 龐光華《論漢語上古音無複輔音聲母》，中國文史出版社2005年版，第213～214頁。

〔註9〕 師玉梅《釋「𤕟」》，《漢字研究》第1輯，中國文字學會、河北大學漢字研究中心編，學苑出版社2005年版，第439頁。

〔註10〕 劉忠華《中國音韻學》，南京大學出版社2008年版，第50頁。

〔註11〕 黃胤錫《頤齋遺稿》，轉引自黃有福、崔虎城《「孛纜」語源考》，《民族語文》1982年2期，第56頁。黃靈庚曰：「波嵐、勃嵐、毗嵐、毗藍，皆語之轉也。李氏『西域』云云，於朝鮮，猶稱中國，非漢人所稱西域。」黃氏既濫說音轉，又謂朝鮮稱中國爲西域，尤爲妄說，失考《玄應音義》也。黃靈庚《楚辭與簡帛文獻》，人民出版社2011年出版，第149頁。

〔註12〕 夏劍欽《〈一切經音義〉是一部重要的訓詁書》，收入張之強、許嘉璐主編《古漢語論集》第2輯，湖南教育出版社1988年版，第113頁。

〔註13〕 應琳《「風日孛纜」考》，《民族語文》1980年2期，第79頁。

〔註14〕 丁啓陣《論古無複輔音聲母》，澳門語言學出版會2000年版，第20～23頁。

　　1.4. 古東夷語說。黃有福、崔虎城認爲以「風曰孛纜」考察上古漢語有複輔音的作法不妥，應琳同於阿爾泰語的說法草率，並反駁了梵語來源說，指出「孛纜」是朝鮮語固有詞，由新羅語表示「吹」的詞演變而成〔註15〕。金永哲反對尙玉河說，認爲「飛廉」與「孛纜」僅是語音有聯繫，但沒有「風」義；「飛廉」是古代的野獸或神禽名，與「風」無直接關係；「孛纜」是朝鮮語的固有詞，由阿爾泰語「吹」的詞幹加後綴（元音+m）發展而來〔註16〕。尉遲治平認爲「飛廉」是楚語詞，它可上溯到東夷語，「孛纜」是夷語在高麗語裏的遺存。史有爲從尉氏說〔註17〕。

　　2. 我們認爲，持「孛纜」是漢語借詞說的學者指出與「焚輪」、「飛廉」同源的觀點可信，它們都是「風」的緩讀，然諸家皆未明「風」所取的初義，有必要作進一步考察。「毗藍」則是讀音偶近的另一個詞，來源不同〔註18〕，這裏不作討論。

　　3. 古「風」、「鳳」同字，從「凡」得聲。羅振玉、王襄、丁山、孫海波、姚孝遂皆謂卜辭中「鳳」字借爲「風」〔註19〕。「凡」即「盤」之古字。郭沫若曰：「『爿』乃『凡』字，『槃』之初文也。」吳其昌曰：「『凡庚』者，即『般庚』也。……則『凡』、『般』一字，亦甚著顯。」于省吾曰：「『凡』即『槃』之初形。」〔註20〕《說文》：「槃，承槃也。鎜，古文。盤，籀文。」金文作「般」。字亦作「汎」、「洀」，《管子‧乘馬》：「汎山，其木可以爲棺，可以爲車。」于省吾曰：「按『汎』同『洀』，古盤字。《小問》：『意者君乘駁馬而洀桓，迎日而馳乎？』注：『洀，古盤字。』注說是也。汎亦省作凡，《墨子‧辭過》：『凡回於天地之間。』《節葬下》：『壟雖凡山陵。』『凡』均應讀作盤。從凡從舟，古文形同，詳《墨子新證》。

〔註15〕黃有福、崔虎城《「孛纜」語源考》，《民族語文》1982年2期，第55～57頁。

〔註16〕金永哲《關於「風曰孛纜」和複輔音》，《延邊大學學報》1984年第4期，第78～86頁。

〔註17〕尉遲治平《「風」之謎和夷語走廊》，《語言研究》1995年第2期，第24～37頁。史有爲《漢語外來詞》，商務印書館2000年版，第32頁。

〔註18〕參見楊琳《漢語詞源求證舉例》，《民族語文》2008年5期，第62頁；又題作《訓詁方法的現代拓展——異語求義法》，《南開語言學刊》2008年第2期，第119頁。一文而作二題，二次發表，甚爲滑稽。

〔註19〕諸說皆轉引自于省吾主編《甲骨文字詁林》，中華書局1999年版，第1706～1712頁。

〔註20〕諸說皆轉引自于省吾主編《甲骨文字詁林》，中華書局1999年版，第2844、2849頁。

盤山謂山之盤迴者。」〔註 21〕

「孛纜」者，即「盤」之緩讀或切音；「焚輪」、「飛廉」皆南楚語，是「孛纜」的音轉。《山海經・海外北經》：「鍾山之神，名曰燭陰……息爲風。」郭璞注：「息，氣息也。」《莊子・齊物論》：「夫大塊噫氣，其名爲風。」《淮南子・天文篇》：「天之偏氣，怒者爲風。」「風」就是指盤旋的氣流。

3.1. 「孛纜」文獻中未見同形詞。其實在傳世文獻中記錄的是同音的異形字。此但當求諸音，不當拘於形。

字或作「勃闌」，宋・洪邁《容齋三筆》卷 16：「世人語音有以切腳而稱者，如以盤爲勃闌。」清・孔毓埏《拾籜餘閒》：「吾鄉以杞柳爲筐筥形，方言謂之勃闌……及觀洪《容齋二（三）筆》云云……然後悟其語皆切音耳，筥形似槃，故曰勃闌。」〔註 22〕清・范寅《越諺》卷中：「勃闌，篩米時用。即『盤』字切腳，誤爲是名。從《容齋二（三）筆》。」〔註 23〕咸豐 6 年《鄞縣志》：「勃闌，盤，以反切呼物也。」1935 年《蕭山縣志稿》：「又呼盤米器曰勃闌。」〔註 24〕

字或作「勃（教）藍」，《說郛》卷 23 引喻文豹《唾玉集》：「俗語切腳字，勃藍，盤字。」明・徐伯齡《蟫精雋》卷 3：「世語中有切母成音，若今所謂綺談市語者，如教籃蓋即盤字切音。」

字或作「勃蘭」，明・田汝成《西湖遊覽志餘》卷 25《委巷叢談》：「杭人有以二字反切一字以成聲者，如以盤爲勃蘭。」《錢塘縣志・外紀》、《杭州府志》卷 75 同〔註 25〕。

字或作「孛蘭」，元・佚名《風入松》曲：「使盡心，才得悟，則不如取孛蘭便數。」元・宋方壺《一枝花》：「將取孛蘭數取梨，有甚稀奇？」

字或作「孛羅」、「孛籃」、「挈籃」、「蒲藍」，「羅」、「籃」一音之轉也。宋・秦觀《滿園花》：「待收了孛羅，罷了從來斗。」元・石子章《八聲甘州》套

〔註 21〕于省吾《管子新證》，收入《雙劍誃諸子新證》，中華書局 2009 年版，第 21～22 頁；又參見于省吾《釋「洍」》，收入《甲骨文字釋林》，中華書局 1979 年版，第 93 頁。

〔註 22〕孔毓埏《拾籜餘閒》，清康熙刻本，收入《續修四庫全書》第 1177 冊，上海古籍出版社年版，第 179 頁。

〔註 23〕范寅《越諺》（侯友蘭等點注），人民出版社 2006 年版，第 186 頁。

〔註 24〕並轉引自許寶華、宮田一郎《漢語方言大詞典》，中華書局 1999 年版，第 3870 頁。

〔註 25〕《錢塘縣志・外紀》，光緒刻本。《杭州府志》，民國鉛印本。

曲：「唱道事到如今，收了孛籃罷了斗，那些兒自羞。」元・關漢卿《一枝花》：「那其間收了𥥍籃罷了斗。」元・關漢卿《謝天香》第 2 折：「我正是出了𥥍籃入了筐。」明・臧晉叔《音釋》云：「𥥍，音蒲。」〔註26〕元・佚名《陳州糶米》第 2 折：「敢着他收了蒲藍罷了斗。」「孛羅」、「孛籃」、「𥥍籃」、「蒲藍」皆同，指盛米的器具；「斗」是量具。元・秦簡夫《東堂老》第 3 折：「今日呵，便擔着孛籃，拽着衣服，不害羞，當街裏叫將過去。」明・臧晉叔《音釋》云：「孛音蒲。」〔註27〕此處「斗」諧音「鬥」。「收了蒲藍罷了斗」本市場用語，指收了盛米的器具和量具，歇手不再經營，諧音指停止爭鬥。王鍈原釋「孛籃」等詞爲竹籃或蒲籃，後修訂爲「收盤罷斗」〔註28〕，皆未得其誼。宋・徐夢莘《三朝北盟會編》卷 141：「地勢坡坂而有低林，俗呼爲孛羅岡。」言其地勢低而如盤器也。

字或作「孛籃」，明・孟稱舜《春風慶朔堂》第 1 折：「他子待將取孛籃數與梨，到晚來懷兒裏摳惜，被兒中滋味。」「孛籃」同「孛蘭」〔註29〕。

字或作「薄孌」，《崇明縣志》卷 4：「盤曰孛籃，轉爲薄孌。」〔註30〕

字或作「勃孌」，清・繆楷《江陰方言述》：「古人言語有急言、緩言之別……言盤則曰勃孌……皆緩言之例也。」《江陰縣續志》卷 9 同〔註31〕。

〔註26〕臧晉叔《元曲選》，中華書局 1989 年版，第 149 頁。

〔註27〕臧晉叔《元曲選》，中華書局 1989 年版，第 225 頁。

〔註28〕王鍈《詩詞曲語辭例釋》，中華書局 1986 年版，第 17 頁；又王鍈《宋元明市語匯釋》，中華書局 2008 年版，第 9 頁。又王鍈《試說「切腳語」》，收入《紀念王力先生百年誕辰學術論文集》，商務印書館 2002 年版，第 203 頁。

〔註29〕元・佚名《羅李郎大鬧相國寺》第 3 折：「淨孛籃挑土筐上。」此例形容衣著襤褸，同形異詞，來源不同。也作「薄籃」，元・秦簡夫《東堂老》第 3 折：「揚州奴同旦兒攜薄籃上。」「攜」字疑衍。元・關漢卿《錢大尹智勘緋衣夢》第 1 折：「外扮孛老兒薄籃上。」也作「薄藍」，元・張可久《寨兒令》：「鬢髮耽珊，身子薄藍，無語似癡憨。」此例「薄藍」形容物體薄弱。也作「薄濫」，《北史・高道穆傳》：「自頃以來，私鑄薄濫，官司糾繩，掛網非一。」又作「薄襤」，明・佚名《女姑姑》楔子：「外扮張端甫薄襤上。」明・佚名《鎖白猿》楔子：「眞人薄襤冲上。」也作「跋藍」，元・楊暹《西遊記》第 13 齣：「則俺那俊多才，怕不道思量俺，爭奈他身命兒太跋藍。」倒言則作「濫薄」，徐鍇《說文繫傳》：「襤猶濫濫薄也。無緣，故濫薄。」《通鑑》卷 189：「隋末錢幣濫薄。」

〔註30〕《崇明縣志》，民國十九年刊本。

〔註31〕繆楷《江陰方言述》，據《東興廟祠宗譜》光緒刻本。《江陰縣續志》，民國九年刻本。

字或作「桲檻」，清代版《徐州十三韻》：「桲，盛麵曰桲檻。」〔註32〕

今吳方言中也有記載，又記音寫作「孛欒」、「勃籃」、「薄欖」、「盤籃」、「盤藍」，湘語則倒言作「籃盤」〔註33〕，皆指圓形農具。余爲靖人，正知吳語農具中有「盤籃」，此物圓形，竹製，高約10～20cm，直徑1～2m左右。《續濟公傳》第152回：「再爲仔細一望，原來一個曠野，遍地皆墁的水晶，抬頭朝天上一看，但見東角上一派綠漫漫的微微露一個盤籃大的朱紅丸子，或上或下跳個不住。」言初出的太陽如農具盤籃大小也。清乾隆刊本《說唐全傳》第30回：「大家張開弓弩，箭如雨發，只聽要要（喇喇）的射將過來，羅成把鎗一撐，那鎗有孛籃大的花頭，那射來的箭都叮叮噹噹落下地去了。」言槍花有農具孛籃大小也。《常州府山川考》：「官長山……上有黃龍洞、青龍洞、仙人洞、獅子巖、盤藍石。」〔註34〕盤藍石者，言其石大如農具盤藍也，今吾邑猶有此語。

音轉又作「婆羅」、「筱籮」、「笸籮」〔註35〕，《南齊書·東南夷傳》：「平蕩之日，上表獻金五婆羅。」《欽定八旗通志》卷93：「盛麴大筱籮。」《紅樓夢》第71回：「捧上一升豆子來……然後一個一個的揀在一個笸籮內。」「婆羅」、「筱籮」、「笸籮」即「孛羅」，亦即「孛籃」。王雲路認爲「婆羅」、「孛羅」、「笸籮」是「笸」的緩讀，與「孛籃」緩讀爲「盤」相似〔註36〕，斯亦未能會通也。

字或作「不闌」，宋·朱輔《溪蠻叢笑》：「不闌帶，蠻女以織帶束髮，狀如經帶。不闌者，斑也，蓋反切語。」「斑」當作「班」〔註37〕，同「盤」，

〔註32〕轉引自蘇曉青《徐州方言詞典》，江蘇教育出版社年版，第50頁。

〔註33〕參見許寶華、宮田一郎《漢語方言大詞典》，中華書局1999年版，第2431、3870、5603、7205、7258頁。

〔註34〕《古今圖書集成·方輿彙編·職方典》卷707《常州府部彙考一》，中華書局1934年影印，第117冊，第28頁。

〔註35〕「薄荷」或作「菝蘭」、「菝蘭」，「婆娑」或作「媻娑」，《本草綱目》卷41：「時珍曰：西南夷皆食之，混呼爲負盤，俗又訛盤爲婆，而諱稱爲香娘子也。」皆「薄」、「盤」、「波」音轉之證。

〔註36〕王雲路《中古漢語辭彙史（上）》，商務印書館2010年版，第456頁。

〔註37〕俞正燮《癸巳類稿》卷7《反切證義》、王初桐《奩史》卷66引正作「班」。或二氏所見本不誤，或二氏徑正。俞正燮《癸巳類稿》（俞氏手訂本），收入《叢書集成續編》第18冊，新文豐出版公司1988年印行，第470頁。王初桐《奩史》，收入《續修四庫全書》第1252冊，上海古籍出版社2002年版，第175頁。

言織帶盤繞於頭也。

　　字或作「博羅」，唐・圓測《解深密經疏》卷 1：「復次，佛語輕利速疾迴轉。雖種種語，而謂一時。謂佛若作支那語已，無間復作礫迦國語。乃至復作博羅語，以速轉故，皆謂一時如旋火輪，非輪輪相。」是「博羅」爲輕利速疾迴轉義也〔註38〕。明・王鏊《姑蘇志》卷 14：「芋，即蹲鴟，大者名芋魁，旁生小者爲芋妳，其苗亦可作菹，一種出嘉定，名博羅。」清・陳元龍《格致鏡原》卷 63 引《蔬譜》略同。名爲博羅者，取其形圓也，亦由「盤」義引申而來。

　　字或作「孛婁」，宋・范成大《吳郡志》卷 2：「吳中……爆糯穀於釜中，名孛婁，亦曰米花。」蓋亦取其圓爲義也。

　　3.2. 音轉又作「波瀾」、「波漣」、「波浪」〔註39〕，漢・馬融《長笛賦》：「波瀾鱗淪，窊隆詭戾。」《詩・漸漸之石》鄭玄箋：「與眾豕涉入水之波漣矣。」《釋文》：「漣，音連，一本作瀾。」「漣」同「瀾」，見《說文》，陸氏音連，非也〔註40〕。《晉書・張華傳》：「須臾光彩照水，波浪驚沸，於是失劍。」迴旋之水爲「波瀾（漣）」、「波浪」，迴旋之風爲「孛纜」，其義一也。

　　音轉又作「汎濫」、「氾濫」、「泛濫」〔註41〕，《玉篇》：「汎，今爲汎濫字。」《孟子・滕文公上》：「洪水橫流，氾濫於天下。」《楚辭・九章・哀郢》：「凌陽侯之泛濫兮，忽翱翔之焉薄。」《詩・文王有聲》鄭箋：「昔堯時洪水，而

〔註38〕《阿毘達磨大毘婆沙論》卷 79「博羅」作「博喝羅」，待考。

〔註39〕《莊子・齊物論》《釋文》：「向云：『孟浪，音漫瀾，無所趣舍之謂。』《隸釋》卷 5 漢《成陽令唐扶頌》：「君臣流涕，道路琅玕。」又卷 22 後漢《唐君碑》亦有此語。朱駿聲曰：「按：（琅玕）猶言闌干也。琅、闌雙聲字。」《說苑・善說》：「孟嘗君涕浪汗增欷，而就之曰。」盧文弨曰：「浪汗，與『琅玕』同，猶闌干也。舊『浪汙』訛。」朱駿聲《說文通訓定聲》，武漢市古籍書店 1983 年版，第 729 頁。盧文弨《群書拾補》，收入《續修四庫全書》第 1149 冊，上海古籍出版社 2002 年版，第 421 頁。又「闌單」音轉爲「郎當」，亦「闌」、「浪」相轉之證。參見蕭旭《「郎當」考》，《中國語學研究・開篇》第 29 卷，2010 年 9 月日本好文出版，第 59〜64 頁。錢宗武謂「琅玕」是「非雙聲疊韻聯綿詞，聲韻皆無關係」，是錢氏不知「琅」變讀「闌」音也。錢宗武《〈尚書〉聯綿詞的類型兼論聯綿詞的構詞理據》，《漢語史學報》第 3 輯，上海教育出版社 2003 年版，第 191 頁。

〔註40〕參見惠棟《九經古義・毛詩古義》，收入阮元《清經解》卷 363，上海書店 1988 年版，第 2 冊，第 755 頁。

〔註41〕「凡」讀爲「犯」，參見于省吾《釋「凡」》，收入《甲骨文字釋林》，中華書局 1979 年版，第 426〜427 頁。

豐水亦汎濫爲害，禹治之。」孔疏：「汎濫謂汎長濫決，平地有水也。」孔氏未得其誼。梁・陶弘景《尋山志》：「赴水兮汎濫，歸田兮翱翔。」「汎（氾、泛）」乃「濫」字疊韻之變。晶紺弩曰：「水的『波浪』、『波瀾』、『汎濫』、『放浪』等詞都和『孛纜』由同語根而來，也都與風有關。」〔註42〕

音轉又作「放浪」，晉・郭璞《客傲》：「無岩穴而冥寂，無江湖而放浪。」《世說新語・文學》梁・劉孝標注引支遁《逍遙論》：「至人乘天正而高興，游無窮於放浪。」「放浪」又乃「汎濫」音變。

音轉又作「博浪」，《史記・留侯世家》：「良與客狙擊秦皇帝博浪沙中。」博浪沙，地名，言其沙地地勢低而如盤器，與「孛羅岡」取名相同。《金瓶梅詞話》第50回：「李瓶兒交迎春拿博浪鼓兒哄著他，抱與奶子那邊屋裡去了。」博浪鼓者，得名於小鼓旋轉作聲也，俗作「不浪鼓」、「撥浪鼓」、「波浪鼓」。《金瓶梅詞話》第2回：「婦人便慌忙陪笑，把眼看那人，也有二十五六年紀，生的十分博浪。」《警世通言》卷30：「那兒子卻是風流博浪的人，專要結識朋友，覓柳尋花。」二例「博浪」即「放浪」音轉，引申爲放縱義。

3.3. 音轉又作「焚輪」、「梦輪」，《爾雅》：「焚輪謂之穨。」《釋文》作「梦輪」。郭璞注：「暴風從上下。」《詩・谷風》：「習習谷風，維風及穨。」毛傳：「穨，風之焚輪者也。風薄相扶而上，喻朋友相須而成。」孔疏引李巡曰：「焚輪，暴風從上來降謂之穨。穨，下也。扶搖，暴風從下升上故曰猋。猋，上也。」又引孫炎曰：「迴風從上下曰穨，迴風從下上曰猋。」李、孫二氏皆與郭注同，與毛《傳》異。朱駿聲曰：「毛詩《傳》『風薄相扶而上』，疑下脫『曰飆』二字。」〔註43〕朱氏補毛從郭。宋・陸佃《埤雅》卷19：「按《詩傳》與璞之意異矣。蓋風之銳而上者爲猋，風之旋而上者爲穨。《莊子》曰：『摶扶搖羊角而上者九萬里。』扶搖即猋是也，羊角即穨是也，今羊角轉旋而上如焰焚輪之象也。」陸氏申毛駁郭。郭說爲長〔註44〕。不管焚輪風是從上而下，還是相扶而上，其爲旋風之一種無疑。陸氏謂「如焰焚輪之象」，則望文生義矣。陳啓源曰：「上行如焚，旋轉如輪，名義允協。」〔註45〕段

〔註42〕晶紺弩《廣「古有複輔音說」》，收入《晶紺弩文集》卷8，武漢出版社2003年版，第221頁。
〔註43〕朱駿聲《說文通訓定聲》，武漢市古籍書店1983年版，第597頁。
〔註44〕劉寶楠謂毛誤以「猋」爲「穨」，參見《愈愚錄》卷2，收入《寶應劉氏集》，廣陵書社2006年版，第417頁。
〔註45〕陳啓源《毛詩稽古編》卷14，收入景印文淵閣《四庫全書》第85冊，臺灣商

玉裁曰：「焚輪，猶紛綸，風之自上下者也。」〔註46〕王先謙曰：「趙坦曰：
『焚，當讀為僨。風之大者足以翻車，故曰焚輪。』胡承珙曰：『潰淪，相
糾貌。紛綸，亂貌。皆疊韻形容字。頹風曰焚輪者，謂其迴旋糾亂之狀，猶
潰淪、紛綸也。』陳喬樅曰：『焚，本作棥。棥亦亂也，義與紛同，亦足為
棥輪訓作糾亂之證。』愚案：『焚輪』與『扶搖』皆風之名詞。焚喻其暴，
輪喻其回。合言之，即紛紜棥亂之狀。」〔註47〕皆未得其語源。楊琳謂「焚
輪」、「飛廉」都是「風」的音變，是也；而又謂「其含義應該是大風」〔註
48〕，則非也。唐・劉禹錫《武陵觀火詩》：「怒如烈缺光，迅與棥輪俱。」
與《爾雅釋文》同作「棥輪」。

　　3.4. 音轉又作「豐隆」，聞一多曰：「『焚輪』蓋即『豐隆』之轉。古稱雷
師為豐隆。《淮南子・天文篇》：『季春三月，豐隆乃出。』《漢書・司馬相如
傳》《大人賦》：『貫列缺之倒景兮，涉豐隆之滂濞。』《文選・思玄賦》：『豐
隆軒其震霆兮。』皆謂雷也。一說豐隆為雲師者，『雲』蓋『霣』之誤。《說
文》：『齊人謂靁為霣。』然《離騷》曰：『吾令豐隆乘雲兮。』《思美人》亦
曰：『願寄言於浮雲兮，遇豐隆而不將。』是其沿誤已久。」〔註49〕張永言贊
成聞說，云『『焚輪』和『霣』疑為一語之轉」〔註50〕。聞氏謂「焚輪」、「豐
隆」音轉是也，而謂「豐隆」皆指雷師則拘矣。《楚辭》之「豐隆」凡三見，
皆指雲師，無一指雷師〔註51〕。《漢書》應劭注：「豐隆，雲師也。」司馬相
如以「滂濞」形容之，其為雲師無疑。《文選》舊注：「豐隆，雷公也。軒，
聲貌。」《後漢書・張衡傳》《思玄賦》李賢注：「豐隆，雷也。軒，聲也。」
張衡以「軒」形容之，其為雷師無疑。《廣雅》：「雲師謂之豐隆。」《玉篇》：
「霳，豐隆，雷師，俗從雨。」是舊有二說也。考《說文》：「雲，山川〔之〕

　　　務印書館 1986 年初版，第 528 頁。
〔註46〕段玉裁《毛詩故訓傳》卷 20，收入阮元《清經解》卷 619，第 4 冊，上海書
　　　店 1988 年版，第 153 頁。
〔註47〕王先謙《詩三家義集疏》，中華書局 1987 年版，第 722 頁。
〔註48〕楊琳《漢語詞源求證舉例》，《民族語文》2008 年 5 期，第 62 頁；又題作《訓詁
　　　方法的現代拓展──異語求義法》，《南開語言學刊》2008 年第 2 期，第 119 頁。
〔註49〕聞一多《爾雅新義》，收入《古典新義》，《聞一多全集》卷 2，三聯書店 1982
　　　年版，第 221～222 頁。
〔註50〕張永言《語詞札記》，收入《語文學論集》（增補本），語文出版社 1999 年版，
　　　第 259～260 頁。
〔註51〕參見朱季海《楚辭解故》，上海古籍出版社 1980 年版，第 59 頁。

氣也，從雨，云象雲回轉形。」〔註52〕《釋名》：「雲，又言運也，運行也。」《廣雅》：「雲，運也。」又「運，轉也。」是「雲」爲回轉之山川之氣也。又考《說文》「雷」作「靐」，云：「靐，從雨，晶象回轉形。」《釋名》：「雷，硍（硍）也，如轉物有所硍（硍）雷之聲也。」〔註53〕《淮南子・原道篇》：「雷以爲車輪。」高誘注：「雷，轉氣，故以爲車輪。」是「雷」爲回轉之聲或氣也。「雲師」、「雷師」皆得名爲「豐隆」，皆取回轉爲義也。二物特徵相同，固不嫌於同名也。

字或作「靊霫」、「封霫」、「豐霫」，《玉篇》：「霫，豐隆，雷師。俗從雨。」《集韻》：「霫，靊霫，雷師。」《古今韻會舉要》：「霫，靊霫，雷師。應劭曰：『雲師。』通作『豐隆』……《水經》作『封霫』。」《水經注》卷1：「豐隆，雷公也。」宋・李洪《迎送神辭》：「驕陽摧威兮奔走豐霫。」

3.5. 音轉又作「蓬龍」、「逢龍」、「蓬籠」、「蓬籠」，《楚辭・九歎・怨思》：「飄風蓬龍，埃坲坲兮。」王逸注：「蓬龍，猶蓬轉，風貌。蓬，一作逢。」《文選・辯亡論》：「蓬籠之戰，子輪不返。」李善註：「《魏志》曰：『吳將韓當遣兵逆霸，與戰于蓬籠。』《楚辭》曰：『登蓬籠而下隕兮。』王逸曰：『蓬籠，山名也。』」六臣本、《晉書・陸機傳》作「蓬龍」，《通志》卷124、《漢魏六朝百三家集》卷48作「蓬龍」。李善所引《魏志》，今本《臧霸傳》作「逢龍」。李善所引《楚辭》，今本《九歎・逢紛》作「逢龍」，王逸注：「逢龍，山名。逢，一作逢，古本作蓬。」山名蓬籠者，亦取盤旋回轉爲義也。宋・陸游《村翁》：「蹣跚烟雲兩芒屩，憑陵風雪一蓬籠。」元・戴侗《六書故》卷24：「蓬，借爲蓬籠船蓬之蓬，謂其覆蓋蓬然也。」

字或作「蓬蕽」，唐・王燾《外臺秘要方》卷6：「蘆蓬蕽一大把，煮令味濃，頓服二升，則差。」《本草綱目》卷15引唐本《釋名》：「葦菔，花名蓬蕽。」蘆花名爲蓬蕽，正取其迴旋之義。

字或作「勃籠」，宋・洪邁《容齋三筆》卷16：「世人語音，有以切腳而稱者……如以蓬爲勃籠。」《說郛》卷23引喻文豹《唾玉集》：「俗語切腳字，

〔註52〕「之」字據《書鈔》卷150引補，《玉篇》亦有「之」字。《倭名類聚鈔》卷1引作「山川出氣」。

〔註53〕「硍」爲「硍」脫誤，《御覽》卷13引作「雷者如轉物有所硍（音郎）雷之聲也」。盧文弨、黃丕烈、丁山、沈曾植皆校作「硍」，參見任繼昉《釋名匯校》，齊魯書社2006年版，第22頁。「硍雷」狀聲，倒言則作「雷硍」，《文選・吳都賦》：「菈擸雷硍，崩巒弛岑。」李善注：「菈擸、雷硍，崩弛之聲。」

勃籠，蓬字。」「蓬」亦「盤」音轉也。明‧李詡《戒菴老人漫筆》卷5、清‧李翊《俗呼小錄》並云：「蓬謂之勃籠。」清‧趙翼《簷曝雜記》卷5：「蓬曰勃籠。」〔註54〕敦煌寫卷北圖0866《李陵變文》：「（管敢）直至單于帳前，勃籠宛轉，舞道（蹈）揚聲，口稱死罪。」「勃籠」即宛轉貌、盤旋貌。

字或作「荸籠」，宋‧張端義《貴耳集》卷中引《邵氏聞見錄》：「楊青不知何許人，自云從軍遇異人，來隱南華山中，以縛茅爲荸籠，飲食寢處其間。」〔註55〕

字或作「蓬累」，《史記‧老子傳》：「不得其時，則蓬累而行。」《索隱》：「劉氏云：『蓬累猶扶持也。說者云頭戴物，兩手扶之而行，謂之蓬累也。』按：蓬者，蓋也。累者，隨也。以言若得明君則駕車服冕，不遭時則自覆蓋相攜隨而去耳。」《正義》：「蓬，沙磧上轉蓬也。累，轉行貌也。言君子得明主則駕車而事，不遭時則若蓬轉流移而行，可止則止也。蓬，其狀若旛蒿，細葉，蔓生於沙漠中，風吹則根斷，隨風轉移也。」元‧薛致玄曰：「蓬累者，簟笠也。」〔註56〕元‧李冶曰：「蓬累者，謂逐隊而趨，若蓬顆然，隨風積聚而東西也。一曰，累，平聲讀，謂累累然。累累亦積累之意。說者或以爲戴笠而行，亦何紕繆之甚！」〔註57〕明‧于愼行曰：「解者謂蓬累者，頭戴物，兩手扶之而行。此解非是。『蓬累』『累』字，當是『果』字，言蓬首裸體衣不蓋身而行也。不然，則蓬累者，轉蓬相累而行，如萍飄梗泛之意耳。」〔註58〕日人瀧川資言《考證》：「余有丁曰：『蓬累，謂積累蓬翁，若今之笠然。』洪頤煊曰：『蓬，蓬髮。累，讀爲傫，垂貌。』中井積德曰：『蓬累字義不可曉，諸說皆牽強，唯轉蓬爲近之，而累字艱難。』愚按：二字他書未見，闕

〔註54〕李詡《戒菴老人漫筆》卷5，趙翼《簷曝雜記》卷5，分別收入《續修四庫全書》第1173、1138冊，上海古籍出版社年版，第742、346頁。李翊《俗呼小錄》，收入《古今圖書集成‧理學彙編‧字學典》卷42，中華書局1934年影印，第646冊，第39頁。

〔註55〕以上「蓬籠」詞族的考察，參見蕭旭《〈李陵變文〉校補》，收入《群書校補》，廣陵書社2011年版，第1158～1159頁。

〔註56〕薛致玄《道德真經藏室纂微篇開題科文疏》卷3，收入《正統道藏‧洞神部‧玉訣類》，文物出版社、上海書店、天津古籍出版社1988年影印，第13冊，第742頁。

〔註57〕李冶《敬齋古今黈》卷3，收入《叢書集成初編》第216冊，中華書局1985年影印，第25頁。

〔註58〕于愼行《穀山筆塵》卷7，收入《續修四庫全書》第1128冊，上海古籍出版社年版，第760頁。

疑可也。」〔註59〕諸說唯《正義》「累，轉行貌」得之，餘說皆非；瀧川闕疑，蓋其愼也。朱駿聲申《正義》曰：「累，借爲雷。」〔註60〕王叔岷又申朱說曰：「雷乃靁之省，《說文》：『靁，從雨，晶象回轉形。』《釋名》：『雷，硍也，如轉物有所硍雷之聲也。』是雷有轉義，故朱氏云『累借爲雷』耳。」〔註61〕姜亮夫曰：「『蓬龍』即『蓬累』，一聲之轉也，龍、累雙聲……此言飄風蓬龍，則虛狀飄〔風〕轉動之象，不必即謂飄風如蓬也。」〔註62〕斯亦得之。

字或作「李轆」，宋‧范成大《秋雷歎》：「立秋之雷損萬斛，吳儂記此占年穀。汰哉豐隆無藉在，政用此時鳴李轆。」〔註63〕自注引吳諺云：「秋李轆，損萬斛，謂立秋日雷也。」張永言謂「李轆」與「焚輪」同源〔註64〕。

3.6. 音轉又作「飛廉」、「蜚廉」，「蜚」爲古「飛」字。《楚辭‧離騷》：「後飛廉使奔屬。」王逸注：「飛廉，風伯也。」洪興祖《補注》：「《呂氏春秋》曰：『風師曰飛廉。』〔註65〕應劭曰：『飛廉，神禽，能致風氣。』晉灼曰：『飛廉，鹿身，頭如雀，有角而蛇尾豹文。』」又《遠遊》：「前飛廉以啓路。」又《九辯》：「屬雷師之闐闐兮，通飛廉之衙衙。」王逸注皆指飛廉爲風伯。風伯之所以得名爲飛廉者，即取迴旋爲其初義也。姜亮夫曰：「『飛廉』即『風』之緩言，風從凡聲。」〔註66〕丁山曰：「風，疑亦『飛廉』之合音。」〔註67〕何劍熏曰：「『飛廉』即『風』之長言……『飛』、『廉』相切即得『風』音。」〔註68〕鄧曉華謂「飛廉」是古南島語「風」的漢語音譯詞〔註69〕。《史記‧秦

〔註59〕瀧川資言《史記會注考證》，上海古籍出版社 1986 年版，第 1299 頁。
〔註60〕朱駿聲《說文通訓定聲》，武漢市古籍書店 1983 年版，第 592 頁。
〔註61〕王叔岷《史記斠證》，中華書局 2007 年版，第 2031 頁。《釋名》原文「硍」誤作「硍」，王氏逕改。
〔註62〕姜亮夫《楚辭通故（四）》，收入《姜亮夫全集》卷 4，雲南人民出版社 2002 年版，第 555 頁。
〔註63〕《四庫全書》本「汰」誤作「沃」。
〔註64〕張永言《語源小考》，收入《語文學論集》，語文出版社 1992 年版，第 204 頁。
〔註65〕今《呂氏春秋》無此語。
〔註66〕姜亮夫《楚辭通故（一）》，收入《姜亮夫全集》卷 1，雲南人民出版社 2002 年版，第 199 頁。又見姜亮夫《重訂屈原賦校注》，收入《姜亮夫全集》卷 6，第 66 頁。
〔註67〕丁山《「句芒、高禖、防風、飛廉」考》，《中華文史論叢》第 60 輯，1999 年版，第 5 頁；又收入《古代神話與民族》，商務印書館 2005 年版，第 316 頁。
〔註68〕何劍熏《〈離騷〉解詁》，《西南民族學院學報》1980 年第 1 期，第 50 頁；又收入《楚辭拾瀋》，四川人民出版社 1984 年版，第 17 頁。

本紀》:「蜚廉生惡來，惡來有力，蜚廉善走，父子俱以材力事殷紂。」《文選・江賦》李善注引作「飛廉善走」。《水經注・汾水》:「飛廉以善走事紂，惡來〔以〕多力見知。」〔註70〕《元和姓纂》卷 2 引《風俗通》:「飛廉國，秦所滅，因氏焉。」人名飛廉者，以其善走，疾飛如風也；國名飛廉者，以其國出善走人也〔註71〕。張永言曰:「如果我們知道『飛廉』又是神話中最能奔跑的『風伯』，而『風』的前上古音正是『飛』、『廉』二字的合音，就可以推測『飛廉』當是形容此人能跑得風一般快的綽號，詞的內部形式爲『(疾)風』。」〔註72〕張說「飛廉」的內部形式，如改爲「旋風」，更爲精確。《史記・孝武本紀》:「於是上令長安則作蜚廉桂觀。」《集解》引應劭曰:「飛廉，神禽，能致風氣。」《史記・司馬相如傳》:「推蜚廉，弄解豸。」《集解》引郭璞曰:「飛廉，龍雀也，鳥身鹿頭者。」神禽名飛廉者，鳥身鹿頭(一說雀頭鹿身，非是)，亦以其疾走如風耳。劉寶楠謂「飛(蜚)廉」乃「取諸物以爲名者也……郭氏以飛廉爲龍雀，又以爲鳥身鹿頭，皆誤」〔註73〕。劉氏以爲先有鳥名飛廉，然後爲風神名，則傎矣；又以郭說爲誤，亦未會通。《淮南子・俶眞篇》:「騎蜚廉而從敦圄。」高誘注:「蜚廉，獸名，長毛，有翼。敦圄，似虎而小。」神獸名蜚廉者，當亦以其疾走如風耳。其線索歷歷分明，語言學是研究神話學之利器也。《廣雅》:「飛廉，扁蘆也。」又「飛蟟，飛蠊也。」《玉篇》:「蠊，飛蠊也。」《廣韻》:「蠊，蜚蠊，蟲名。《說文》作蜚，海蟲也。」《集韻》:「蠊，蜚蠊，蟲名，輕小能飛。」《證類本草》卷 7:「飛廉，一名飛輕。」草名飛廉、蟲名蜚蠊者，皆取飛旋爲義，語源還是轉動之義也。

孫作雲認爲「飛廉」是「風」字複輔音，雖不可取(當是切音字)，但他說「風神曰飛廉者，亦孛纜之音轉也」，則甚是；孫氏又云「風曰飛廉、孛纜，而鳳曰鳳鸞……飛廉、孛纜、鳳鸞，即俗語之『撲啦』，『撲啦』爲口語中表示飛舞旋轉之動詞，至今稱鳥之飛爲『撲啦啦』」，又以爲即「勃籠」、「蓬累」、

〔註69〕鄧曉華《南方漢語中的古南島語成分》，《民族語文》1994 年 3 期，第 37 頁。
〔註70〕楊守敬、熊會貞《水經注疏》據《箋》及全、趙二氏說補「以」字，江蘇古籍出版社 1989 年版，第 545 頁。
〔註71〕孫作雲《「飛廉」考》謂「飛廉國」即「風姓之國」，收入《孫作雲文集》卷 3，河南大學出版社 2003 年版，第 467 頁。
〔註72〕張永言《關於「詞的內部形式」》，《語言研究》創刊號，1981 年，收入《語文學論集》(增補本)，語文出版社 1999 年版，第 169 頁。
〔註73〕劉寶楠《愈愚錄》卷 4，收入《寶應劉氏集》，廣陵書社 2006 年版，第 466 頁。

「撲羅」〔註74〕。孫氏以「旋轉」爲得名初義，是也；而謂即口語之「撲啦」，未能探本，猶隔一間耳。

丁山曰：「蜚廉即山獯聞獜之合音，處父亦騶吾之音轉，蜚廉善走當演自騶吾日行千里神話；而獯獜見則天下大風，實爲大風之先徵，飛廉故又擅風神之名。」〔註75〕丁氏牽合於《山海經》中的神獸「騶吾」、「山獯」、「聞獜」，未當也。考《山海經・中山經》：「有獸焉，其狀如彘，黃身，白頭，白尾，名曰聞獜。」又《北山經》：「有獸焉，其狀如犬而人面，善投，見人則笑，其名山獯。」又《海內北經》：「林氏國有珍獸，大若虎，五彩畢具，尾長於身，名曰騶吾。」其爲獸也，或如彘，或如犬，或如虎，與飛廉鳥身鹿頭，判然不同。

4. 從「孛纜」及其同源詞的考察，我們可以知道，這是個地地道道的漢語詞，後來爲古朝鮮語所借。尉遲治平認爲「『風（飛廉）』不是朝鮮語從漢語中借去『孛纜』，而是漢語從夷語中借來了『飛廉』」〔註76〕，這個結論，有重新審視的必要。

5. 這裏考察從「風」從「凡」得聲的諸字的音義。

5.1. 《說文》：「颭，艸得風貌。從艸、風，〔風亦聲〕，讀若婪。」〔註77〕《廣韻》、《篆隸萬象名義》並釋爲「颭，草得風貌」。

5.1.1. 關於「颭」的讀音，徐鍇《繫傳》：「臣鍇曰：此會意，婁參反。」王念孫曰：「風字古音孚凡反，與颭聲相近……風從凡聲，故颭從風聲。」〔註78〕桂馥曰：「風聲者，風從凡聲，與婪聲相近。」〔註79〕苗夔曰：「案風聲而讀若婪，此即六朝五代以來，改竄未盡之古音也。《集韻》二十九『凡』，收『風』、『渢』、『楓』三字。」〔註80〕「颭」讀若婪者，友人龐光華有論

〔註74〕孫作雲《「飛廉」考》，收入《孫作雲文集》卷3，河南大學出版社2003年版，第459～461、480～481頁。

〔註75〕丁山《「句芒、高禖、防風、飛廉」考》，《中華文史論叢》第60輯，1999年版，第5頁；又收入《古代神話與民族》，商務印書館2005年版，第315頁。

〔註76〕尉遲治平《「風」之謎和夷語走廊》，《語言研究》1995年第2期，第33頁。

〔註77〕今《說文》作「從艸、風」，此從徐鍇《繫傳》補「風亦聲」三字。

〔註78〕王念孫《說文解字校勘記》，收入《續修四庫全書》第212冊，上海古籍出版社2002年版，第4頁。

〔註79〕桂馥《說文解字義證》，收入丁福保《說文解字詁林》，中華書局1988年版，第1750頁。

〔註80〕苗夔《說文解字繫傳校勘記》，收入丁福保《說文解字詁林》，中華書局1988年版，第1751頁。

說，無關於複輔音聲母〔註81〕。斯皆得之。汪憲曰：「按屢（婁）參反不能從風得聲。」〔註82〕斯爲失考。

5.1.2.「蔮」是會意兼形聲字，訓草得風貌者，言草受風吹而搖動，迴旋倒伏之貌也。《玉篇》：「蔮，草動貌。」《集韻》：「蔮，草偃風貌。」所解皆得之。日本大谷大學藏本《無量壽經優婆提舍願生偈註》卷 1：「譯者何緣目彼寶爲草耶？當以其蔮然蔡途，故以草目之耳。」北魏曇鸞注：「蔮，草得風貌，父蟲反。蔡，草旋貌。」〔註83〕其音父蟲反者，則同「芃」，音之轉也。馬敘倫曰：「『艸得風貌』乃附會篆形爲說耳，此亦不見經記，或芃之俗字也。不然，則是從艸風聲，其義亡矣。字或出《字林》也。」〔註84〕謂「其義亡」，斯失考也。

5.2.《玉篇》：「嵐，大風也。又岢嵐，山名。」〔註85〕《鉅宋廣韻》：「嵐，州名，近太原，因岢嵐山爲名，有渥窪池，出良馬，亦山氣也。」《倭名類聚鈔》卷 1 引孫愐曰：「嵐，山下出風也。」

5.2.1. 關於「嵐」的字義及來源，舊說有：

(a)《玄應音義》卷 2：「婆嵐：力含反。案諸字部無如此字，唯應璩詩云『嵐風寒折骨』作此字。」《慧琳音義》卷 35：「旋藍者，大猛風也。元魏孝昌帝時俗用因循，書出此字，亦是北狄突厥語也。以北地山川多風，本因嵐州岢嵐鎮，後周改爲嵐州，因慈（此）有此岢嵐字流行於人間。岢音可。一切字書先無此二字，披覽史書，於後魏書中見其意，所以知之，故疏出示其原也。今之時行流此也。」又卷 38：「嵐颼：此嵐字諸字書並無，本北地山名，即嵐州出木處是也，亦北蕃語也。後魏孝昌於此地置岢嵐鎮城，岢音可。城西有山，多猛風，因名此山爲嵐山。書出此嵐字，後周因岢嵐鎮，城遂改置爲嵐州，在太原西北。《韻詮》云：『嵐，山風也。』」又卷 79：

〔註81〕龐光華《論漢語上古音無複輔音聲母》，中國文史出版社 2005 年版，第 190 頁。

〔註82〕汪憲《說文繫傳考異》，收入丁福保《說文解字詁林》，中華書局 1988 年版，第 1750 頁。

〔註83〕《無量壽經優婆提舍願生偈註》，收入《大正新修大藏經》卷 40，新文豐出版有限公司 1983 年印行，第 829 頁。

〔註84〕馬敘倫《說文解字六書疏證》卷 2，上海書店 1985 年版，第 101 頁。

〔註85〕胡吉宣《玉篇校釋》謂「大」爲「山」誤，似不必，上海古籍出版社 1989 年版，第 4178 頁。

「隨嵐：《古今正字》：『嵐，山風也。』此字因北狄語呼猛風爲可嵐，遂書出此嵐字，因置嵐州之鎮也。旋風者，大風也。」

（b）錢坫曰：「蘆，今嵐字即從此省。」〔註86〕黃侃從其說〔註87〕。

（c）孫星衍曰：「嵐即蘆字之省從屮。《說文》云：『蘆，草得風皃，讀若婪。』是也，俗從山非。」〔註88〕

（d）鄭珍曰：「畢氏沅以嵐爲蘆俗。孫氏星衍說蘆上艸省作屮，譌爲山，是也。《說文》蘆本訓艸得風皃，義別爲山風。漢《殷阽君碑》陰有『田嵐』，當是從屮不從山。《文選·謝靈運·晚出西射堂詩》注引《埤蒼》：『嵐，山風也。』據《眾經音義》屢云：『嵐，諸字書無此字，唯應璩詩「嵐山寒折骨」作此字。』疑《埤蒼》本不作嵐，苟非從艸，即是從屮作蘆。故元（玄）應不見之字書。後因嵐義爲山風，適宜從山，故改通行。又爲岢嵐，山名。在後魏所置嵐州，乃眞從山矣。」〔註89〕

（e）鈕樹玉曰：「《埤蒼》：『嵐，山風也。』（李注《文選·謝靈運詩》引）《玉篇》：『嵐，大風也。』《廣韻》：『嵐，州名，近太原，因岢嵐山爲名，有渥窪池，出良馬，亦山氣也。』《一切經音義》卷2『嵐』注云：『案諸字部無如此字，唯應璩詩云「嵐山寒折骨」作此字也。』按《隸釋》載《殷阽碑》陰有『田嵐』，則漢時已有『嵐』。《說文》蘆訓艸得風貌，讀若婪，音義竝近。嵐故疑蘆之俗字。」〔註90〕

（f）章太炎曰：「今嵐解作山峰，古無此義，或蘆從屮作蘆，因形誤成嵐，似較是。」〔註91〕

〔註86〕 錢坫《說文解字斠詮》，收入丁福保《說文解字詁林》，中華書局1988年版，第1751頁。

〔註87〕 黃侃《說文解字斠詮箋識》，收入《說文箋識》，中華書局2006年版，第327頁。

〔註88〕 《玄應音義》清道光二十五年海山仙館叢書本孫星衍校記，收入《續修四庫全書》第198冊，上海古籍出版社1996年影印，第5頁。

〔註89〕 鄭珍《說文新附考》卷4，收入《續修四庫全書》第223冊，上海古籍出版社2002年版，第309頁。

〔註90〕 鈕樹玉《說文新附考》卷4，收入《續修四庫全書》第213冊，上海古籍出版社2002年版，第130頁。

〔註91〕 王寧整理《章太炎說文解字授課筆記》，中華書局2010年版，第45頁。

（g）黃侃曰：「嵐，本作蘫。」黃焯曰：「《說文》：『蘫，艸得風皃，讀
若婪。』義別爲山風。畢沅以嵐爲蘫俗，孫星衍說『蘫』上艸省作
屮，譌爲山，是也。」〔註93〕黃侃又曰：「蘫，字亦從屮作嵐（嵐），
因誤爲從山作嵐。」〔註94〕

5.2.2.「嵐」即因「蘫」而製的後出俗分別字，此漢語所固有者也。畢沅、
鈕樹玉以嵐爲蘫俗字，是也。草得風爲「蘫」，故字從艸；山得風爲「嵐」，
故字從山。《埤蒼》嵐訓山風，《玉篇》嵐訓大風，《廣韻》嵐訓山氣，並是也。
俗字又作「岚」，《六書故》：「嵐，山氣烝潤也，別作岚。」《正字通》：「岚，
同『嵐』，省。」從「風」從「凡」一也。俗字又作「屺」，《集韻》：「屺，山
名。」「嵐」爲山名者，以山谷多風而名之也。嵐又爲州名者，州以山得名也。
《御覽》卷34引魏應璩《新詩》曰：「嵐山寒折骨，面目盡生瘡。」注：「嵐
山，羌中山名。」朱駿聲曰：「山嵐，則借爲嵒耳。」〔註95〕非也。慧琳謂「嵐」
爲北狄突厥語、北蕃語，曾良從而是之〔註96〕，非也。孫星衍以「嵐」爲「蘫」
字省譌，鄭珍、章太炎、黃侃、黃焯又從而是之，「嵐」字乃諸家所臆造，說
皆非也。何亞南、陳秀蘭據慧琳說謂「嵐」是梵語譯音詞「隨藍」、「旋藍」、
「毗嵐」的漢化單音詞〔註97〕，皆未得其語源。楊同軍謂「嵐風」源自表「微
風或和順柔和、暢達之風」義的「亂風」〔註98〕，尤爲妄說。

5.3.《說文》：「楓，木也，厚葉，弱枝，善搖。」又「芃，艸盛也。」《玉
篇》、《廣韻》並云：「梵，木得風貌。」《集韻》：「蘫、梵：風行木上曰蘫，
或作梵。」又「楓、蘫：《說文》：『厚葉，弱枝，善搖。』或從林。」林木得
風爲蘫、梵，鳥得風爲鳳，山得風爲嵐，艸得風爲蘫，其義皆一也。「楓」之
爲樹，風吹則搖，故以爲名也。胡吉宣曰：「蘫、梵並與蘫同。本部：『芃，
草茂盛貌。』茂木豐艸，得風則泛泛浮動也。」〔註99〕

5.4.《說文》：「汎，浮貌。」指漂浮回轉也。

5.5.《玉篇》：「渢，水聲。」又「瀿，水聲。」又「渹，水聲也。」字

〔註93〕黃侃《說文新附考原》，收入《說文箋識》，中華書局2006年版，第280頁。
〔註94〕黃侃《說文段注小箋》，收入《說文箋識》，中華書局2006年版，第170頁。
〔註95〕朱駿聲《說文通訓定聲》，武漢市古籍書店1983年版，第100頁。
〔註96〕曾良《「嵐風」小考》，《中國語文》1998年第3期，第226頁。
〔註97〕何亞南《釋「嵐」》，《中國語文》1999年第4期，第317～318頁。陳秀蘭《也
考「嵐風」》，《中國語文》1999年第4期，第319～320頁。
〔註98〕楊同軍《「亂風」考》，《甘肅廣播電視大學學報》2011年第3期，第49頁。
〔註99〕胡吉宣《玉篇校釋》，上海古籍出版社1989年版，第2732頁。

並同。《廣韻》：「渢，弘大聲也。」《集韻》：「渢，水聲。」又「渢，渢渢，水勢相激兒。」《左傳・襄公二十九年》：「曰：『美哉！渢渢乎！大而婉，險而易行。」《史記・吳世家》同。杜注：「渢渢，中庸之聲。婉，約也。險當爲儉，字之誤也。」《慧琳音義》卷 98「渢渢」條引作「汎汎」。「渢渢」即形容弘大而婉轉的聲音。

5.6.《釋名》：「帆，汎也。隨風張幔曰帆。使舟疾汎汎然也。」《玉篇》：「䑺，風吹船進也，亦作颿。」《玄應音義》卷 1：「帆挽：又作䑺、颿二形，同。《三蒼》：『䑺，船上張布帊也。』《釋名》云：『船隨風張幔曰帆。』謂施船頭，風吹以進也。」《慧琳音義》卷 81：「《釋名》云：『帆謂船幔也。』亦作䑺，或作颿，錄文作舤，俗字也。」帆從風得聲，從巾取義，言船上隨風轉所張之幔帳也。

6. 黃靈庚曰：「『飛廉』聲之轉或作『孛纜』，或作『焚輪』，或作『毗劉』，原其語根，與『披離』、『爛漫』等爲語之轉。電曰霹靂、敝裂，雷曰豐隆，義取於散佈。」〔註100〕其前說「飛廉」、「孛纜」、「焚輪」聲轉，是也，而于前人成果，一無徵引；其後說則皆是欺人之談耳，既未考證，而遽曰「原其語根」云云，實於此數詞之語根，一無所知也。「飛廉」之與「披離」、「爛漫」，風馬牛而不及也。

「屈盧之矛」考辨

1. 有關「屈盧之矛」的相關文獻及諸家的論說列舉如下：

1.1. 《史記·仲尼弟子傳》：「因越賤臣種奉先人藏器，甲二十領，鈇屈盧之矛，步光之劍，以賀軍吏。」《索隱》：「鈇，音膚，斧也。劉氏云：『一本無此字。』屈盧，矛名。」同文書局石印本「鈇」作「鈌」，「鈇音膚」作「鈌音趹」。《玉海》卷 151、《通志》卷 88 引作「鈇屈盧之矛」。朱駿聲曰：「鈌，刺也，與『鐍』略同，《索隱》非是。」〔註1〕張文虎曰：「『鈇』字柯本誤『鈌』，凌本誤『鈌』，注同，而音趹。案：疑『屈』聲近『缺』而譌衍，劉氏云『一本無』，是也。」〔註2〕李笠曰：「『鈇』當作『鈌』，『趹』當作『缺』，蓋《越絕書》、《吳越春秋》『鈌』作『屈』，後人混入《史》文耳……後誤『鈌』爲『鈇』，遂改『音缺』爲『音膚』，復增『斧也』之訓。輾轉延誤，遂令本初面目入五里霧中。」〔註3〕瀧川資言曰：「『鈇』上當有鈇名，以與『屈盧』、『步光』相對，不（否）則『鈇』字衍文。」〔註4〕水澤利忠曰：「鈇，慶、彭、殿『鈌』，凌『鈌』。膚，耿、慶、彭、游、凌、殿『趹』。」〔註5〕王駿觀曰：「鈌無斧解，《博雅》：『鈌音決，取也。』義爲得之。」〔註6〕王叔岷曰：「……作『鈌音決』，必後人所改者矣。鈇疑扶之借字，《越絕·外傳記地傳》及《記

〔註1〕 朱駿聲《說文通訓定聲》，武漢市古籍書店 1983 年版，第 663 頁。

〔註2〕 張文虎《校刊史記集解索隱正義札記》，中華書局 1977 年版，第 504 頁。

〔註3〕 李笠《廣史記訂補》，復旦大學出版社 2001 年版，第 180～181 頁。

〔註4〕 瀧川資言《史記會注考證》，上海古籍出版社 1986 年版，第 1336 頁。

〔註5〕 水澤利忠《史記會注考證校補》，廣文書局 1972 年版，第 2397～2398 頁。

〔註6〕 王駿圖、王駿觀《史記舊註平義》，轉引自施之勉《史記會注考證訂補》，華岡出版有限公司 1976 年版，第 1130 頁。

吳王占夢》並作『杖』，扶與杖義近。」〔註7〕

1.2. 《越絕書‧內傳陳成恆》：「故使越賤臣種以先人之藏器，甲二十領，屈盧之矛，步光之劍，以賀軍吏。」《吳越春秋‧夫差內傳》同，《玉海》卷151引《越紀》作「勃盧」。張宗祥曰：「《典略》云：『周有屈盧之矛。』」〔註8〕

1.3. 《越絕書‧外傳記地傳》：「句踐乃身被賜（賜）夷之甲，帶步光之劍，杖物盧之矛，出死士三百人，為陣關下。」〔註9〕錢培名曰：「物，《吳王占夢篇》作『屈』，《吳越春秋》同。《御覽》卷353引《吳越春秋》『屈盧之矛』句注：『《越絕書》：「教盧之矛。」』《書鈔》卷123引《越記》亦作『勃』，《吳都賦》『賜夷勃盧之旅』註引《越絕書》作『教』。『教』即『勃』字，『勃』、『物』音近致誤，『屈』則其異文也。」〔註10〕《玉海》卷151引《越紀》亦作「勃盧」。

1.4. 《越絕書‧外傳記吳王占夢》：「越王撫步光之劍，杖屈盧之弓，瞋目謂范蠡曰：『子何不早圖之乎？』」錢培名曰：「矛，原誤『弓』。『弓』不可云『杖』，《吳越春秋》作『矛』，《記越地傳篇》亦云『杖物廬（盧）之矛』，今改。」〔註11〕李步嘉曰：「按錢說是，今依錢校改。」〔註12〕

1.5. 《吳越春秋‧夫差內傳》：「君被五勝之衣，帶步光之劍，仗屈盧之矛。」

1.6. 《吳越春秋‧勾踐伐吳外傳》：「越王乃被唐夷之甲，帶步光之劍，杖屈盧之矛。」徐天祜注：「《典略》曰：『周有屈盧之矛。』」

1.7. 《御覽》卷339引《應璩書》：「左執屈盧之勁矛，右秉干將之雄戟。」《漢魏六朝百三家集》誤作「屋盧」〔註13〕。《文選‧子虛賦》、《吳都賦》李

〔註7〕 王叔岷《史記斠證》，中華書局2007年版，第2119頁。

〔註8〕 張宗祥《越絕書校注》，轉引自李步嘉《越絕書校釋》，武漢大學出版社1992年版，第190頁。

〔註9〕 《文選‧吳都賦》李善注、《玉海》卷151引「賜」作「賜」，據改。《吳越春秋‧勾踐伐吳外傳》作「唐」，古字通。

〔註10〕 錢培名《越絕書札記》，收入《叢書集成初編》第3697冊，中華書局1985年影印，第87頁。

〔註11〕 錢培名《越絕書札記》，收入《叢書集成初編》第3697冊，中華書局1985年影印，第93頁。

〔註12〕 李步嘉《越絕書校釋》，武漢大學出版社1992年版，第264頁。

〔註13〕 埽葉山房藏版、《四庫全書》本並誤。《叢書集成三編》第36冊影埽葉山房藏版，新文豐出版公司1997年印行，第522頁。景印文淵閣《四庫全書》第1412冊，臺灣商務印書館1986年初版，第788頁。

善注並引《史記》:「趙良曰:『屈盧之勁矛,干將之雄戟。』」《六帖補》卷 14 引作「雄劍」,餘同。考《史記·商君傳》趙良語作「持矛而操闒戟者」,《集解》引徐廣曰:「一作『燎屈盧之勁矛,干將之雄戟』。」〔註 14〕李氏所據蓋別本,與徐廣所見本合〔註 15〕。《應璩書》亦出自趙良語也。《索隱》:「按:屈盧、干將,並古良匠造矛戟者名。」

1.8.《類聚》卷 60 引魏文帝《典論》:「昔周魯寶:雍狐之戟,屈盧之矛,孤父之戈,徐氏匕首,凡斯皆上世名器。」《書鈔》卷 123、《廣韻》卷 5「戟」字條、《御覽》卷 339、346 引《典論》各有詳略,皆作「屈盧之矛」。

2. 就異文及諸家的論說辨正如下:

2.1.《史記》之文,當作「屈盧之矛」,劉氏云「一本無『鈇』字」,《御覽》卷 347、《事類賦注》卷 13 引《史記》並作「屈盧之弓」,正無「鈇」字,與《越絕書》、《吳越春秋》合。「屈」音誤為「鈇」,「鈇」又形誤作「鈇」,而二存之,遂作「鈇屈盧之矛」或「鈇屈盧之矛」也。《資治通鑑外紀》卷 9 又誤作「鉄」

2.2. 朱駿聲謂「鈇,刺也」,王駿觀謂「鈇,取也」,王叔岷疑「扶杖」之扶,三氏說皆誤,《史記》原文「屈盧之矛」、「步光之劍」皆「奉」的賓語,其上不得更有動詞,文例與《吳越春秋》「帶步光之劍,仗屈盧之矛」不同,亦與《越絕書》「撫步光之劍,杖屈盧之弓」不同,不可比附也。

2.3.「鈇盧」又音轉作「勃盧」、「物盧」,此岐之又岐者也。《集韻》、《五音集韻》、《通志》卷 32 並云:「殳,矛屬,長殳謂之勃盧。」西晉左思《吳都賦》已作「勃盧」,劉淵林注引《越絕書》亦作「勃盧」,是其誤甚早也。

2.4. 或作「屈盧之弓」者,確如錢培名所說,「弓」是「矛」之誤。

2.5.《史記·商君傳》《索隱》以「屈盧」為人名,亦是。高步瀛曰:『『勃』作『物』,誤。勃盧疑即卜盧。《周書·王會篇》:『卜盧以紈牛。』孔晁注曰:

〔註 14〕 燎讀為撩。中華書局《史記》標點本點作:「一作『燎』。屈盧之勁矛,干將之雄戟。」大誤。中華書局 1963 年版,第 2236 頁。
〔註 15〕 梁玉繩曰:「徐廣云:一作『燎屈盧之勁矛,干將之雄戟』。與《文選·吳都賦》注引《史》同,蓋異本也。」梁玉繩《史記志疑》卷 29,乾隆刻本,收入《續修四庫全書》第 263 冊,上海古籍出版社 2002 年版,第 225 頁。梁氏原文句讀如上引,賀次君點校《史記志疑》,亦誤同《史記》標點本,中華書局 1981 年版,第 1241 頁。

『卜盧，盧人，西北戎也，今盧水是。』」〔註16〕高氏據誤文，疑即「卜盧」，非也。

〔註16〕 高步瀛《文選李注義疏》，中華書局 1985 年版，第 1190 頁。高氏引「紈」誤
作「紈」，孔晁注誤作「卜盧之人，西北戎也」，徑正。

—2122—

「鹿車」名義考

1. 先秦以迄兩漢，載籍有關「鹿車」的記載甚多。《六韜・虎韜・軍用》：「以鹿車輪陷堅陣、敗強敵。」《周禮・冬官・考工記下》鄭玄注：「必讀如鹿車縪之縪。」《論衡・語增》：「或時載酒用鹿車。」《後漢書・趙憙傳》：「載以鹿車，身自推之。」又《列女傳》卷3：「（鮑宣）妻乃⋯⋯與宣共挽鹿車歸鄉里。」

2. 關於「鹿車」的名義，有以下數說：

2.1. 《御覽》卷775引《風俗通》：「鹿車窄小，裁容一鹿也。或云樂車，乘牛馬者，剉軒飲飼達曙，今乘此雖爲勞極，然入傳舍偃臥無憂，故曰樂車。無牛馬而能行者，獨一人所致耳。」〔註1〕《風俗通》有二說，一謂其車窄小，僅容一鹿；一以同音讀爲樂車。明・顧起元曰：「鹿車，柴車也，中僅容一鹿，故名。」〔註2〕顧氏取其前說。

2.2. 明・蔡清曰：《韻府》：「轆車，軌道也。」亦有員轉之義。轆轤皆從車，今以井上汲水員木謂之轆轤者，借名也〔註3〕。

2.3. 清・瞿中溶曰：今觀此圖，董父坐一輪車架前，而合以《搜神記》「鹿

〔註1〕 《後漢書・趙憙傳》李賢注僅引前二句：「俗說鹿車窄小，裁容一鹿。」「裁」猶僅也、止也。《通鑑》卷78、160胡三省註引李賢注作「僅」，又卷181作「止」。李立新曰：「裁，『載』之誤。」大誤。李立新《「鹿車」考析》，《民族藝術》2010年第3期，第92頁。《全後漢文》卷36「剉軒」作「剉斬」，是也。「剉軒」不辭，「剉斬」同義連文，字本作「莝斬」，《說文》：「莝，斬芻。」

〔註2〕 顧起元《說略》卷23，收入景印文淵閣《四庫全書》第964冊，臺灣商務印書館1986年初版，第757頁。

〔註3〕 蔡清《易經蒙引》卷7，收入景印文淵閣《四庫全書》第29冊，臺灣商務印書館1986年初版，第433～434頁。

車載，自隨」之語，始悟「鹿」當是鹿盧之謂，即轆轤也。乃今北方鄉人所用之一輪小車，以一人自後推之，或更以一人在前挽之，俗呼爲二把手者是也。考《廣雅》云：「縺車謂之歷鹿，道軌謂之鹿車。」又《方言》云：「縺車，趙、魏之間謂之轣轆車，東齊海岱之間謂之道軌。」「轣轆」猶言「轆轤」也……蓋古人謂圓轉之物，皆曰「鹿盧」，故劍具亦名爲「鹿盧」〔註4〕。

2.4. 清·沈濤曰：鹿裘乃裘之麤者，非以鹿爲裘也。鹿車乃車之麤者，非以鹿駕車也。麤從三鹿，故鹿有麤義〔註5〕。

2.5. 段玉裁曰：按自其轉旋言之，謂之麻鹿，亦謂之道軌，亦謂之鹿車。段氏又曰：按鄭、郭云「鹿車」者，非小車財容一鹿之謂……「鹿車」與「歷鹿」義同，皆於其圍繞命名也〔註6〕。

2.6. 錢繹曰：然則《廣雅》之鹿車，非才容一鹿之謂，即鄭注《考工記》之鹿車，絫言之即此轣轆車，轣轆亦即《毛傳》之歷錄，《墨子》之麿鹿，皆以圍繞立名也。錢氏又曰：（轣轆車）單言之則謂之鹿車，非謂僅容一鹿也。謂之轣轆者，亦以束之圍繞歷錄然名之也〔註7〕。其說當即本於段玉裁、王念孫、王引之（二王說見下文引）。

2.7. 劉仙洲曰：因爲這種獨輪車是由一個輕便的獨輪向前滾動，就把它叫作「轣轆車」或「鹿盧車」，並簡稱爲「轆車」或「鹿車」〔註8〕。其說當即本於瞿中溶、錢繹。

2.8. 王振鐸曰：關於鹿車從鹿形得名的問題，在魏晉以來的文獻中，有所謂鹿角車者，可能即鹿車之繁稱……關於樂車的名稱，如《風俗通義》所言，應非出應劭杜撰，當有所據而言，而文中的解釋未免有些牽強。筆者認爲樂車亦可能由於鹿車的車形和「樂」字的篆文寫法形近有關……「鹿車」可能就是「麤牘車」……魏晉之際確實有麤車之稱，鹿車可能爲麤車之訛〔註9〕。

〔註4〕 瞿中溶《漢武梁祠畫像考》卷5「董永」條，北京圖書館 2004 年影印希古樓刊本，第 306～307 頁。

〔註5〕 沈濤《銅熨斗齋隨筆》卷8，收入《清人考訂筆記（七種）》，中華書局 2004 年版，第 829 頁。

〔註6〕 分別見段玉裁《說文解字注》「筝」、「靲」字條注語，上海古籍出版社 1981 年版，第 191、109 頁。

〔註7〕 錢繹《方言箋疏》，上海古籍出版社 1984 年版，第 355～356、514 頁。

〔註8〕 劉仙洲《我國獨輪車的創始時期應上推到西漢晚年》，《文物》1964 年第 6 期。

〔註9〕 王振鐸《東漢車制復原研究》，科學出版社 1997 年版，第 30～31 頁。

2.9. 孫機曰：瞿中溶說鹿車之鹿「當是鹿盧之謂，即轆轤也」，這是將鹿車之獨輪比作轆轤（滑輪），說固可通。但說鹿車「裁容一鹿」，亦並非望文生義之詞。四川彭縣出土東漢畫像磚上之鹿車，只裝載有一件羊尊，可謂「裁容一羊」，羊尊常與鹿尊為類，如若此車改裝鹿尊，就正和《風俗通義》之說相合了〔註10〕。

2.10. 李立新曰：由於獨輪小車靈活便捷，在兩漢魏晉南北朝時期就已成為中國民間重要的運載工具。對於這種「無車馬而能行」之車，人們以「鹿」命名，「鹿車」凸顯輕便、敏捷、瑞祥之意〔註11〕。

2.11. 杜朝暉曰：「轆」可能是「鹿」涉下「車」字類化增旁的俗字……「鹿」是「麤」的俗字，「鹿車」即「麤車」，意指在製造方法上較為簡單粗糙的車〔註12〕。

蔡清、瞿中溶謂「鹿」得名於轆轤的圓轉義，可備一說。《風俗通》「裁容一鹿」、「樂車」二說皆非語源，然言「無牛馬而能行，獨一人所致」，正瞿氏所謂一輪車也。段玉裁駁《風俗通》說，謂「鹿車與歷鹿同」，亦可備一說。《方言》、《廣雅》作「轆轤（麻鹿）」者，猶言歷歷錄錄，《廣韻》：「輴，車聲。」「輴」同「轆」，指車輪轉動時發出的聲音。今各地方言稱獨輪車為「雞公車」或「雞翁車」〔註13〕，即取義於車行時車輪滾動之聲如雞鳴之咯咯也。「轆轤」是一圓轉之木，因以命名車軸，又借指井上的汲水軸。車軸是車的關鍵部件，故車因以取名為轆轤車，取轉動為義。沈濤謂「鹿裘乃裘之麤者」說誤，《禮記·玉藻》：「麛裘青犴褎，絞衣以裼之。」《論語·鄉黨》：「素衣，麑裘。」《韓子·五蠹》：「冬日麑裘，夏日葛衣。」「麛（麑）」為幼鹿，「麛（麑）裘」是「鹿裘」的一種，確是鹿皮之裘〔註14〕。沈濤、王振鐸、杜朝暉或謂「鹿」有「麤」義，或謂「鹿」為「麤」誤，斯皆未達其語源，非是。載籍中「鹿車」的記載很多，不能都誤。《風俗通》「裁容一鹿」、「或云樂車」云云雖誤，但可見漢代確然無疑是作「鹿」字也。早期文獻，沒有一個「麤

〔註10〕孫機《漢代物質文化資料圖說》，上海古籍出版社 2008 年版，第 137 頁。
〔註11〕李立新《「鹿車」考析》，《民族藝術》2010 年第 3 期，第 92 頁。
〔註12〕杜朝暉《敦煌文獻名物研究》，浙江大學 2006 年博士學位論文，第 33 頁；杜朝暉《「鹿車」稱名考》，《中國典籍與文化》2011 年第 4 期，第 130～131 頁。
〔註13〕參見許寶華、宮田一郎《漢語方言大詞典》，中華書局 1999 年版，第 3027、3031 頁。
〔註14〕王振鐸《東漢車制復原研究》亦引《韓子》、《鹽鐵論》等文獻以駁沈說，科學出版社 1997 年版，第 31 頁。

車」的用例。而後世僅有的幾例「麤車」的記載，可以考知，多是「鹿車」之誤。《南史·姚察傳》：「葬日，止鹿車即送厝舊塋北。」《陳書·姚察傳》同，明刻本、四庫本《冊府元龜》卷907皆作「粗車」，《陳文紀》卷7作「麤車」。這顯然是「鹿」誤爲「麤」，又易作「粗」，而不是相反的情況。宋本《冊府元龜》作「鹿車」不誤〔註15〕，是所誤乃始自明代人也。《說郛》卷56引宋·周煇《北轅錄》：「麤車三十六輛，每輛輓以四牛。」宋·樓鑰《攻媿集》卷112《北行日錄》：「先發麤車行。」又「出門，麤車有折軸者。」又「先發遞擔麤車。」〔註16〕「麤」皆「鹿」字之誤。古籍有「麁車」、「細車」，是「細犢車」、「麤犢車」的省稱（參見下文）。王振鐸謂「鹿角車即鹿車之繁稱」，直是想像之詞，於古制全未考證〔註17〕。王振鐸又謂鹿車的車形和「樂」字的篆文寫法形近有關，李立新謂「鹿」取靈活便捷爲義，更是臆說。

3. 考查「鹿車」得名之由，自當從《方言》、《廣雅》的解釋入手。漢、魏人去古不遠，自然比今人瞭解古制，其說多切近語源。此名物訓詁之正途。

3.1.《方言》卷5：「繀車，趙、魏之間謂之轣轆車，東齊海岱之間謂之道軌。」《玄應音義》卷14、《御覽》卷825引作「歷鹿」。《廣雅》：「繀車謂之麻鹿，道軌謂之鹿車。」《集韻》、《類篇》引作「轣轆」。戴震曰：「『轣轆』亦通作『麻鹿』。」〔註18〕

「轣轆（麻鹿）」又音轉作「歷鹿」、「歷轆」、「歷㯱」、「歷轆」，《墨子·備高臨》：「以磨鹿卷牧（收）。」王引之曰：「『磨鹿』當爲『歷鹿』，上文云『備臨以連弩之車』，則此謂車上之歷鹿，轉之以收繩者也。歷鹿猶鹿盧，語之轉耳。『轣轆』、『麻鹿』，並字異而義同。」孫詒讓從其說〔註19〕。王說「歷

〔註15〕宋本《冊府元龜》第4冊，中華書局1988年影印，第3573頁。周勳初等校訂本《冊府元龜》第10冊據明刻本作底本，失校宋本，鳳凰出版社2006年版，第10548頁。

〔註16〕此據《叢書集成初編》本第2022冊，中華書局1985年影印，第1596、1597、1600頁。四庫本作「麁」，是「麤」的異體字。

〔註17〕「鹿角」是軍營的防禦物，以樹枝縈成交叉之形，以阻止敵方，因形似鹿角，故名；又稱作「鹿角叉」、「行馬」。《三國志·徐晃傳》：「太祖令曰：『賊圍塹，鹿角十重。』」即此物也。「鹿角車」者，兵車，與「鹿車」判然不同，以戈戟交叉而列車前，形亦似鹿角，故名。《晉書·馬隆傳》：「地廣則爲鹿角車營。」是其事也。《續資治通鑑長編》卷178：「古者鹿角車，以戈戟在前，故有鹿角之號。」此正解釋其得名之由。

〔註18〕戴震《方言疏證》，收入《戴震全書》第3冊，黃山書社1994年版，第95頁。

〔註19〕孫詒讓《墨子閒詁》，中華書局1986年版，第496頁。

鹿猶鹿盧，語之轉耳」，稍爲失之。「歷鹿」即「轆轤」，是一種旋轉裝置，取圓轉之聲爲義。《類聚》卷 95 後漢・王延壽《王孫賦》：「跧菟蹲而狗踞，聲歷隴而喔咿。」〔註20〕《初學記》卷 29、《御覽》卷 910 引作「歷鹿」。金・史肅《宿睦村》：「籥馬丁東風外響，田車歷轆月中行。」此二例形容圓轉之聲。

又音轉作「歷錄」、「歷祿」、「歷轆」、「歷硦」，《說文》：「桼，車歷錄束文也。」《詩・小戎》毛傳：「桼，歷錄也。」孔穎達疏：「『桼，歷錄』者，謂所束之處因以爲文章歷錄然。歷錄，蓋文章之貌。」《釋文》：「桼音木，本又作鞪，歷錄也，曲轅上束也。歷錄，一本作歷祿。」「桼」指束車軸的皮革，歷錄即指車軸，亦取圓轉之聲爲義，孔疏解爲文章貌，蓋非是。王念孫曰：「『轆轤』與『麻鹿』同。『歷錄』、『歷鹿』並相近。」〔註21〕唐・吳融《寒食洛陽道》：「連軋馳寶馬，歷祿鬪香車。」一本作「歷硦」，《歲時雜詠》卷 12 引作「歷轆」。明・曾棨《送陳郎中重使西域》：「雕輪歷硦擁鳴驪，幾欲停鞭記舊遊。」

又音轉作「瞜瞜」，《廣韻》：「瞜，瞜瞜，眼淨也。」又「瞜，瞜□，視明貌。」《集韻》：「瞜，瞜瞜，目明。」《玉篇》：「睐，視貌。」「睐」同「瞜」。《楚辭・九思》：「哀世兮睐睐。」王逸注：「睐睐，視貌。」睐睐，目珠滾動貌，故瞜瞜訓視明貌也。《龍龕手鏡》：「臁，臁臁，眼眩也。」「臁臁」即「瞜瞜」之誤，其釋義「眼眩」，亦取目珠滾動爲義。

3.2.「轆轤」、「鹿盧」皆「果贏」之轉語，其中心詞義是「圓轉」。「果贏」的詞族極爲龐大，這裏只考察與「轆轤」語音最近的一組同源詞，以省篇幅〔註22〕。

《意林》卷 2 引《燕丹子》：「轆轤之劍，可負而拔。」《御覽》卷 344、《永樂大典》卷 4908 引作「鹿盧之劍」，《類聚》卷 85 引《范子》、《事類賦注》卷 11 引《說苑》、《御覽》卷 577 引《史記》同〔註23〕。《宋書・樂志三》

〔註20〕此據宋紹興本，四庫本作「歷鹿」。

〔註21〕王念孫《廣雅疏證》，收入徐復主編《廣雅詁林》，江蘇古籍出版社 1998 年版，第 604 頁。

〔註22〕參見程瑤田《果贏轉語記》，收入《安徽叢書》第 2 期，民國 22 年版；又收入《續修四庫全書》第 191 冊，上海古籍出版社 1995 年版，第 517～24 頁。程氏所說偶有錯誤，且猶未盡，余另作《「果贏」轉語補記》補正之。

〔註23〕《史記》見《刺客列傳》《正義》引《燕太子篇》，非《史記》正文。

《豔歌羅敷行》：「腰中鹿盧劍，可直千萬餘。」〔註 24〕《玉臺新詠》卷 1 作「鹿盧劍」，《唐詩鼓吹》卷 4 元郝天挺注引作「轆轤劍」。《宋書·禮志五》、《武三王傳》：「鄣扇不得雉尾，劍不得鹿盧形。」〔註 25〕《漢書·雋不疑傳》：「帶櫑具劍。」晉灼曰：「古長劍首以玉作井鹿盧形，上刻木作山形，如蓮華初生未敷時。今大劍木首，其狀似此。」方以智曰：「《古玉圖攷》有『鹿盧』，云『佩〔劍〕環也。』《古衣服令》曰：『鹿盧，玉具劍。』今見其物，蓋方環上有轆轤銅轉紐耳。」〔註 26〕劍名「鹿盧」者，以其方環上有轆轤形之物，故名耳。《御覽》卷 344 引《博物志》：「劍後擊鹿盧，名曰屬鏤。」是「鹿盧」即「屬鏤」也。《御覽》卷 344 引梁·崔鴻《詠劍詩》：「匣氣衝牛斗，山形轉鹿盧。」可知其方環上有轆轤旋轉也。《荀子·榮辱》楊倞注：「鏤，刺也，故良劍謂之屬鏤，亦取其刺也。」此說未得其語源。

字亦作「鹿轤」、「鹿櫨」、「摝櫨」、「轒轤」、「槤轤」、「槤櫨」，圓轉木也。《玉篇》：「轒，轒轤。轤，同上。轤，轒轤。」蔣斧印本《唐韻殘卷》：「轒，轒轤，圓轉木，又作轆轤。」《廣韻》：「轒，轒轤，圓轉也，或作槤。轤，上同。」又「轤，轒轤，圓轉木也。」《六書故》：「轆轤，井上汲水軸也。古單作『鹿盧』。」《六韜·虎韜·軍用》：「着轉關轆轤八具。」《玉篇殘卷》「轤」字條引作「鹿轤」。《玄應音義》卷 7：「槤櫨：又作『轒轤』二形，同。即今用之汲水者也。」此條為《入楞伽經》卷 3《音義》，今麗藏本作「猶如轆轤車輪機關」。《玄應音義》卷 15：「轒轤：又作『摝櫨』二形，同。《蒼頡篇》：『三輔舉水具也。』汲水者也。」《磧砂》本作「槤櫨」。此條為《摩訶僧祇律》卷 5《音義》，今麗藏本作「好脇平脇轆轤脇」，宋、元、明、宮本作「鹿櫨」，聖本作「摝櫨」。《古文苑》卷 17 王褒《僮約》：「屈竹作杷，削治鹿盧。」章樵註：「鹿盧，引綆以汲井。」《禮記·喪大記》鄭玄注：「又樹碑於壙之前後，以紼繞碑間之鹿盧，輓棺而下之。」指葬時施鹿盧以下棺也。《儀禮·大射儀》鄭玄注：「說者以為若井鹿盧。」《釋名》：「碑，被也。此本王莽時所設也。施其轆轤，以繩被其上以引棺也。」《御覽》卷 589 引作「鹿盧」。麗藏本《大莊嚴論經》卷 15：「除去梯隥槤櫨繩索。」宋、元、明本作「麤盧」。

〔註 24〕《古今事文類聚》後集卷 14、《古今合璧事類備要》前集卷 28 引作「湛盧」，當為臆改。

〔註 25〕《宋書·武三王傳》同。

〔註 26〕方以智《通雅》卷 34，收入《方以智全書》第 1 冊，上海古籍出版社 1988 年版，第 1041 頁。

「麤」俗作「麁」，「鹿」之誤字。

音轉又作「鹿蜀」、「驢騮」，《山海經・南山經》：「有獸焉，其狀如馬而白首，其文如虎而赤尾，其音如謠，其名曰鹿蜀，佩之宜子孫。」《御覽》卷913引《山海經圖讚》：「鹿蜀之獸，馬質虎文。」《廣韻》：「騮，驢騮，野馬。」《集韻》：「騮、𩦲，驢騮，野馬，一曰馬行皃。」驢騮爲馬行貌者，猶言馬滾動迅疾，故馬亦名驢騮也。

音轉又作「錄獨」，敦煌寫卷 S.86：「葬日臨壙焚屍，兩處共錄獨織裙壹腰，紫綾子衫子、白絹衫子共兩事。」黃征指出「錄獨」即「鹿獨」、「落拓」〔註27〕，當即說本蔣禮鴻。前說是，後說非也。

音轉又作「鵁鸔」、「鵁𪃨」、「鵁蔞」，《爾雅》：「鵁鸔，鵝。」郭注：「今之野鵝。」邢疏：「鵁鸔者，野鵝之別名也。」《說文》：「鵁，〔鵁〕蔞，鵝也。」當連篆讀，以「鵁蔞」爲詞。段玉裁注：「按《篇》、《韻》皆以鵁鸔爲句，許作蔞而下屬，則古讀不同。蔞虓，鳥名，今不定爲何鳥也。」鄭珍曰：「今《說文》止有『鵁』，訓『蔞鵝也』。按《齊民要術》卷6孫氏注引《說文》：『鵁鸔，野鵝也。』知原有『鸔』字。《玉篇》、《廣韻》并云：『鵁鸔，野鵝也。』是本許君。今本脫『鸔』，而改『鵁』注爲『蔞鵝』，於古無稽。段氏謂許讀《爾雅》以『鸔鵝』斷句，未攷此。」〔註28〕鄭珍說是，蔣斧印本《唐韻殘卷》亦云：「鵁，鵁鸔，野鵝。」繆楷曰：「《說文》以『鵁』爲逗，『鸔鵝』爲句。《玉篇》、《廣韻》並云：『鵁鸔，野鵝也。』並以『鵁鸔』爲逗，『鵝』爲句。然鵝爲舒雁之名，不當與野鵝混稱，當從許讀。」〔註29〕繆氏亦失之。「鵁鸔」者蓋因其聲以名之也。

音轉又作「轠轤」，《漢書・揚雄傳》《羽獵賦》：「繽紛往來，轠轤不絕。」孟康曰：「轠轤，連屬貌。」如淳曰：「轠音雷，轤音盧。」顏師古注：「轠轤，環轉也。」蕭該《音義》：「轠轤，韋昭音壘落。」方以智曰：「轠轤，音雷盧，即謂轆轤環轉也。唐人以聯句爲轆轤體，亦謂其轉也。」〔註30〕朱起鳳曰：「『轠轤』即『轣轆』之音轉。」〔註31〕朱說失之。

〔註27〕黃征《敦煌語言文字學研究》，甘肅教育出版社2002年版，第30頁。

〔註28〕段玉裁《說文解字注》，上海古籍出版社1981年版，第152頁。鄭珍《說文逸字》卷上，咸豐八年刻本。

〔註29〕繆楷《爾雅稗疏》，《南菁札記》叢書本，1894年出版。

〔註30〕方以智《通雅》卷34，收入《方以智全書》第1冊，上海古籍出版社1988年版，第1041頁。

〔註31〕朱起鳳《辭通》，上海古籍出版社1982年版，第2260頁。

音轉又作「鹿獨」，《顏氏家訓・勉學》：「鹿獨戎馬之間，轉死溝壑之際。」一本及《戒子通錄》卷 2 引作「孤獨」，非也。焦循曰：「鹿獨，今俗呼作捊奪。」〔註32〕盧文弨曰：「《禮記・王制》《正義》引《釋名》：『無子曰獨。獨，鹿也。鹿鹿無所依也。』又張華《拂舞賦》：『獨漉獨漉，水深泥濁。』『獨漉』一作『獨祿』，亦作『獨鹿』，當是彳亍之意，本無定字，故此又倒作『鹿獨』也。」〔註33〕郝懿行曰：「『鹿獨』疑當爲『獨鹿』，《荀子・成相篇》云：『剄以（而）獨鹿棄之江。』注云：『獨鹿，與屬鏤同。』又案：『鹿獨』或當是方言，流離顛沛之意，不得援《荀子》『剄以（而）獨鹿』爲解也。存以俟知者。梧舟案：或是『碌磚』，味全句神似也。」〔註34〕梧舟謂「獨鹿」或是「碌磚」近之，餘說皆非。「獨鹿」即「骨碌」，猶言翻滾、跌滾。蔣禮鴻、郭在貽謂「鹿獨」、「獨漉」音轉爲「郎當」、「闌單」、「落拓」〔註35〕，亦未是〔註36〕。

3.3. 黃侃曰：「雙聲疊韻連語，倒言與正言同。」〔註37〕

「鹿獨」倒言則作「獨鹿」，或作「屬鏤」、「屬盧」，《荀子・成相》：「剄而獨鹿棄之江。」楊注：「獨鹿，與『屬鏤』同，本亦或作『屬鏤』，吳王夫差賜子胥之劍名。」郝懿行曰：「黃縣、蓬萊間人皆以獨鹿爲酒器名，此言獨鹿，蓋爲革囊盛尸，所謂鴟夷者也。」〔註38〕郝說非也。《左傳・哀公十一年》：「使賜之屬鏤，以死。」章太炎曰：「服子愼注：『屬鏤，劍名。』……屬鏤、

〔註32〕 焦循《易餘籥錄》卷 18，收入《叢書集成續編》第 29 冊，新文豐出版公司 1988 年版，第 394 頁。

〔註33〕 《顏氏家訓》盧文弨校本，收入《叢書集成新編》第 33 冊，新文豐出版公司 1985 年版，第 94 頁。

〔註34〕 郝懿行《顏氏家訓斠記》，收入《叢書集成續編》第 78 冊，上海書店 1994 年版，第 367 頁。

〔註35〕 蔣禮鴻《義府續貂》，收入《蔣禮鴻集》卷 2，浙江教育出版社 2001 年版，第 20～21 頁；郭在貽《〈荀子〉札記》、《魏晉南北朝史書語詞瑣記》、《唐詩與俗語詞》，並收入《郭在貽文集》卷 3，第 9、26、70 頁。

〔註36〕 「落拓」又音轉作「落泊」、「洛度」、「落度」、「樂託」、「落魄」，倒言則作「拓落」、「託落」，與「郎當」、「闌單」音轉，是另一系。參見方以智《通雅》卷 6，收入《方以智全書》第 1 冊，上海古籍出版社 1988 年版，第 268 頁；又參見蕭旭《「郎當」考》，《中國語學研究・開篇》第 29 卷，2010 年 9 月日本株式會社好文出版，第 59～64 頁。

〔註37〕 黃焯《訓詁學筆記》，收入黃侃《黃侃國學講義錄》，中華書局 2006 年版，第 279 頁。

〔註38〕 郝懿行《荀子補注》，收入《四庫未收書輯刊》第 6 輯第 12 冊，北京出版社 2000 年版，第 30 頁。

獨鹿，一也……然則獨鹿蓋其地所出之劍，以地名劍，猶棠谿、墨陽也。」
〔註 39〕章氏謂音轉是也，而尚未得其命名之由。《淮南子・氾論篇》：「（大
夫種）身伏屬鏤而死。」高注：「屬鏤，利劍也。一曰：長劍摜施鹿盧，鋒
曳地，屬錄而行之也。」《吳越春秋・勾踐伐吳外傳》：「越王遂賜文種屬盧
之劍。」徐天祐注：「盧，當作鏤。」朱起鳳曰：「鏤、盧古讀同聲，故兩字
通用。」又云：「婁即鏤字之省。獨、屬疊韻，形亦相似。鹿字北人呼爲溜，
與鏤字音近。『屬鏤』借爲『屬鹿』，或爲『鹿盧』，並音之變。」〔註 40〕高
注之「鹿盧」、「屬錄」，與「屬鏤」並聲之轉也。曾良據蔣禮鴻說，謂「獨
鹿」是「郎當」的轉語，解云：「此『獨鹿』即指身、首剚割而血肉延綿不
絕之狀。」〔註 41〕亦非也。

又音轉作「屬婁」，《古文苑》卷 4 揚雄《太玄賦》：「斷跡屬婁，何足稱
兮。」章樵註：「伍子胥忠謀，吳王賜之屬婁之劍，自剚而死。婁，《史記》
作鏤。」

又音轉作「屬鹿」，《廣雅》：「屬鹿，劍也。」徐復曰：「鏤字變音則爲『屬
鹿』。屬讀舌頭音，則爲『獨鹿』。」〔註 42〕范崇峰謂「獨鹿」即「朱愚」之
聲轉，「『獨鹿』義爲駑鈍，反其義則爲鋒利敏銳，用爲劍名，正合古人用字
習慣」〔註 43〕，范氏臆說無據，未得語源。

又音轉作「濁鹿」、「涿鹿」、「蜀鹿」、「蜀祿」，《今本竹書紀年》卷下：
「十七年，燕伐趙，圍濁鹿，趙靈王及代人救濁鹿，敗燕師於勺。」《後漢
書・獻帝紀》：「都山陽之濁鹿城。」《路史》卷 13：「逐帝而居於濁鹿。」
羅苹注：「即『涿鹿』。」《周禮・夏官・司馬》《釋文》：「涿鹿：丁角反，沈
音濁，劉音獨。」《莊子・盜跖》《釋文》：「涿鹿，音卓，本又作濁。司馬云：
『涿鹿，地名。』」《史記・五帝本紀》：「與蚩尤戰於涿鹿之野。」《集解》
引服虔曰：「涿鹿，山名。」《索隱》：「或作『濁鹿』，古今字異耳。」《淮南
子・兵略篇》：「黃帝戰於涿鹿之野。」日本古鈔本作「蜀鹿」。銀雀山漢簡

〔註 39〕章太炎《春秋左傳讀》，收入《章太炎全集（2）》，上海人民出版社 1982 年版，
　　　　第 778 頁。
〔註 40〕朱起鳳《辭通》，上海古籍出版社 1982 年版，第 360 頁。
〔註 41〕曾良《明清通俗小說語彙研究》，江西教育出版社 2009 年版，第 335 頁。
〔註 42〕徐復《變音疊韻詞纂例》，收入《徐復語言文字學叢稿》，江蘇古籍出版社 1990
　　　　年版，第 124 頁。
〔註 43〕范崇峰《也說「銀鐺」、「獨鹿」》，《洛陽師範學院學報》2003 年第 6 期。

《孫臏兵法・見威王》：「黃帝戰蜀祿。」「涿鹿」爲山名，狀其圓也。又爲城名、地名者，以山名而名之也。

又音轉作「獨祿」、「獨漉」，《宋書・樂志四》《獨祿篇》：「獨祿獨祿，水深泥濁。泥濁尚可，水深殺我。」《南齊書・樂志三》解題云：「晉《獨鹿舞歌》六解，此是前一解……晉歌爲鹿字，古通用也。」《樂府詩集》卷 55 亦作「獨祿」，又 54 作「獨漉」，解題云：「獨漉，一作獨祿。」《晉書・樂志下》作「獨獨祿祿，水深泥濁」。唐・王建《獨漉歌》：「獨獨漉漉，鼠食猫肉。」一作「獨漉獨漉」。「獨祿」、「獨漉」即「骨碌」，猶言翻滾、跌滾。胡文英曰：「案：獨漉，瀉泥水聲。吳中謂泥水油酒類濁聲皆曰『獨漉』。」〔註44〕《唐開元占經》卷 62：「庫婁者，天獨祿車也。」《天地瑞祥志》第十二：「獨祿風者，回轉風也。入宮，人主死。」〔註45〕《御覽》卷 876 引《京房易妖占》：「獨祿風入宮，人主死……獨祿風者，回轉風也。」《御覽》卷 9 引晉・葛洪《抱朴子》：「用兵之要，唯風爲急，扶搖獨鹿之風，大起軍中，軍中必有反者。」「獨祿（鹿）風」、「獨祿車」皆取義於回轉，中心詞義亦是「圓轉」。

又音轉作「轆轇」、「轆轢」，《廣韻》：「轆，轆轇。」《集韻》：「轆，轆轇，轉也。」《五家語錄》卷 2：「秦時轆轢鑽。」《祖庭事苑》卷 1、《聯燈會要》卷 8 作「轆轇」。

又音轉作「罜䍡」、「䍡麗」，《說文》：「罜，罜䍡，小魚罟也。」《國語・魯語上》：「於是乎禁罜䍡。」韋昭注：「罟，當爲罜。罜䍡，小網也。」《文選・西京賦》李善注、《荀子・成相》楊倞註引正作「罜䍡」，李善又云：「罜，音獨。䍡，音鹿。」《路史》卷 35、《皇王大紀》卷 37 誤作「罣䍡」（字當從「主」，不從「圭」。）《廣韻》「罜」、「獨」同音徒谷切。王筠曰：「案吾鄉呼小酒器曰獨鹿，與罜䍡同音。」〔註46〕徐復曰：「『罜』字從主，古音屬侯部，轉入屋部，爲陰聲入聲對轉。」〔註47〕《集韻》：「罜，罜䍡，小罟，或作䍡。」

〔註44〕 胡文英《吳下方言考》卷 10，收入《續修四庫全書》第 195 冊，上海古籍出版社 2002 年版，第 88 頁。

〔註45〕 唐・薩守眞《天地瑞祥志》，日本東方文化學院京都研究所影寫前田尊經閣藏舊鈔本（日本昭和七年鈔本），收入薄樹人主編《中國科學技術典籍通匯・天文卷四》，河南教育出版社 1993 年版，第 348 頁。

〔註46〕 王筠《說文解字句讀》，中華書局 1988 年版，第 283 頁。

〔註47〕 徐復《變音疊韻詞纂例》，收入《徐復語言文字學叢稿》，江蘇古籍出版社 1990 年版，第 116 頁。

又音轉作「麴麭」，《集韻》：「麴，麴麭，煮餅。」餅形圓，故名麴麭也。

4. 明・鄧玉函《奇器圖說》卷 2：「輥圓者，滑車輥木、轆轤車輪之類是也。」「轆轤車」即上引《唐開元占經》的「獨祿車」。又稱作「鹿犢事」，《御覽》卷 696 引《四王起事》：「惠帝還洛陽，得鹿犢事（車）一乘，以單帛裙爲幃。」又稱作「輵轆車」，《中華古今注》卷上：「舊儀，輵轆三仗首袾額紅，謂之蘽鞿三仗也。」《續資治通鑑長編》卷 297：「四品以下用輵轆車。」

4.1. 單言則作「轆車」，又省作「鹿車」。《御覽》卷 773 引《通俗文》：「載喪車謂之轆轊。」轊指車軸頭。轆轊者，即轆轤形的車軸頭。「轆」亦是「轆轤」的省言，正其比也。中村不折藏句道興《搜神記》引劉向《孝子圖》：「至於農月，〔董永〕與（以）轆車推父于田頭樹蔭下，與人客作。」敦煌寫本 P.5545、P.2621 並作「鹿車」，《法苑珠林》卷 49 引劉向《孝子傳》、《搜神記》卷 1 同。徐震堮曰：「『與』通『以』，『轆』同『鹿』。《方言》謂之『轆轤車』，故亦寫作『轆車』。」〔註48〕

4.2. 又省作「犢車」，《釋名》：「羊車：羊，祥也。祥，善也。善飾之車，今犢車是也。」

《漢書・蔡義傳》：「好事者相合爲義買犢車，令乘之。」《宋書・禮志五》：「犢車，軿車之流也。漢諸侯貧者乃乘之，其後轉見貴。孫權云『車中八牛』，即犢車也。江左御出，又載儲偫之物。」「犢車」即「鹿車」，非謂牛駕之車也。鹿車可人推亦可人挽，後世或以牛馬等畜力代替人挽，此則改進之制，而「犢車」的語源義，仍是轆轤車也。《宋書・禮志二》、《晉書・禮志中》有「細犢車」，指犢車之裝飾精緻者；《晉書・湣懷太子傳》有「鼺犢車」，指犢車之裝飾粗陋者。亦省言作「犙車」、「細車」，《宋書・索虜傳》：「獲……犙細車三百五十乘。」後秦譯《十誦律》卷 28：「佛言一切田地、一切房舍、一切床榻臥具、一切細車、一切麁車、半莊車、步輿車，不應分。」《樂府詩集》卷 46《懊儂歌》：「黃牛細犢車，遊戲出孟津。」此言黃牛所拉裝飾精緻的犢車。《漢書・雋不疑傳》：「有一男子乘黃犢車，建黃旐，衣黃襜褕，著黃冒。」黃犢車謂黃蓋犢車，《通鑑》卷 134 胡三省注：「青犢車，青蓋犢車也。」「青犢車」是其比也。而不是黃犢、青犢拉的車。《通鑑》卷 65 胡三省註：「《晉志》曰：『犢車，牛車也。』」史炤《通鑑釋文》卷 3：「黃犢車：犢，徒谷切，牛子也。」又卷 9：「犢車：徒谷切，牛子也，以牛駕

車。」二氏以犢爲牛子，非也。

4.3. 又省作「牘車」、「獨車」，《集韻》：「牘，徒谷切，車名。」《龍龕手鏡》：「𤝻、牘，音鹿，𤝻𨏍也。下又音獨。」《可洪音義》卷27「牘車」之「牘」音徒木反，則音同「犢」矣。《可洪音義》卷28：「牘車：上徒木反，轉𤝻椢腳小車子，又郎木反，𤝻𨏍也，非此呼也，《切韻》無此字，但《風俗通》呼。」是可洪認爲「牘車」即《風俗通》之「鹿車」也。此條爲《辯正論》卷7《音義》，檢經文作「獨車一乘」，宋、元本作「𤝻車」。《續高僧傳》卷18：「王使六司官人𤝻車四乘，將從百人重往迎請。」宋、元本作「牘車」，《神僧傳》卷5同。《風俗通義·過譽》：「既推獨車，復表其上，爲其飾僞，良亦昭晰。」《魏書·堯暄傳》：「賜獨車一乘。」《搜神記》卷16：「忽見水旁有二牘車乍沉乍浮。」《世說新語·方正》劉孝標注、《法華經文句記箋難》卷3引《孔氏志怪》、《類聚》卷4引《續搜神記》同，《法苑珠林》卷75引作「獨車」。李劍國曰：「牘又作獨，蓋以獨、牘形似而致訛。」〔註49〕我舊說謂「牘音誤作獨」〔註50〕，皆非是。「獨」乃同音借字也。《慧琳音義》卷58：「牘車：古名羊車，《釋名》云：『羊，祥也。祥，善也。善飾之車。今牘車是也。』」鄧福祿、韓小荊曰：「『牘』當是『犢』的換形旁俗字……『犢車』即牛車。」〔註51〕亦皆非是。

4.4. 又省作「櫝車」，《陸氏詩疏廣要》卷上：「（白桵）直理易破，可爲牘車軸，又可爲矛戟鏃。」《詩·緜》孔疏、《爾雅·釋木》邢昺疏引作「櫝車」。言白桵之木堅固，堪爲鹿車之軸，非獨爲牛車之軸也。

5. 《初學記》卷25引葛洪《神仙傳》：「沈義學道於蜀中，與妻共載，道逢白鹿車一乘。」此自是鹿駕之車，乃神仙之事。《南史·夷貊傳》：「扶桑國……有馬車、牛車、鹿車，國人養鹿，如中國蓄牛。」《梁書·諸夷傳》同。《新唐書·回鶻傳》：「人豢鹿若牛馬，惟食苔，俗以駕車。」此亦是鹿駕之車，乃夷俗，非中國之制也。佛經謂羊車、鹿車、牛車爲三車，亦與本文所論不同。

〔註49〕 《新輯搜神記·新輯搜神後記》（李劍國輯校），中華書局2007年版，第594頁。
〔註50〕 蕭旭《世說新語校補》，收入《群書校補》，廣陵書社2011年版，第816頁。
〔註51〕 鄧福祿、韓小荊《字典考正》，湖北人民出版社2007年版，第370頁。

「蛇矛」考

1. 古說部有「丈八蛇矛」之語，「蛇」俗字亦作「虵」。《晉書・劉曜載記》：「（陳安）左手奮七尺大刀，右手執丈八虵矛。」又「隴上歌之曰：『七尺大刀奮如湍，丈八虵矛左右盤。』」《御覽》卷 280、312 引《晉書》，又卷 465 引《趙書》、卷 496 引和苞《漢趙記》並同，《資治通鑑》卷 92 取其文，亦同；《御覽》卷 353 引《趙書》、《樂府詩集》卷 85 作「蛇矛」。

關於「蛇矛」，有以下之說法：

（1）史炤曰：「蛇矛：上食遮切，下莫浮切，矛如鋋而三廉。」〔註1〕

（2）胡三省曰：「師古曰：『鋋、鋋、杷，短矛也。』孔穎達曰：『《方言》云：「矛，吳揚江淮南楚五湖之間謂之鍦，或謂之鋋，或謂之鏦，其柄謂之矜。」』鍦音蛇，晉陳安執丈八蛇矛，蓋蛇即《方言》之所謂鍦也。」〔註2〕

（3）王夫之曰：「若『夷矛』之長三尋，古尺二丈四尺，當漢尺一丈八尺，所謂丈八鍦（自注：音「委蛇」之蛇）矛也。《隴西健兒歌》：『丈八蛇矛左右盤。』鍦、蛇、夷三字通用。今尺丈六尺有四寸，後世騎步或用之。」〔註3〕

（4）徐灝曰：「矛刃曲折宛延，故謂之蛇矛。」〔註4〕

〔註1〕 史炤《資治通鑑釋文》卷 10，收入《叢書集成新編》第 104 冊，新文豐出版公司 1985 年印行，第 55 頁。

〔註2〕 胡三省《資治通鑑注》卷 15，中華書局 1956 年版，第 485 頁。

〔註3〕 王夫子《詩經稗疏》卷 1，收入景印文淵閣《四庫全書》第 84 冊，臺灣商務印書館 1986 年初版，第 790 頁。

〔註4〕 徐灝《說文解字注箋》，收入丁福保《說文解字詁林》，中華書局 1988 年版，

（5）沈伯俊、譚良嘯曰：「蛇矛，並非矛頭彎曲如蛇形，而是指整個兵器長一丈八尺，如蛇形。」〔註5〕

（6）李祥林謂「蛇矛」是「矟矛」音近訛誤，引《釋名》「矛長丈八尺曰矟，馬上所持」以證之〔註6〕。

（7）韓吉辰曰：「猛張飛揮舞的『丈八蛇矛』，是因爲矛曲如蛇，故名。」〔註7〕

（8）郭醒曰：「『丈八蛇矛』顧名思義，長度爲一丈八尺，折合成現代計量單位，也要四米多點的長度，無論如何不能稱之爲短矛，因此胡三省的解釋應該是錯誤的。」〔註8〕

（9）胡宏文曰：「在古代，矛的造型大同小異，統稱爲『夷矛』。『夷』就是『消滅』、『殺害』的意思……『蛇』與『夷』是同音字。」〔註9〕

諸說有對有錯，下文考辨之。

2.《說文》：「鉈，短矛也。」

字或作「鍦」，《方言》卷 9：「矛，吳揚江淮南楚五湖之間謂之鍦，或謂之鋋，或謂之鏦。」《廣韻》：「鍦，式支切，短矛。鉈，上同。又食遮切。」

字或作「施」，《廣雅》：「鏦、矟、施，矛也。」《玉篇》：「施，式之切，短矛也。」《集韻》：「鍦，或作施。」段玉裁曰：「按：鍦即鉈字，《廣雅》作施。」〔註10〕

字或作「𥎊」，《玉篇》：「𥎊，時奢切，短矛，亦作鍦。」《廣韻》：「鉈，視遮切，短矛，又音夷。鍦，上同。𥎊，亦同。」敦煌寫卷 P.2011《刊謬補缺切韻》：「鍦，短矛，或作施。」關長龍曰：「注文『施』字，《王二》作『𥎊』。」〔註11〕

第 13617 頁。

〔註5〕沈伯俊、譚良嘯《三國演義辭典》，巴蜀書社 1989 年版，第 295 頁。

〔註6〕李祥林《「丈八蛇矛」是何矛？》，《貴州文史天地》1999 年第 1 期，第 75 頁。

〔註7〕韓吉辰《探秘「丈八蛇矛」》，《百科知識》2008 年第 8 期，第 16 頁。

〔註8〕郭醒《「丈八蛇矛」真的形狀似蛇嗎？》，《文史知識》2010 年第 6 期，第 136 頁。

〔註9〕胡宏文《「張飛的「丈八蛇矛」是蛇形的嗎？》，《文史博覽》2010 年第 8 期，第 32 頁。

〔註10〕段玉裁《說文解字注》，收入丁福保《說文解字詁林》，中華書局 1988 年版，第 13617 頁。

〔註11〕關長龍校語見張涌泉主編《敦煌經部文獻合集》第 6 冊，中華書局 2008 年版，

字或作「鉈」、「鈶」、「施」，《荀子・議兵篇》：「宛鉅鐵鉈，慘如蠆蠆。」楊倞註：「鉈，與鏂同，矛也。」《商子・弱民》作「宛鉅鐵鈶」，《史記・禮書》作「宛之鉅鐵施」〔註12〕。《集韻》：「鏂，或作鈶、秕、秠。」《龍龕手鑑》：「鉈，正。鈶、鏂，二今。失支反，短矛也。又俗視遮反。」王念孫曰：「鏂、鉈、鈶、施，字並與秠同。秠，曹憲音蛇。後世言『蛇矛』，名出於此也。」錢大昭曰：「秠者，《說文》作鉈，短矛也。《方言》作鏂。秠、鉈、鏂、鈶，字異音義同。」〔註13〕王時潤曰：「鈶、鈶、施、鏂，皆當讀若鉈。」〔註14〕王叔岷曰：「施蓋鏂之省。鏂，俗鉈字。《說文》：『鉈，短矛也。』鈶、鈶並鉈之俗變。」〔註15〕

字亦借用同音的「虵」字爲之，《廣韻》「鉈」、「鏂」音視遮切或食遮切者，正與「蛇」同音。上引《荀子》文，《韓詩外傳》卷4作「宛如鉅虵」。「虵」同「蛇」。

「鉈」本指短矛。《方言》卷9指出「鏂或謂之鋋，或謂之鏦」，《淮南子・兵略篇》也記載「脩鍛短鏦」，許愼注：「鏦，小矛也。」《說文》：「鋋，小矛也。」此其確證也。《急就篇》卷3：「矛、鋋。」顏師古註：「矛，酋矛也，長二丈。鋋，鐵把小矛也，江淮吳越或謂之鏂。」顏師古謂「鋋」是小矛，與許愼說同。

3. 「丈八蛇矛」本應指「夷矛」，「蛇」、「夷」音之轉也。《周禮・考工記・廬人》：「酋矛常有四尺，夷矛三尋。」鄭注：「八尺曰尋，倍尋曰常。酋、夷，長短名。酋之言遒也，酋近夷長矣。」「夷矛三尋」就是漢代的一丈八尺，故轉爲「丈八蛇矛」也。《釋名》：「夷矛，夷，常也。其矜長丈六尺。不言『常』而曰『夷』者，言其可夷滅敵，亦車上所持也。」是「夷」

第3103頁。

〔註12〕《集解》、《正義》以「施」字屬下爲句，非也。容肇祖亦從其誤，而未能訂正。容肇祖《商君書考證》，《燕京學報》第21期，1937年6月出版，第90頁。

〔註13〕王念孫《廣雅疏證》，錢大昭《廣雅疏義》，並收入徐復主編《廣雅詁林》，江蘇古籍出版社1992年版，第668～669頁。

〔註14〕王時潤《商君書斠詮補遺》，收入《民國時期哲學思想叢書》第1編，據《聞雞軒叢書》第1集宏文圖書社1915年刊行本影印，文聽閣圖書有限公司2010年版，第150頁。

〔註15〕王叔岷《史記斠證》，「中央」研究院歷史語言研究所專刊之七十八，1983年版，第1011頁。又見王叔岷《荀子斠理》，收入《諸子斠補》，中華書局2007年版，第221頁。

取「夷滅」爲義也〔註16〕。徐鍇《說文繫傳》：「鉈，今又音蛇。《晉書》曰：『丈八鉈矛左右盤。』」史炤謂「蛇矛如鋋而三廉」，胡三省謂「晉陳安執丈八蛇矛，蓋蛇即《方言》之所謂鉈也」，王念孫謂「蛇矛」名出於「鉈（鏌）」。錢坫曰：「鉈，此『蛇矛』字。」〔註17〕沈廷芳曰：「鉈，《方言》作鏌。案：鉈、鏌皆鉈俗字，《晉書》『丈八鉈左右盤』即此也。」〔註18〕章太炎曰：「鉈，丈八鉈矛。」〔註19〕于全有曰：「『蛇』字乃是『鉈（亦作鏌）』字之誤。」〔註20〕皆混同長矛、短矛爲一，其說非也。王夫之謂「鏌、蛇、夷三字通用」，以「蛇、夷」二字通用是也，而謂同「鏌」則非，亦混同長矛、短矛爲一矣。胡宏文謂「『夷』就是『消滅』、『殺害』的意思，『蛇』與『夷』是同音字」亦是也，而又謂「在古代，矛的造型大同小異，統稱爲『夷矛』」則非。《詩·清人》：「二矛重英，河上乎翱翔。」鄭箋：「二矛，酋矛、夷矛也。」古代矛類甚多，不能統稱爲「夷矛」。徐灝、沈伯俊、譚良嘯、韓吉辰謂矛刃或矛身如蛇，亦皆非是，望文生義也。

「丈八長矛」又稱爲「矟」，字或作「槊（槊）」、「鎙」，又音轉作「鉫」。《釋名》：「矛長丈八尺曰矟，馬上所持，言其矟矟便殺也。」〔註21〕《玄應音義》卷2「矛矟」條：「矟，或作槊，北人俗字也。或作鉫，江南俗字也。」又卷4「錐鉫」條、卷11「矟刺」條略同。《玄應》三卷並引《埤蒼》：「矟長一丈八尺也。」錢坫曰：「鉫、矟爲聲之轉，故俗亦以鉫爲矟。」〔註22〕《類

〔註16〕 宋陳祥道《禮書》卷115：「酋言其就，夷言其易。短者其體就，長者其體易。此矛之辨也。」此又一說也。

〔註17〕 錢坫《說文解字斠詮》，收入丁福保《說文解字詁林》，中華書局1988年版，第13618頁。

〔註18〕 沈廷芳《十三經注疏正字》卷11，收入景印文淵閣《四庫全書》第192冊，臺灣商務印書館1986年初版，第134頁。

〔註19〕 王寧整理《章太炎說文解字授課筆記》，中華書局2010年版，第585頁。

〔註20〕 于全有《望文生義與流俗詞源》，《課外語文（初中）》2004年第1期，第60頁。原文「鏌」誤作「鏇」，徑正。

〔註21〕 任繼昉曰：「吳騫校：『當於「丈」字句。應邵《風俗通》云：「矛長八尺曰矟。」』誤甚。《唐六典》卷16引此文作「丈八尺曰矟」，《六書故》卷29引此文作「矛長丈有八尺曰矟」，皆不誤。任繼昉《釋名匯校》，齊魯書社2006年版，第386頁。《白帖》卷58引《風俗通》作「矛長八尺謂之矟」，「長」下脫「丈」字，「《風俗通》」當作「《通俗文》」，吳、任二氏不能訂正，致誤點《釋名》。

〔註22〕 錢坫校語見清道光二十五年海山仙館叢書本《玄應音義》卷2，收入《續修四庫全書》第198冊，上海古籍出版社1996年影印，第18頁。

聚》卷 60 引《通俗文》:「矛丈八者謂之矟。」〔註23〕《廣韻》:「矟,矛屬,
《通俗文》:『矛丈八者謂之矟。』槊,上同。」《集韻》:「矟、槊、鎙:長矛,
或作槊,亦從金。」《類聚》卷 60 引晉傅玄詩:「彎我繁弱弓,弄我丈八矟。」
〔註24〕《釋迦譜》卷 4:「皆捨刀劍弓弩矛鎙長鉤。」宋、元、明本「鎙」作
「矟」。李祥林謂「蛇矛」是「矟矛」音近訛誤,非也。「蛇」、「矟」古音不
得相轉。上引《隴上歌》「丈八虵矛左右盤」,《書鈔》卷 124 引《靈鬼志》:「關
西爲之歌曰:『壟上健兒字陳安,頭細面狹腹中寬,丈八大矟左右盤。』」《類
聚》卷 60 引作「大槊」,《御覽》卷 354 引作「長槊」。尤足證明「丈八虵矛」
即指「丈八長槊」,而不是指短矛的「鉈」,與《韓詩外傳》卷 4 的「虵」不
是一物。

〔註23〕　《御覽》卷 354 引同,《通鑑》卷 108、117 胡三省註引作「長丈八者謂之矟」。
〔註24〕　《御覽》卷 354 引同。

「治魚」再考

1. 古漢語中稱剖割魚腹爲「治魚」，「治」讀平聲，《廣韻》「治」音直之切。敦煌寫卷 P.4661《心地法門一卷》：「此貪嗔癡毒能令眾生長輪（淪）苦海，生死不絕。如何對持，得免生死？答：如經所說，多貪，眾生以不淨觀爲對治；多嗔，眾生以慈悲觀爲對治；多癡，眾生以因緣觀爲對治，得免生死。」「對持」即「對治」。S.1497V：「緋治毡一領。」P.3638：「細毛持毡壹領。」傳世文獻作「池毡」，可知「治」與「持」、「池」同音。桂馥《札樸》卷 9：「剖魚曰治（平聲）。」〔註1〕用例如下：

(1)《晏子春秋・內篇諫下》：「此譬之猶自治魚鱉者也，去其腥臊者而已。」

(2)《說文》：「劊，楚人謂治魚也，讀若鍥。」

(3)《吳越春秋・闔閭內傳》：「吳王聞三帥將至，治魚爲鱠。將到之日，過時不至，魚臭。」

(4)《舊雜譬喻經》卷 1：「母後日請目連、阿那律、大迦葉飯，時當得魚，遣人於市買魚歸治，於腹中得金鐶。」

(5) 干寶《搜神記》卷 1：「須臾，有大魚數百頭，使人治之。」〔註2〕

(6)《樂府詩集》卷 46《華山畿》：「開門枕水渚，三刀治一魚，歷亂傷殺汝。」

〔註1〕 桂馥《札樸》卷 9《鄉言正字・雜言》，中華書局 1992 年版，第 390 頁。

〔註2〕 《類聚》卷 96 引《汝南先賢傳》、《御覽》卷 935 引《神仙傳》並同。《太平廣記》卷 466 引《神仙傳》作「使人取之」，「取」下脫「治」字，《太平廣記》卷 71 引《神仙傳》作「遂使取治之」，可證。

胡文英曰：「治，平聲。案：治，剖魚也。吳中諺稱破魚腹爲治魚。」
〔註3〕

  （7）《經律異相》卷44引《雜譬喻經》：「時下國主遣人市魚，將還城內，用刀治魚，兒在腹中唱曰：『徐徐勿傷我也。』」

  （8）《廣韻》：「劊，割治魚也。」

  （9）《太平廣記》卷65引《逸史》：「唐貞元初，虞鄉里人女年十餘歲，臨井治魚，魚跳墮井。」

  （10）《太平廣記》卷458引《嶺南異物志》：「他日嫗治魚，龍又來，以刀戲之，誤斷其尾。」

  （11）《太平寰宇記》卷164引《南越志》：「嫗後治魚，誤斷其尾。」

  （12）元·關漢卿《望江亭》第三折：「衙內見愛媳婦，借與我拿去治三日魚好那？」

不特魚可言「治」，其他一切牲獸也可言「治」：

（13）《晏子春秋·內篇諫下》：「趣庖治狗，以會朝屬。」

（14）《太平廣記》卷131引《祥異記》：「有一僧曰：『汝好獵，今應受報。』便取稚宗皮，剝臠截具，如治諸牲獸之法，復納于深水，鉤口出之，剖破解切若爲膾狀。」〔註4〕

  其中除例（3）、（7）、（10）、（11）、（12）、（13）六例外，其餘諸例劉堅、潘榮生等人均已舉出〔註5〕。

  劉堅認爲「治」就是本字，由「治理」義引申而來，晚出的寫法是「劊」〔註6〕；吳則虞曰：「治者，劊也。」〔註7〕郭在貽認爲「治魚」的「治」本字即《說文》的「劊」字〔註8〕；羅傑瑞認爲閩語中當「殺」講的字從「治」

〔註3〕 胡文英《吳下方言考》卷3，乾隆四十八年留芝堂刻本，收入《續修四庫全書》第195冊，上海古籍出版社2002年版，第24頁。

〔註4〕 《法苑珠林》卷64引《冥祥記》同。

〔註5〕 劉堅《語詞雜說》，《中國語文》，1978年第2期，第116頁。潘榮生《「治魚」》，《中國語文》1985年第3期，第125頁。劉堅《「治魚」補說》，《中國語文》1987年第6期，第419～423頁；又收入《劉堅文存》，上海教育出版社2008年版，第62～64頁。

〔註6〕 劉堅《「治魚」補說》，見上注。

〔註7〕 吳則虞《晏子春秋集釋》，中華書局1962年版，第104頁。

〔註8〕 郭在貽《古代漢語詞義札記》，《中國語文》1979年第2期，收入《郭在貽文集》，中華書局2002年版，第179頁。

字平聲演變而來，當地寫成「刣」，其寫法跟來歷不相干〔註9〕；鄧曉華認爲閩語的「刣（死）」、古越語的「札（死）」、南島語的「殺死」是同源關係〔註10〕；汪化雲認爲鄧說不確，「治魚」的「治」由「整治、修治」的意義縮小、專化而來〔註11〕；楊琪從古文字的角度認爲「治」的本字是「嗣」，音遲，本義爲「治理」〔註12〕。

「劍」字《玉篇》山俱、公節二切，《廣韻》古屑切，《集韻》吉屑、吉詣二切，讀音不合。《說文》的「劍」字語源是「挈」〔註13〕。《五音集韻》：「刉、刣：刮削物也。」《龍龕手鑑》：「刉、刣：之容反。」明·宋濂編《篇海類編》卷16《器用類·刀部第三十四》：「刣，之容切，音鍾，刮削物也。」〔註14〕「刣」當即「刉」俗譌字，音亦不合。閩語當地寫作「刣」，是當地俗譌寫，非正字，可不討論。「治魚」的「治」，讀平聲，與「持」音同，《廣韻》「治」有直之切一音，今吳方言正合。在後世俗文學作品中，逕作「持魚」。元·李文蔚《燕青博魚》二《醉扶歸》插白：「那持魚的盆子也拿來摔碎了。」元·關漢卿《望江亭》第3折：「這個是勢劍？衙內見愛媳婦，借與我持三日魚。」

2. 「治魚」的「治」，本字爲「施」，字或作「脪」、「肔」，《莊子·胠篋篇》：「萇弘脪。」《釋文》：「脪，本又作肔，徐勑紙反，郭詩氏反，崔云：『讀若拖。或作施字。』脪，裂也。《淮南子》曰：『萇弘鈹裂而死。』司馬云：『脪，剔也。』一云刳腸曰脪。」《玉篇》：「肔，引腸也。」《左傳·昭公十四年》：「施生戮死。」《國語·晉語九》、《列女傳》卷3作「請殺其生者而戮其死者」。「施」即殺義，即後世「凌遲」的「遲」字。後起本字又作「剚」，俗作「剓」。《玉篇》：「剚，素奚切，剚也。」《廣韻》：「剚，先稽切，剌剚。」《龍龕手鑑》：「剓，正。剚，今。音西，刻剌也。」字亦作「揱（揮）」，

〔註9〕 羅傑瑞《閩語中的「治」字》，《方言》1979年第3期，第181頁。
〔註10〕 鄧曉華《閩客方言中一些核心詞的「本字」的來源》，《語言研究》2006年第1期，第86頁。
〔註11〕 汪化雲《「治魚」的「治」來源於古南島語嗎》，《語言研究》2007年第1期，第87頁。
〔註12〕 楊琪《說「治」》，http://www.gwz.fudan.edu.cn/SrcShow.asp?Src_ID=999。
〔註13〕 參見王念孫《廣雅疏證》，收入徐復主編《廣雅詁林》，江蘇古籍出版社1992年版，第153頁。又參見蕭旭《〈爾雅〉「猰貐」名義考》。
〔註14〕 宋濂編《篇海類編》，收入《續修四庫全書》第229～230冊，上海古籍出版社2002年版，第225頁。

《集韻》引《廣雅》：「揩、握，磨也。」《廣韻》：「揩，揩揲，摩拭也。」「剩」亦磨義。《玉篇》：「剩，叉丈切，剩皮也。」敦煌寫卷 P.2011 王仁昫《刊謬補缺切韻》、《廣韻》並云：「剩，皮傷。」皮傷謂皮膚摩擦而受傷。P.3906《碎金》：「逆剩：七養反。」〔註 15〕《慧琳音義》卷 96 引《字書》：「剩，剮也。」字或作摤、磢、瓾，《廣雅》：「瓾，磨也」《廣韻》：「磢，瓦石洗物。瓾，上同」《可洪音義》卷 17：「揩摤：上苦皆反，下七两反。」《集韻》：「摤，磨滌也，或作磢。」《文選・江賦》：「奔溜之所磢錯。」李善注：「郭璞《方言》注曰：『漺，錯也。』漺與磢同。《廣雅》曰：『錯，摩也。』」張銑注：「磢，磨也。」宋・黃休復《益州名畫錄本》卷中：「居寶以筆端摤攃（擦）。」注：「上七賞反，下七葛反。」胡文英曰：「磢：音創。案：磢，往來磨洗也。吳中謂往來磨洗垢膩曰磢。」〔註 16〕字或作漺，《方言》卷 13：「漺，淨也。」段玉裁曰：「二字當從冫，『漺』即『滄』，『淨』即『清』字。」錢繹曰：「《玉篇》：『漺，淨也。』《說文》：『瓾，磋垢瓦石也。』《西山經》郭注云：『澡洗可以磢體去垢圿。』」華學誠曰：「段、錢二氏說，未知孰是。」〔註 17〕錢說是也，「漺」謂以瓦石洗去身體的污垢，故《方言》云「淨也」。磨去污垢之瓦石亦名瓾（磢），名、動固相因也。《玉篇》：「磢，石。」據此可釋華氏之疑。日人中村不折藏敦煌寫卷句道興《搜神記》：「漢末，〔華佗〕開腸，腠洗五臟，劈腦出蟲，乃爲魏武帝所殺。」「腠」即「摤」，類化而改從「月」旁〔註 18〕。今各地方言尚謂磨擦爲「磢」〔註 19〕。今吳語尚謂磨擦爲「剮」、「摤」，如云「隑勒牆上剮勒一身灰」，又云「來（在）牆上摤勒一身灰」，指倚靠在牆上，因磨擦而致一身灰也。「剩」又音變作「鄫」，《廣韻》：「鄫，千鄧切，刀割過也。」《集韻》：「鄫，七鄧切，音蹭。割過傷也。」《正字通》：「鄫，七鄧切，音蹭，刀割也。」桂馥《鄉言正字・雜言》：「觸

〔註 15〕S.619V、S.6204、P.2058、P.2717 同。

〔註 16〕胡文英《吳下方言考》卷 8，收入《續修四庫全書》第 195 冊，上海古籍出版社 2002 年版，第 66 頁。

〔註 17〕華學誠《揚雄〈方言〉校釋匯證》，中華書局 2006 年版，第 930 頁。

〔註 18〕王重民《敦煌變文集》以「開腸腠」爲句，潘重規《敦煌變文集新書》從之，文津出版社有限公司 1994 年初版，第 1215 頁。如此讀，則「腠」讀爲創，俗作瘡、膾。羅振玉印行《敦煌零拾》，刪去「腠」字，失眞。王東明《搜神記四種》解「腸腠」爲「腹腔」，毫無依據，陝西旅遊出版社 1993 年版，第 883 頁。

〔註 19〕參見許寶華、宮田一郎《漢語方言大詞典》，中華書局 1999 年版，第 7217 頁。

傷日劀。」〔註20〕《清實錄》卷1189：「乃永瑢於末獻奠爵，以致擦劀，甚屬疏忽，著罰王俸五年，以示警戒。」俗又記作同音字「蹭」，皆取磨擦爲義，俗言「磨蹭」，同義連文也。《字彙》：「劀，陳知切，劀魚。」明・李實《蜀語》：「破魚曰劀。劀音遲。」〔註21〕清・樊騰鳳《五方元音》卷下：「劀，剖洗魚也，剌也。」〔註22〕《天工開物》卷上《膏液第十二・法具》：「劀一小槽。」吳語謂以刀口在物件上來回往復劃動爲「劀」，今吳語云「劀一豁子」，指以刀口在物件上來回拉動，劃一豁口，所取中心詞義仍是磨擦。後用爲剖割義。胡吉宣曰：「劀之言犀利也。」〔註23〕未得其語源。明・楊忠潛《行狀》：「故載諸祖訓有曰：『以後子孫作皇帝時，臣下有建言設立丞相者，本人凌劀，全家處死。』」「凌劀」即「剺劀」，是酷刑，「剺」、「劀」皆取剖割爲義。「剺」亦作「𩰲」、「刢」，《集韻》：「𩰲，郎丁切，刀剖物，或作剺、刢。」又「剺，郎定切，割也。」《類篇》同。敦煌寫卷中或作「陵遲」、「凌遲」、「陵遲」、「凌持」〔註24〕，皆即「凌劀」，引申爲折磨之義。

字或作「揓（挃）」，《廣雅》：「揓，磨也。」《玄應音義》卷18引《韻集》：「揩揓，摩也。」《廣韻》：「揩，揩揓，摩拭也。」《集韻》：「揩揓，摩甂也。」《廣韻》「揓」音諧皆切，《集韻》「揓」音足皆切，《正字通》「揓」音囊來切，皆非也。

3. 「劀」字又借用同音的「遲」字爲之。《古文苑》卷8王粲《七哀詩》：「百里不見人，草木誰當遲？」章樵註：「遲與治同，皆平聲，謂芟除之也。」「遲」即割也，今客家話尚謂鏟草皮爲劀草皮〔註25〕。《宋史・刑法志一》：「凌遲者，先斷其支體，乃抉其吭，當時之極法也。」《京本通俗小說・錯斬崔寧》：「陳氏不合通同姦夫殺死親夫，大逆不道，凌遲示眾。」此「凌遲」即「凌劀」，與表示斜平不陡義的「凌遲」是同形異詞，語源不同。

〔註20〕桂馥《札樸》卷9《鄉言正字・雜言》，中華書局1992年版，第391頁。

〔註21〕李實《蜀語校注》（黃仁壽、劉家和校注），巴蜀書社1990年版，第96頁。

〔註22〕《五方元音》，清康熙刻本，收入《四庫存目叢書》經部，第219冊，第558頁。劉堅所引，據同治刻本，「剌」作「剺」。我同同治刻本覆按，或同治刻本誤刻，或劉氏引誤。劉堅《「治魚」補說》，《中國語文》1987年第6期，第420頁；又收入《劉堅文存》，上海教育出版社2008年版，第63頁。

〔註23〕胡吉宣《玉篇校釋》，上海古籍出版社1989年版，第3280頁。

〔註24〕例詳蔣禮鴻《敦煌變文字義通釋》，收入《蔣禮鴻集》卷1，浙江教育出版社2001年版，第237～238頁。但蔣氏謂「禁持」義同「陵持」，則非是。

〔註25〕參見許寶華、宮田一郎《漢語方言大詞典》，中華書局1999年版，第6963頁。

　　董志翹列舉《齊民要術》等書中「治大魚」、「鱗治」、「淨治」、「治木」等詞，指出「治」的用法很廣，是「料理」、「修治」義〔註26〕。董氏所舉「治」讀去聲，皆與「治（平聲）魚」有隔，沒有「剚割」之義，是另一問題，難怪劉堅回應說「範圍不同」。

　　4.「剚」音轉又作「硨」，古從犀從妻之字通用〔註27〕。《方言》卷5：「磑，或謂之硨。」郭璞注：「磑，即磨也。」《御覽》卷762引《通俗文》：「𪌧〔磨〕曰硨。」《原本玉篇殘卷》引《埤倉》：「礦，硨也。」「礦」同「磨」，是「磨」與「硨」同義互相爲訓也。《玉篇》：「硨，且對切，磑也。」《原本玉篇殘卷》：「礦，《埤蒼》：『礦，硨也。』野王案：以石相摩，所用以研破穀麥也。」《玉燭寶典》卷6：「硨，音錯碓反，《字苑》曰：『婇（硨），磨也。』」敦煌寫卷P.2011王仁昫《刊謬補缺切韻》：「硨：七碎反，磨。」〔註28〕《廣韻》：「硨，七內切，硨磨。」《集韻》：「硨，崇懷切，甀也。」又「硨，取內切，《方言》：『磑謂之硨。』」桂馥《鄉言正字‧雜言》：「求細曰硨磨。」〔註29〕

　　字或作甀，《廣雅》：「甀、甀，磨也。」《玉篇》：「甀，七計切。」無釋文。《廣韻》：「甀，楚佳切，甀甀，屑瓦洗器。」《集韻》：「甀，初佳切，《博雅》：『甀、甀，磨也。』一曰：屑瓦滌器。」又「甀，謨皆切，甀也。」又「甀，初加切，甀甀，礦垢也。」王念孫曰：「硨與甀聲近義同。」錢大昭曰：「甀，通作硨。」〔註30〕錢繹曰：「甀與硨同。磨謂之磑，磨物亦謂之磑，磑謂之硨，以硨屑物亦謂之甀，義並相因也。」〔註31〕朱駿聲曰：「甀，字亦作硨。」〔註32〕

　　「甀（硨）」從「妻」得聲，本當如《玉篇》讀七計切之音。韻書讀「楚佳切」、「初佳切」、「初加切」者，音同「差」，蓋以「甀（硨）」、「磑」同義，

〔註26〕董志翹《也説「治」》，《中國語文》1987年第3期，收入《訓詁類稿》，四川大學出版社1999年版，第252～254頁。

〔註27〕參見張儒、劉毓慶《漢字通用聲素研究》，山西古籍出版社2002年版，第870頁。

〔註28〕敦煌寫卷P.2011王仁昫《刊謬補缺切韻》，張涌泉《敦煌經部文獻合集》第6冊，中華書局2008年版，第2816頁。

〔註29〕桂馥《札樸》卷9《鄉言正字‧雜言》，中華書局1992年版，第391頁。

〔註30〕王念孫《廣雅疏證》，錢大昭《廣雅疏義》，並收入徐復主編《廣雅詁林》，江蘇古籍出版社1992年版，第200～201頁。

〔註31〕錢繹《方言箋疏》，上海古籍出版社1984年版，第326頁。

〔註32〕朱駿聲《説文通訓定聲》，武漢市古籍書店1983年版，第641頁。

「瓵（磋）」因而音變近「磋」，訓詁家所謂訓讀字也〔註33〕；其又讀「七碎反」、「且對切」、「七內切」、「取內切」者，蓋以「瓵（磋）」訓磨碎，「碎」訓細磨，因而音變近「碎」，亦訓讀字也；其又讀「謨皆切」、「崇懷切」者，亦音之變，非本音，其由待考。隋·智顗《觀音義疏》卷1：「寒風裂骨，身碎碑磋。」甲本「磋」作「磋」；隋·智顗《觀音經義疏記會本》卷2、宋·守倫註《法華經科註》卷 10 亦作「磋」。「磋」字字書未收錄，蓋俗字。敦煌寫卷 P.2931《佛說阿彌陀經講經文》：「磋磨□（慧）劍，斷六賊於解脫之場；張綰定弓，射四魔於菩提之路。」宋·遵式《天竺別集》卷 2：「磋金爲墨。」

　　5.「劘」音轉又作「磃」，「瓵（磋）」、「磃」亦音相轉。《廣雅》：「磃，磨也。」《玉篇》：「磃，思移切，磨也。」《原本玉篇殘卷》：「磃，《廣雅》：『磃，摩。』《埤蒼》：『所以摩筯者也。』」《龍龕手鑒》：「磃，音斯，磃磨。」磃亦磨也，「磃磨」同義連文。「磃磨」音轉又爲「鍦彌」。《釋名》：「鍦，鍦彌也，釿有高下之跡，以此鍦彌其上而平之也。」《御覽》卷 764 引作「鍦，彌也，有高下跡，以此鍦彌其上而平之」。王念孫曰：「《廣韻》：『磃，磃磨也。』又云：『鍦，平木器名。』《釋名》云：『鍦，斯彌也，斤有高下之跡，以此斯彌其上而平之也。』鍦與磃同義。斯彌、斯磨，語之轉耳。」〔註34〕徐復曰：「按磨聲轉爲彌。《廣韻》：『斯，息移切；彌，武移切。』二字同在上平聲五支。」〔註35〕「磃磨」即「磋磨」也。平木器來回推動，「鍦」也取摩擦爲義。葉德炯曰：「平木器蓋正本作『斯』，後轉寫加金作『鍦』……《說文》：『斯，析也。』此爲平木之器，亦取義於『析』，『鍦彌』蓋『斯』之合音。」〔註36〕葉氏合音說非也。《左傳·襄公十年》：「狄虒彌建大車之輪而蒙之以甲以爲櫓。」杜注：「狄虒彌，魯人也。」《釋文》：「虒，音斯。」《漢書·古今人表》作「狄斯彌」。梁玉繩曰：「斯字疑以音近而誤。」李富

〔註33〕唐代顏師古《匡謬正俗》卷 8「仇」條已指出「訓讀」的現象，友人龐光華博士有詳細的舉證，可參看龐光華《論漢語上古音無複輔音聲母》，中國文史出版社 2005 年版，第 270～299 頁。

〔註34〕王念孫《廣雅疏證》，收入徐復主編《廣雅詁林》，江蘇古籍出版社 1992 年版，第 200 頁。

〔註35〕徐復《變音疊韻詞纂例》，收入《徐復語言文字學叢稿》，江蘇古籍出版社 1990年版，第 130 頁。

〔註36〕任繼昉《釋名匯校》，齊魯書社 2006 年版，第 361 頁。

孫曰：「斯、虒當爲同音通字。」〔註37〕其人得名當即取義於「鐁彌」，然則「虒」爲借音字，梁說非也。《韓子·說林上》：「隰斯彌見田成子。」其人亦以「斯彌」爲名。《莊子·至樂》：「乾餘骨之沫爲斯彌。」《釋文》引李頤曰：「斯彌，蟲也。」成玄英疏：「乾餘骨，鳥口中之沫，化爲斯彌之蟲。」蟲名斯彌，當亦取義於「鐁彌」。朱謀㙔曰：「斯彌，疑即鳥濟。」〔註38〕無有所據。

6.「斯磨」在近代文獻中又作「廝磨」，蓋古語在方言中之遺存。多言「耳鬢廝磨」，形容相處親密，例如：

（14）《紅樓夢》第 29 回：「原來那寶玉自幼生成有一種下流癡病，況從幼時和黛玉耳鬢廝磨，心情相對。」

（15）《紅樓夢》第 72 回：「咱們從小兒耳鬢廝磨，你不曾拿我當外人待，我也不敢怠慢了你。」

（16）《紅樓夢》第 79 回：「寶玉思及當時姊妹們一處，耳鬢廝磨，從今一別，縱得相逢，也必不似先前那等親密了。」

（17）《鏡花緣》第 59 回：「此女雖是乳母所生，自幼與妹子耳鬢廝磨，朝夕相聚，就如自己姊妹一般。」

後人不知「廝磨」即「斯磨」，以「廝」有「互相」之義〔註39，因改作「耳鬢相磨」：

（18）清·沈復《浮生六記》卷 1《閨房記樂》：「自此耳鬢相磨，親同形影。」

劉潔修釋爲「廝，互相」，並云「也作『相』」，引《浮生六記》「耳鬢相磨」〔註40。斯未達其語源也。

〔註37〕梁玉繩《漢書人表考》卷 6，收入《叢書集成初編》第 3710 冊，中華書局 1985 年影印，第 317 頁。李富孫《春秋三傳異文釋》卷 6，收入《叢書集成新編》第 109 冊，新文豐出版公司 1985 年版，第 138 頁。

〔註38〕朱謀㙔《駢雅》卷 7，收入《叢書集成新編》第 38 冊，新文豐出版公司 1985 年版，第 347 頁。

〔註39〕「相」字唐宋古方言音「廝」，參見周祖謨《宋代方音》，收入《問學集》，中華書局 1966 年版，第 661 頁。

〔註40〕劉潔修《漢語成語考釋詞典》，商務印書館 1989 年版，第 281 頁。

古國名「渠搜」名義考

　　1.「渠搜」亦作「渠叟」、「渠廋」、「渠瘦」、「巨蒐」、「礜瘦」、「渠胥」、「渠莎」，西戎古國名。《逸周書・王會解》：「渠叟以䣚犬。」《御覽》卷 904 引作「渠瘦」，《中華古今注》卷下作「渠搜」。孔晁注：「渠叟，西戎之別名也。」《書・禹貢》：「織皮崐崙、析支、渠搜，西戎即敘。」《史記・五帝本紀》作「渠廋」，《漢書・地理志》作「渠叟」。《大戴禮記・五帝德》：「南撫交阯、大教，〔西〕鮮支、渠廋、氐、羌。」〔註1〕《列子・周穆王》：「馳驅千里，至于巨蒐氏之國。」《穆天子傳》卷 4：「甲戌，巨蒐之䍃奴觴天子于焚留之山。」又「爰有礜瘦之口。」郭璞註：「今西有渠搜國，疑礜，渠字。」「礜」字構字理據不明，疑隸定有誤，存疑待考。朱駿聲曰：「巨蒐即《禹貢》之渠搜。」〔註2〕《漢書・揚雄傳》顏師古注引服虔曰：「渠搜，西戎國也。」《拾遺記》卷 3 言周靈王時「有韓房者，自渠胥國來，獻玉駱駝高五尺」。一說「渠胥」即「渠搜」〔註3〕。《三國志・烏丸鮮卑東夷傳》裴松之注引《魏略・西戎傳》：「楨中國、莎車國、竭石國、渠莎國、西夜國、依耐國、滿犂國、億若國、榆令國、捐毒國、休脩國、琴國皆并屬疏勒。」「渠莎」應即「渠搜」之異音。

　　「渠搜」得名之由，各家說如下：

　　（1）鈕樹玉曰：「氊毹，即裘瘦之俗字。《一切經音義》卷 15：『氊毹：

〔註1〕　「西」字據戴震、王念孫、汪照說補，並見方向東《大戴禮記匯校集解》，中華書局 2008 年版，第 725 頁。
〔註2〕　朱駿聲《說文通訓定聲》，武漢市古籍書店 1983 年版，第 608 頁。
〔註3〕　參見岑仲勉《上古東遷的伊蘭族——渠搜與北發》，《兩周文史論叢》，商務印書館 1958 年版，第 44～54 頁。

又作毹毻二形，《字苑》作氀毭（氁）〔註4〕，同。《聲類》云：「毛席也。」（《玉篇》訓同）《釋名》作裘溲。《通俗文》：「織毛蓐曰氀毭，細者謂之毰毻。」』按：《書·禹貢》：『織皮崑崙、析支、渠搜，西戎即敘。』《漢書·地理志》引此搜作叟，師古曰：『昆崙、析支、渠叟，三國名，言此諸國皆織皮毛，各得其業，而西方遠戍，竝就次敘也。叟讀曰搜。』据此知裘溲義當本渠搜，以其地所織，即名之耳。渠、裘聲相近。」〔註5〕

（2）鄭珍曰：「『裘溲』即『氀毭』古字。知同謹按：字本作『氀毦』，見《爾雅·釋木》注及《北堂書鈔》引《聲類》。蓋依『裘溇』之音別造字。作『毦』譌體，『俞』聲與『溇』、『毦』聲不相似。由『毦』別作『氁』，又譌作『毭』，从臾。《眾經音義》卷14引葛洪《字苑》有『毭』。因又作毦，从俞聲也。《玉篇》以毦、毻爲一字，毿、氀別爲一字，而音義一同。蓋疑俞、娄兩聲不可合一，而又不能易其讀，是由譌字惑之也。俗又作『氀毦』、『毹毻』，見《眾經音義》卷15。鈕氏云云，此說異《釋名》古義，雖有理，不可據。安知非其國織裘溇而衣之，因以名地，如後世稱『氈裘之邦』乎？」〔註6〕

（3）朱駿聲曰：「毦，毻毭（氁）。《聲類》：『氀毦，毛席也。』《字苑》作氀毭（氁），亦作毹毻。《釋名》作裘溲。或云即《禹貢》之渠搜。」〔註7〕

（4）黃侃曰：「氀，本作渠。毦，本作疏。」黃焯按曰：「《釋名·釋牀帳》：『裘溲，猶婁數，毛相離之言也。』《一切經音義》『裘溲』作『氀毦』。裘、氀聲同。毦，《廣韻》有山芻一切，與溲音亦同。鈕

〔註4〕《慧琳音義》卷59「毭」作「氁」。

〔註5〕鈕樹玉《說文新附考》卷3，收入《續修四庫全書》第213冊，上海古籍出版社2002年版，第126頁。所引《一切經音義》見卷14，鈕氏失檢；「毭」當作「氁」，形之譌也。徐時儀《一切經音義三種校本合刊》亦失校，上海古籍出版社2008年版，第304頁。

〔註6〕鄭珍《說文新附考》，收入《續修四庫全書》第223冊，上海古籍出版社2002年版，第305頁。鄭知同爲鄭珍之子。引文中「云云」者，以其文已見上引，爲避繁複，故省之也。下同。

〔註7〕朱駿聲《說文通訓定聲》，武漢市古籍書店1983年版，第381頁。「毭」亦當作「氁」。

云云。焯案：《說文》無搜字，當作疏。」〔註8〕

按：「渠搜」爲西戎古國名。黃焯從鈕樹玉說，謂渠搜其地所織，因名所織之物亦曰「氍毹」；鄭知同意謂以其國善於出產「氍毹」，因而其地得名「渠搜」。鄭說得之。章太炎亦指出「『渠搜』以罽毲名」〔註9〕。《尚書》孔疏、《史記索隱》並引鄭玄說，以「渠搜」爲山名，山又以國得名也。《漢書·地理志》朔方郡有渠搜縣，此另一地名〔註10〕，顧頡剛等指出「只是採用古名，實際與古渠搜無關」〔註11〕。《慧琳音義》卷37：「㲪毺：梵語也，亦無正字也。」又卷60：「氍毹：西戎胡語，出西戎，字無定體。」又卷61指出「氍毹，蕃人語也」，又卷62指出「氍毹，胡語也」，又卷64指出「氍毹，波斯胡語也」。慧琳以爲是梵語，無正字，皆非也。藤田豐八謂「氍毹」是阿拉伯語gāshiya、ghàshiyat的對音〔註12〕；馬雍謂「氍毹」是佉盧文 Kośava 的對音，Kośava 一詞當源自梵文 Kośa，《釋名》的解釋未確〔註13〕。亦皆非也。但馬氏指出「氍毹」即「渠搜」則是。「渠搜」是漢語的固有詞語。

至於「渠搜」、「氍毹」得名之由，諸家未暇考證，是尚未探源，還需尋討。

2. 「氍毹」又作「㲪毺」、「瞿毹」、「氍毺（毺）」、「毷毹」、「氍氈」、「氍

〔註8〕黃侃《說文新附考原》，收入《說文箋識》，中華書局2006年版，第274頁。

〔註9〕章太炎《檢論》卷5，《章氏叢書》本，第17頁。

〔註10〕宋人傅寅、清人王鳴盛、胡渭、今人金景芳等已辨正。宋人傅寅《禹貢說斷》卷2：「以余考之，漢朔方之渠搜非此所謂渠搜，此亦當是金城以西之戎也。後世種落遷徙，故漢有居朔方者，若禹時渠搜居朔方，則不應浮積石，陸氏之說非也。」胡渭《禹貢錐指》卷10說略同。王鳴盛《尚書後案》，收入《嘉定王鳴盛全集》第1冊，中華書局2010年版，第307頁。金景芳、呂紹綱《〈尚書·虞夏書〉新解》，遼寧古籍出版社1996年版，第387頁。楊江謂即指朔方郡之渠搜，非也。楊江《河套圖考·禹貢渠搜考》，收入《叢書集成續編》第235冊，新文豐出版公司1988年版，第443頁。

〔註11〕顧頡剛、劉起釪《尚書校釋譯論》，中華書局2005年版，第758頁。

〔註12〕藤田豐八《椰及氍毹氍毹考》，《中國南海古代交通叢考》（何建民譯），商務印書館1936年版，第521頁。

〔註13〕馬雍《新疆佉盧文中的 Kośava 即「氍毹」考——兼論「渠搜」古地名》，《中國民族古文字研究》，中國社會科科出版社1984年版，第50～51頁；又收入《西域史地文物叢考》，文物出版社1990年版，第112～115頁。

氀」、「毹氀」、「氍氀」、「氍柔」〔註14〕。鄭珍辨「俞聲與叟聲」相亂之緣由，亦得之。考《玉篇》：「氀，山于切，氀氀。氀，同上。」《廣韻》「氀」、「氀」同音山芻切。《集韻》：「氀，雙雛切，或作氀、氀、氀。」是其音相亂久矣。《御覽》卷708引《通俗文》：「織毛褥謂之氍氀。」又引《聲類》：「氍氀，毛席也。」《廣韻》、《玄應音義》卷2引《通俗文》作「氍氀」，《玄應》並指出「經文作氀，氀非字體」；又卷14引《通俗文》作「氀氀」。《玉篇》：「氀，氀氀，毛席也。氀，同上。」《集韻》：「氀，氀氀，毛織有文者。」又「氀，毛席也，或作氀、氀。」又「氍、氀、氀，織毛蓐曰氀氀，或從輭、從渠。」《慧琳音義》卷66：「氍氀：論文氀氀，非也。」此卷為《集異門足論》卷8音義，檢經文作「氍氀綖氀枕褐機橙」。《玄應》、《慧琳》以作「氀」為正字，皆未得也。《長阿含經》卷3：「氍氀氀毾㲪。」《大哀經》卷6：「所敷氍氀氀毾㲪之具。」《佛說孛經抄》卷1：「氍氀氀毾㲪。」《增壹阿含經》卷48：「氍氀氀毾㲪。」上四例，宋、元、明本皆作「氍氀」。《長阿含經》卷14：「氍氀氀毾㲪。」宋、元、明本作「氍氀」。敦煌寫卷S.1947V：「七尺氍氀一。」P.2613：「緤氍氀壹。」《鹽鐵論·散不足》：「今富者繡茵氍柔。」孫詒讓曰：「氍當作氍，形近而誤。氍柔即氍氀也……氍、裒一聲之轉，柔、搜、氀、氀音並相近。」〔註15〕孫氏謂「柔、搜」與「氀、氀」音近，失之。「氍氀」之語源即「皺縮」（詳下文），毛席色雜文彩，皺疊成文，因以為名也。黃侃、黃焯以「渠疏」為本字，非也。《慧琳音義》卷60指出「氍氀」或作「氀氀」，《希麟音義》卷9同。蓋「氍」一作「氀」，一作「氀」，而慧琳、希麟誤合為一詞也。

3. 《玄應音義》已指出，「氍氀」又作「裒搜」。《釋名》：「裒搜，猶屢數，毛相離之言也。」「屢」字一本作「婁」。各家說如下：

（1）《可洪音義》卷25：「裒搜，色俱反，正作氀、氀（氀）二形也。」「氀」當作「氀」。

（2）翟灝曰：「《釋名》：『鄒，狹小之言也。』又『裒搜，猶屢（婁）數，毛相離（雜）之言也。』今俗云『鄒搜』本此，或作『鄒搜』。《鶴林玉露》：『安子文出蜀，自贊有「面目鄒搜，行步磊磈」句。』」

〔註14〕從叟從婁之字古通，參見張儒、劉毓慶《漢字通用聲素研究》，山西古籍出版社2002年版，第146頁。

〔註15〕孫詒讓《札迻》卷8，中華書局1989年版，第246～247頁。

〔註16〕

（3）成蓉鏡曰：「裘溲，即『氍毹』之聲轉。」〔註17〕

（4）丁惟汾曰：「離，讀附麗之麗。」〔註18〕

（5）徐復曰：「《漢書‧東方朔傳》：『是寠藪也。』寠藪，相附著義。毛相離，亦謂麗著也。」〔註19〕

按：丁、徐二氏說非是，《漢書‧東方朔傳》之「寠藪」，《漢書》顏師古注：「蘇林曰：『寠音貧寠之寠，藪音數錢之數。寠藪，鉤灌四股鉤也。』師古曰：『寠藪，戴器也。以盆盛物戴於頭者，則以寠藪薦之。今賣白團餅人所用者是也。」郝懿行申證顏注，云：「寠藪，疑當爲『檔盨』。」〔註20〕「毛相離」之「離」，當據《慧琳音義》卷66所引校作「離」。考《釋名》：「寠數，猶局縮，皆小意也。」「窶數」即「寠數」，是「裘溲」乃局縮小意，不申展之狀也。

4. 音轉又作「蘧蔬」、「蘧疏」，「貗獀」、「貗獀」，《爾雅》：「出隧蘧蔬。」郭璞注：「蘧蔬，音同氍毹。」「蘧蔬」是菌名，附生于茭草之上，蓋亦取皺縮爲義也。《釋文》：「氍毹，字又作瞿毹。」邢昺疏：「張揖云：『氍毹，毛席。』取其音同。」《本草綱目》卷19注：「蘧蔬，音毬毹。」此二物其音同，其語源亦同也。《左傳‧襄公二十三年》：「狼蘧疏爲右。」其人姓狼名蘧疏，蓋即以菌名爲名也。《御覽》卷913引《山海經》佚文：「貗獀（獀）獸，食猛獸。」有注：「貗獀（獀）：上音渠，下音獀（搜）。」《廣韻》：「貗，貗獀，獸名，食猛獸，出《山海經》。」《集韻》：「獀，貗獀，獸名。」獸名貗獀，蓋以其毛色成文而名之也。

5. 音轉又作「蛷蜶（蝬）」、「蛮溲」、「蠷蜶」，倒言則音轉作「蜍蛷」、「肌蛷」、「肌求」、「蟜蛷」、「蚑蛷」，此皆蟲名之專字。《玉篇》：「蟊，亦作蛷，蛷蜶，多足蟲。」《廣韻》：「蛷，蛷蝬蟲。」又「蝬，蛷蝬蟲。」《玄應

〔註16〕翟灝《通俗編》卷34，收入《續修四庫全書》第194冊，上海古籍出版社2002年版，第612頁。

〔註17〕成蓉鏡《釋名補證》，收入《叢書集成續編》第73冊，新文豐出版公司1988年印行，第392頁。

〔註18〕丁惟汾《方言音釋》，齊魯書社1985年版，第170頁。

〔註19〕徐復《釋名補疏中篇》，收入《徐復語言文字學晚稿》，江蘇教育出版社2007年版，第56頁。

〔註20〕郝懿行《證俗文》卷3，收入《續修四庫全書》第192冊，上海古籍出版社2002年版，第454頁。

音義》卷9、20並云：「關西呼蜚蝬爲蚑蝛。」《御覽》卷949有注：「蜚蝛，音求搜。」又卷735引《隋書》：「帝及后往視，見大蜘蛛、大蝛蝛從樞頭出之。」〔註21〕有注：「蝛蝛，上音求，下音搜。」《廣韻》：「蝛，蠷蝛蟲。」又「蝬，蝛蝬蟲，亦名蠷蝬。」《集韻》：「蝛、蝬，蠷蝛，多足蟲，或作蝬。」《六書故》：「蠷，亦作蝛、蠦。」《博物志》卷3：「今蠷蝛蟲溺人影，亦隨所著處生瘡。」《埤雅》卷11：「蝛蝛，言搜而去之也，亦言求而去之也。」陸佃望文生義。《本草綱目》卷42：「蠷蝛喜伏氍毹之下，故得此名。或作蝛蝛，按《周禮・赤茇氏》：『凡隙屋，除其貍蟲。』蝛蝛之屬，乃求而搜之也。」李氏前說「蠷蝛喜伏氍毹之下，故得此名」是也，而「氍毹」得名之由仍不憭；後說「求而搜之」云者，則又惑于陸氏矣。惠士奇曰：「《赤茇氏》注云：『水蟲，狐蛷，貍蟲，螶，肌蝛。』《廣雅》：『蝛蝛，蠨蝛也。』……《說林訓》：『曹氏之裂布，蝛者貴之。』高誘注：『曹布燒以傅蜻蝛瘡則愈。』蜻蝛即肌蝛也……甸（佃）謂蝛蝛者，言搜求而去之，則臆說也。案：蝛蝛，段氏《雜俎》作蠷蝛（蠷音瞿，古瞿、求音同）。蠷、蝛、蜻、肌，聲相近，文異音同，實一物。」〔註22〕《周禮・赤茇氏》作「肌求」，《釋文》：「求，本或作蝛，音求，劉音俱。」《集韻》：「蝛、求，肌蝛，蟲名，或省。」惠氏從陸本。王念孫曰：「肌求……疑即蚑蝛也。蚑與肌，聲之轉耳……蠷蝬、蝛蝬，亦聲之轉耳。」〔註23〕朱駿聲曰：「單呼曰蠦，累呼曰蝛蝛，疊韻也；曰肌求，雙聲也。蚑、肌，蠨、蠷，皆一聲之轉。」〔註24〕徐復曰：「蠷變音爲蝛。」〔註25〕四氏說是也，而猶未得其源。李海霞曰：「蝛，猶觩、捄、虯，曲長義，蚰蜒腿曲長。蠷，猶瞿、衢、欋，多分枝。蝛，猶艘（船）、瘦、楡，修長，蠷蝛足修長。」〔註26〕不知闕疑可也，妄說通借，多至九字，無一而當。

6. 音轉又作「茶莄」、「茶楸」，《爾雅》：「椒、檫醜，茶。」郭璞注：「茶

〔註21〕 《北史・隋宗室諸王傳》「樞」作「枕」。
〔註22〕 惠士奇《禮說》卷13，收入《叢書集成三編》第24冊，新文豐出版公司1997年版，第444頁。
〔註23〕 王念孫《廣雅疏證》，收入徐復主編《廣雅詁林》，江蘇古籍出版社1992年版，第948頁。
〔註24〕 朱駿聲《說文通訓定聲》，武漢市古籍書店1983年版，第243頁。
〔註25〕 徐復《變音疊韻詞纂例》，收入《徐復語言文字學叢稿》，江蘇古籍出版社1990年版，第122頁。
〔註26〕 李海霞《漢語動物命名考釋》，巴蜀書社2005年版，第627頁。

茰（蓲），子聚生成房貌，今江東亦呼茱楸，似茱茰而小赤色。」〔註27〕《釋文》引《說文》：「椒，椒實，裹如裘也。」〔註28〕其子聚生成房，故名爲「茱蓲」、「茱楸」也，取皺縮爲義，「楸」之言「瘷」也（參見下文）。徐文靖曰：「今誤以茰爲蓲，而音蔬，謬矣……蓲與蒐同也，蓋治兵曰蒐。」〔註29〕所說全非。

7.「渠搜」之同源詞甚多，皆取皺縮爲義。以上所舉，皆用爲名詞者，以下舉其用爲動詞或形容詞者。

7.1. 宋、元口語有「鄒搜」一詞，《朱子語類》卷 83：「《公羊》說得宏大，如君子大居正之類；《穀梁》雖精細，但有些鄒搜狹窄。」宋·羅大經《鶴林玉露》卷 10：「安子文自贊云：『面目鄒搜，行步磊磋。』」《大慧普覺禪師語錄》卷 12：「鄒搜歟似天丞棗，輕輕觸著便煩惱。」宋·林希逸曰：「鄒搜歟：廉上音。」並指出是「鄉邦俗語，即方言也」〔註30〕。明·董斯張《吹景集》卷 10 云「貌不颺曰鄒搜」，引《語錄》爲證〔註31〕。

7.2. 字或作「搊搜」，《宋元戲文輯佚·陳巡檢梅嶺失妻》：「獼猴狀，搊搜臉。」金·董解元《西廂記諸宮調》卷 2：「其時遂把諸僧點，搊搜好漢每兀誰敢？」又「細端詳，見法聰生得搊搜相。」又卷 4：「奈何慈母性搊搜，

〔註27〕《釋文》：「茱，音求。蓲，所留反，又所于反。」「茱茰」當從《釋文》本作「茱蓲」。沈廷芳曰：「蓲，所留切，誤茰。」盧文弨曰：「今注疏本音譌作『茱茰』。案下文自有『茱茰』，陸氏先音茱後音茰，則茰字豈得先見乎？又音所于，則字或作茰。」《集韻》「茱」條、《御覽》卷958引郭注正作「茱蓲」，《御覽》復有注音云：「茱蓲，音求搜。」《集韻》「蓲」字條引郭注倒作「蓲茱」，《類篇》：「蓲，茱蓲，椒子聚生成房兒。」皆其證也。《集韻》：「茱，一曰茱茰，子聚生成房貌。」亦誤。沈廷芳《十三經注疏正字》卷81，收入景印文淵閣《四庫全書》第192冊，臺灣商務印書館1986年初版，第1070頁。盧文弨《經典釋文考證》，收入《叢書集成新編》第3冊，新文豐出版公司1985年版，第322頁。

〔註28〕今本《說文》「裘」誤作「表」，段玉裁、王筠、錢坫、沈濤等已訂正。段玉裁《說文解字注》，王筠《說文解字句讀》，錢坫《說文解字斠詮》，沈濤《說文古本考》，並收入丁福保《說文解字詁林》，中華書局1988年版，第1699頁。《繫傳》作「煮如表」，尤誤。

〔註29〕徐文靖《管城碩記》卷22，中華書局1998年版，第409～410頁。

〔註30〕林希逸《竹溪鬳齋十一藁》續集卷28，收入景印文淵閣《四庫全書》第1185冊，臺灣商務印書館1986年初版，第846～847頁。

〔註31〕董斯張《吹景集》卷10「俗語有所祖」條，收入《叢書集成續編》第188冊，新文豐出版公司1988年版，第539頁。

應難歡偶。」《金瓶梅詞話》第 1 回：「武松儀表甚搊搜，阿嫂淫心不可收。」又第 70 回：「一個個長長大大，搊搊搜搜……端的威風凜凜，相貌堂堂。」元・康進之《李逵負荊》第 1 折：「哎！你箇呆老子，暢好是忒搊搜。」一本「忒搊搜」作「細追逐」，乃不知其義而妄改。《初刻拍案驚奇》卷 7：「那裴晤到得中條山中，看見張果齒落髮白，一箇搊搜老叟，有些嫌他。」

7.3. 字或作「搊瘦」，元・史九敬先《莊周夢》第 3 折：「三斧砍不就，一向去搊瘦。」

7.4. 字或作「搊颼」，《全元散曲・柳營曲・風月擔》：「保兒心雄糾糾，厥丁臉，冷搊颼，且將我這風月擔兒收。」

7.5. 字或作「皺搜」，《六十種曲・八義記下》第 41 齣：「這一個貌皺搜。」《佛鑑禪師語錄》卷 2：「數百禪和數十州，襤褸破衲面搊搜。」《希叟紹曇禪師語錄》卷 1 作「皺搜」。

7.6. 字或作「皺趨」、「皺朽」，《方廣大莊嚴經》卷 7：「皮膚皺趨，如割胸形。」〔註32〕《法華經科註》卷 2：「皮膚為泥塗，皮膚皺朽為圮坼。」

7.7. 字或作「皺縮」〔註33〕，宋本《摩訶僧祇律》卷 6：「睒睒面皺縮。」〔註34〕高麗本作「皺赦」，聖本作「皺赦」，《經律異相》卷 29 引作「皺𥉁」。「赦」、「赦」為「皺」字之誤。「𥉁」即「皺」之音轉，故誤重為「皺𥉁」。《中阿含經》卷 49：「阿難，猶如牛皮，以百釘張，極張托（尾）已，無皺無縮。」又卷 53：「令其伏地，從口出舌，以百釘張無皺無縮。」《佩文齋廣群芳譜》卷 48：「腦子菊：花瓣微皺縮，如腦子狀。」明・祝允明《祝子志怪錄》卷 2：「忽患膝痛，視之皮肉皺縮，顏色埃紫。」倒言則作「縮皺」，《長阿含十報法經》卷 1：「譬如雞毛并筋，入火便縮皺不得申。」

7.8. 字或作「𥉁縮」、「蹙縮」、「皺𥉁（皺）」，《摩訶僧祇律》卷 4：「堅

〔註32〕宋、元、明本作「皺赦」，《慧琳音義》卷 24 引作「皺報」，釋「報」為慙愧，並非也。「赦」、「報」當為「皺」字之誤。《集韻》：「皺，皺也。」《法苑珠林》卷 10：「身體皺赦，肉少皮寬。」明刊本正作「皺皺」。《佛本行集經》卷 24「身體皮膚，皆悉皺赦。」聖本作「皺赦」。「赦」字亦誤。李維琦謂「赦與皺同義」，得其義，未得其字。曾良則謂「赦」是「赦」之誤，同「蹙」，可備一通。李維琦《佛經續釋詞》，嶽麓書社 1999 年版，第 191 頁。曾良《俗字及古籍文字通例研究》，百花洲文藝出版社 2006 年版，第 269 頁。

〔註33〕從叟從宿古字通，《方言》卷 5：「炊薁謂之縮，或謂之籔。」《玉篇》：「籔，或作籟、篗。」《類篇》：「篗，亦作籟。」皆其證也。

〔註34〕元、明本同。

耳𪗉㿜面，嘽喋怖童子。」宋、元、明、宮本作「㿜皺」，聖本作「皺朋」，《慧琳音義》卷58引作「𪗉㿜」，並指出當作「皺枛」，引《通俗文》「物不伸曰縮枛」。曾良謂「𪗉㿜」即「㿜胹」的俗寫，「𪗉」當作「披」，「朋」當作「胹（胹）」，「㿜」或作「蹴」、「瘷」、「披」、「𪗉」〔註35〕。曾說「𪗉㿜」是「㿜胹」的俗寫稍失之，當改作「是『㿜縮』的俗寫」，餘說皆是。《可洪音義》卷25：「𪗉㿜：上阻瘦反，下所六反；上又或作𪗉，子六反。」「𪗉」為「纖」誤，同「㿜」，與「瘷」、「皺」音轉，故宋本等誤重為「㿜皺」。《通俗文》「縮枛」即「㿜縮」的倒文。《金光明經玄義拾遺記會本》卷1：「如㿜縮於鳩巢，若榮迴於兔窟。」

唐・陸羽《茶經》卷上：「如胡人鞾者㿜縮然。」唐・段成式《酉陽雜俎》卷17：「雷蜞大如蚓，以物觸之，乃㿜縮圓轉若鞠。」《摩訶僧祇律》卷6：「觀此眾生類，睒睒面皺縮。」《經律異相》卷29引作「皺熘」，《玄應音義》卷15作「皺枛：律文作𪗉㿜，未見所出」。《慧琳音義》卷79作「皺瘤」，引《考聲》「瘤者，瘞起病也」，又引《說文》「小腫也」，非是。倒言則作「縮㿜」，《史記・司馬相如傳》《索隱》引蘇林曰：「褰縐，縮㿜之。」

7.9. 字或作「愞佩」、「傉佩」、「蓄縮」，《玉篇》：「佩，音夙，愞佩，不伸。」《廣韻》：「傉，傉佩，不伸。」《集韻》：「傉，一曰傉佩，不舒也。」《漢書・息夫躬傳》：「方今丞相王嘉，健而蓄縮，不可用。」顏師古曰：「蓄縮，謂丢（怯）於事也。」〔註36〕

7.10. 字或作「瘷縮」、「瘷瘦」，《廣韻》「瘷」、「皺」同音側救切。《玉篇》：「瘷，莊救切，瘷縮也。」《札樸》卷9：「風病曰瘷縮。」〔註37〕倒言則作「縮瘷」，蔣斧印本《唐韻殘卷》：「瘷，縮瘷。」〔註38〕《本草綱目》卷46：「凡蚌聞雷則瘷瘦，其孕珠如懷孕，故謂之珠胎。」其說本於唐・段成式《酉陽雜俎》卷17：「蚌當雷聲則瘷（一作痾）。」宋・陸佃《埤雅》卷2：「蚌聞雷聲則瘷，其孕珠若懷妊然，故謂之珠胎。」「痾」為「瘷」字形誤。

〔註35〕曾良《俗字及古籍文字通例研究》，百花洲文藝出版社2006年版，第267～269頁。
〔註36〕《冊府元龜》卷918引「丢」作「怯」。
〔註37〕桂馥《札樸》卷9《鄉言正字・雜言》，中華書局1992年版，第388頁。
〔註38〕蔣斧印本《唐韻殘卷》，收入周祖謨《唐五代韻書集存》，中華書局1983年版，第678頁。

7.11. 音轉又作「搊扎」、「搊殺」、「謅吒」，例略。張相曰：「殺與搜一聲之轉……吒與扎一聲之轉。」〔註39〕張說是也，「抖搜」音轉爲「擺搋」、「抹殺」〔註40〕，是其比也。

7.12. 音轉又作「皺皵」，《廣韻》：「皵，皺皵，皮老。」《集韻》：「皵，皺皵，老人皮膚兒。」又「偝，一曰皮皺。」倒言則作「偝傦」、「喥嘟」，《玉篇》：「偝，《字書》云：『偝傦，小人。』」敦煌寫卷 P.2011 王仁昫《刊謬補缺切韻》、蔣斧印本《唐韻殘卷》、《廣韻》並云：「偝，偝傦，小人兒。」〔註41〕《廣韻》：「傦，偝傦。」又「嘟，喥嘟，小人言薄相。」又「喥，喥嘟，小人言也。」《札樸》卷9：「強梁曰偝傦。」〔註42〕偝（皵）、吒、搜、扎亦一聲之轉也。

7.13. 音轉又作「鄒查」，宋・辛棄疾《南渡錄》：「是日申刻，有北兵三百餘人，首領見澤利，下馬作禮，言語鄒查，不可辨。」《秦併六國平話》卷下：「只見現出鬼來……見凜凜歛歛身軀，現鄒鄒查查相貌。」「抖搜」音轉爲「爬蹉」〔註43〕，亦其比也。

7.14. 音轉又作「趨趚（趗）」、「趀趚」〔註44〕，敦煌寫卷 P.2011 王仁昫《刊謬補缺切韻》：「趚，趨趚。」蔣斧印本《唐韻殘卷》：「趚，趨趚。」〔註45〕敦煌寫卷 P.2717《碎金》：「趀趚：音趀縮。」〔註46〕寫卷「走」旁易與「麦（非『麥』）」旁相混。「趀」即「趨」，「趚」即「趚」〔註47〕。「趨」

〔註39〕張相《詩詞曲語辭匯釋》卷5，中華書局1979年版，第598頁。

〔註40〕參見蕭旭《「抹殺」考》。

〔註41〕蔣斧印本《唐韻殘卷》，收入周祖謨《唐五代韻書集存》，中華書局1983年版，第717頁。

〔註42〕桂馥《札樸》卷9《鄉言正字》，中華書局1992年版，第391頁。

〔註43〕參見蕭旭《「抹殺」考》。

〔註44〕古從求從九之字多通，不煩舉證。從求從匊之字古通，鈕樹玉曰：「毬即求之俗字，通作鞠。」鈕樹玉《說文新附考》卷3，收入《續修四庫全書》第213冊，上海古籍出版社2002年，第126頁。從九從匊之字古通，參見張儒、劉毓慶《漢字通用聲素研究》，山西古籍出版社2002年版，第195頁。

〔註45〕蔣斧印本《唐韻殘卷》，收入周祖謨《唐五代韻書集存》，中華書局1983年版，第687頁。

〔註46〕敦煌寫卷 S.6204《碎金》同。

〔註47〕朱鳳玉《敦煌寫本〈碎金〉研究》誤錄作「趨趀，趨縮」，文津出版社1997年印行，第318頁。黃征《敦煌俗字典》誤錄作「趀趚：音趀縮」，上海教育出版社2005年版，第330、392頁。姜亮夫《瀛涯敦煌韻書卷子考釋》卷9亦誤錄從「麦」，收入《姜亮夫全集》第10卷，雲南人民出版社2002年版，

爲「趑」俗字。《龍龕手鑑》：「趑，俗。趑，正。所六反，趦趑。」朱鳳玉引《玉篇》「麴，丘竹切，米麥蘖總名」，又引《切韻》「麴，駈竹切，酒母，亦作麯」，所引皆未合〔註48〕。《廣韻》：「趑，趦趑，體不伸也。」《集韻》：「趑，渠竹切，趦趑，傴僂也。」又「趑、趦，渠尤切，足不伸也，或作趑。」又「趑，居六切，一曰趦趑，足不伸。」《類篇》：「趑，渠尤切，足不伸也，或作趑。一曰趦趑，足不伸。又渠竹切，趦趑，傴僂也。」《龍龕手鑑》：「趑，趦趑，體不伸也。」《札樸》卷9：「體不伸曰趦趑（聲如縮）。」〔註49〕「趦」爲「趦」之誤。《化書》：卷2：「蟲之無足，蛇能屈曲，蛭能掬蹙，蝸牛能蓄縮。」「掬蹙」同「蓄縮」。

7.15. 音轉又作「趄趄」、「騅駥」，《廣韻》：「趄，趄趄，行不進也。」又「趄，趄趄，不進。」又「駥，騅駥，蕃中大馬。」《集韻》：「駥，騅駥，馬名。」馬名騅駥，蓋以其行不進而名之也。何以大馬亦名爲騅駥，則不詳也。

7.16. 音轉又作「啾颼」，《類聚》卷1後漢·趙壹《迅風賦》：「啾啾颼颼，吟嘯相求。」唐·岑參《裴將軍宅蘆管歌》：「弄調啾颼勝洞簫，發聲窈窕欺橫笛。」皆指急蹙之聲。

8. 「渠搜」一詞，即《玉篇》之「㾕縮」。渠讀爲齼、戁，搜讀爲搐、縮，皆縮小、收縮、不伸展之義，同義連文。其餘異形詞亦然。物之皺縮，就整體言之爲小，就局部表層言之則爲大，固兼有皮寬與細小二義，看似相反，而實相承也。《說文》：「齼，收束也。讀若酋。」又「搐，蹴引也。」又「縮，一曰蹴也。」蹴引猶言縮而引之，「蹴」即縮義（詳下文）。「齼」的俗字及借音字甚多，以下參考王念孫《廣雅疏證》、朱駿聲《說文通訓定聲》、錢繹《方言箋疏》的論述〔註50〕，分別列之，並補其所未及。

8.1. 字或作龘，《玉篇》：「龘，同『齼』。」《越諺》卷中：「齼，『就』。收束也。如搓繩過緊，手放趄攏曰齼。《說文》。」〔註51〕

第275頁。張金泉、許建平謂「趄」是「趦」之誤，《敦煌音義匯考》，杭州大學出版社1996年版，第584頁。

〔註48〕參見蕭旭《敦煌寫卷〈碎金〉補箋》，收入《群書校補》，廣陵書社2011年版，第1351頁。

〔註49〕桂馥《札樸》卷9《鄉言正字》，中華書局1992年版，第390頁。

〔註50〕王念孫《廣雅疏證》，收入徐復主編《廣雅詁林》，江蘇古籍出版社1992年版，第249～250頁。朱駿聲《說文通訓定聲》，武漢市古籍書店1983年版，第269頁。錢繹《方言箋疏》，上海古籍出版社1984年版，第124頁。

〔註51〕范寅《越諺》，收入《四庫未收書輯刊》第9輯第2冊，北京出版社2000年

8.2. 字或作啾、噍，《說文》：「啾，小兒聲也。」《集韻》：「啾，小聲。」又「啾，《說文》小兒聲也，或書作噍。」

8.3. 字或作瘶，俗字作瘡、疛、癚，《玄應音義》卷 15「皺抐」條引《通俗文》：「縮小曰瘶，物不伸曰縮抐。」《廣雅》、《玉篇》並云：「瘶，縮也。」P.2011 王仁昫《刊謬補缺切韻》、P.3694《箋注本切韻》、《廣韻》並云：「瘶，縮小。」《可洪音義》卷 25：「瘶，縮小也，蹙也。」《龍龕手鑑》：「瘡、疛、癚：三俗。瘶：正。」

8.4. 字或作揫、穐，《爾雅》：「揫，聚也。」郭注：「揫，斂也。」《方言》卷 2：「揫，細也，斂物而細謂之揫。」《說文》：「穐，收束也。龝，穐或從要。揫，穐或從秋手。」又「揫，束也。《詩》曰：『百祿是揫。』」今《詩·長發》作「遒」。《廣雅》：「揫，小也。」《集韻》：「穐、龝，或從要，通作揫。」章太炎曰：「《方言》：『揫，細也。』郭璞音遒。字亦作瘶，《廣雅》：『瘶，縮也。』曹憲音子就反。湖北謂縮小爲瘶。」〔註52〕俗語「揪心」者，正字當作「瘶」、「揫」。

8.5. 字或作秋、鶖，《方言》卷 8：「雞雛，徐魯之間謂之鶖子。」〔註53〕《廣雅》：「鶖子，雛也。」《淮南子·原道篇》高誘注：「屈讀『秋雞無尾屈』之『屈』也。」〔註54〕王念孫曰：「鶖之言揫也，鶖或作秋。」〔註55〕錢繹曰：「秋與揫同。鶖通作秋……秋雞即鶖子也。」〔註56〕朱駿聲曰：「秋之言揫也，揫之言細也、小也，則鶖即秋字。」〔註57〕今吳方言、江淮方言猶謂物之收縮、縮小曰揫，吳語有「揫筋」、「揫腳」、「揫攏」。《漢書·律曆志》：「秋，龝也，物龝斂乃成孰。」《禮記·月令》《正義》引《漢書》「龝」作「揫」。

8.6. 字或作愁，《禮記·鄉飲酒》：「秋之爲言愁也。」鄭注：「愁讀爲揫。揫，斂也。」《漢書·王莽傳》：「姦吏因以愁民。」《管子·宙合》：「故愁其

版，第 60 頁。范氏以「就」字擬其音。

〔註52〕 章太炎《新方言》卷 2，收入《章太炎全集（7）》，上海人民出版社 1999 年版，第 25 頁。

〔註53〕 從戴震《方言疏證》校正，各本「鶖」誤作「秋侯」二字。

〔註54〕 參見蕭旭《淮南子校補》，花木蘭文化出版社 2014 年版，第 8～9 頁。

〔註55〕 王念孫《廣雅疏證》，收入徐復主編《廣雅詁林》，江蘇古籍出版社 1992 年版，第 989 頁。

〔註56〕 錢繹《方言箋疏》，上海古籍出版社 1984 年版，第 124、496 頁。

〔註57〕 朱駿聲《說文通訓定聲》，武漢市古籍書店 1983 年版，第 269 頁。

治言，含（含－陰）愁而藏之也。」《呂氏春秋‧察微》：「故智士賢者，相與積心愁慮以求之。」諸「愁」字王念孫並讀爲揫〔註58〕。《文子‧上禮》：「外束其形，內愁其德。」舊注：「愁，音因。」愁亦束也，同義對舉。《淮南子‧精神篇》「愁」作「總」。王念孫曰：「『總』字義不可通，『總』當爲『愁』，『愁』與『揫』同。《俶眞篇》：『內愁五藏，外勞耳目。』義亦與此同。」〔註59〕馬宗霍謂總亦束也，引《說文》「總，聚束也」以駁王說〔註60〕。王說是，「揫」是收斂義，「總」是聚束義，謂聚集而束縛之，二「束」字義不同也，馬氏混而一之，以駁不誤之說，所謂以不狂爲狂也。馬氏之後，治《淮南》未見有辨正者。

8.7. 字或作湫，《左傳‧昭公元年傳》：「勿使有所壅閉湫底。」杜注：「湫，集也。底，滯也。」《釋文》引服虔曰：「湫，著也。底，止也。」孔疏：「湫，謂氣聚。底謂氣止。」朱駿聲曰：「湫，叚借爲揫。」〔註61〕

8.8. 字或作緧、輶、遒、縐、紂、總，《方言》卷9：「車紂，自關而東，周洛韓鄭汝潁而東謂之縐……自關而西謂之紂。」《說文》：「緧，馬紂也。」又「紂，馬緧也。」《廣雅》：「紂，緧也。」《玉篇》：「緧，牛馬緧也，亦作輶。」《周禮‧考工記‧輈人》：「必緧其牛後。」鄭注：「故書緧作總，鄭司農云：『緧讀爲緧。』關東謂紂爲緧。」《釋名》：「秋，緧也，緧迫品物，使時成也。」又「輶，遒也，在後遒迫，不得使却縮也。」《御覽》卷776引「輶」作「縐」，「遒也」誤作「道也」。又「蹙，遒也，遒迫之也。」〔註62〕王念孫曰：「輶、緧並與遒通。」〔註63〕皆取「收束」、「蹙迫」爲義。

8.9. 字或作愁，《方言》卷13：「僌，愁也。愁，惡也。」郭注：「慘悴惡事也。」《玉篇》：「愁，悒也。」又「悒，憂也。慘，愁也。」《篆隸萬象名義》：「愁，悒，惡，悴。」

8.10. 字或作楸、愁、揪，《集韻》：「楸，《說文》：『聚也。』或作愁。」《爾雅》：「大而皵，楸。」郭璞注：「老乃皮粗皵者爲楸。」《釋文》引樊光

〔註58〕 分別見王念孫《讀書雜志》卷7、7、16，中國書店1985年版，第20、66、41頁。「含」爲「含」誤，亦從王校。

〔註59〕 王念孫《讀書雜志》卷13，中國書店1985年版，第44頁。

〔註60〕 馬宗霍《淮南舊注參正》，齊魯書社1984年版，第188頁。

〔註61〕 朱駿聲《說文通訓定聲》，武漢市古籍書店1983年版，第269頁。

〔註62〕 「遒」原誤作「遵」，據畢沅等校改。

〔註63〕 王念孫《廣雅疏證》，收入徐復主編《廣雅詁林》，江蘇古籍出版社1992年版，第90頁。

曰：「大者，老也。謂齹齺而老者爲楸也。」《爾雅》：「椒、樧、醜莍。」郭璞注：「莍萸（蓃），子聚生成房貌，今江東亦呼茱楸，似茱萸而小赤色。」「楸」之言「瘶」也，取皺縮爲義。「齺」與「皺」義亦相會。《集韻》：「皺，齺也。」是其證。

8.11. 字或作緧，《荀子·議兵》：「緧之以刑罰。」《國語·齊語》：「勸之以賞賜，糾之以刑罰。」韋注：「糾，收也。」韋氏以聲爲訓，糾、收並有急迫之義。

8.12. 字或作趥、踏、戚、蹴（蹵）、跒，《集韻》：「趥、踏，《說文》：『行貌。』或从足。」又「蹵，迫也，或作戚、踏，亦書作蹴。」《龍龕手鑑》指出「跒」、「蹴」是「蹵」的俗字。明·陳士元《俗用雜字》：「伏地而行曰趥（音秋），一作踏。」〔註64〕言身體皺縮於地而行也。

8.13. 字或作緧，《說文》：「緧，誰射收繳具。」《集韻》：「緧，收繳具。」

8.14. 字或作敊（媰）、嫍，《說文》：「敊，醜也，一曰老嫗。讀若蹴。」《繫傳》作「媰」。《玉篇》：「媰，醜也。」《廣韻》：「媰，醜老嫗兒。」《集韻》：「敊，一曰老女。」醜老嫗爲媰，取皮皺爲義也。《廣雅》：「媰，好也。」

8.15. 字或作糕、穛、稰，《說文》：「糕，早取穀也，一曰小。」段玉裁曰：「《內則》『稌穛』注云：『孰穫曰稌，生穫曰穛。』《正義》曰：『穛是斂縮之名，明以生穫，故其物縮斂也。』按穛即糕字……〔糕〕謂穀之小者也，取摯斂之意。」〔註65〕《玉篇》：「稰，小也。亦作糕。」明·李實《蜀語》：「物小曰穛。穛音醮，瘶全（同）。」〔註66〕

8.16. 字或作醮、噍、瘶、憔、嫶、譙，也省作焦，《廣雅》：「瘶，縮也。」王念孫曰：「瘶亦瘶也。」〔註67〕鄭珍曰：「噍、瘶、蹴一聲之轉。」〔註68〕《玉篇》：「瘶，物縮也。」敦煌寫卷 S.6176V《箋注本切韻》：「瘶，側教反，縮。」P.2011 王仁昫《刊謬補缺切韻》：「瘶，縮小。」蔣斧印本《唐韻殘卷》：

〔註64〕陳士元《俗用雜字》，附於《古俗字略》卷 7，收入《歸雲別集》卷 25，《四庫存目叢書·經部》第 190 冊，第 165 頁。

〔註65〕段玉裁《說文解字注》，上海古籍出版社 1981 年版，第 330～331 頁。

〔註66〕李實《蜀語》，收入《叢書集成初編》第 1182 冊，中華書局 1985 年影印，第 11 頁。

〔註67〕王念孫《廣雅疏證》，收入徐復主編《廣雅詁林》，江蘇古籍出版社 1992 年版，第 249 頁。

〔註68〕鄭珍《說文新附考》，收入《叢書集成新編》第 37 冊，新文豐出版公司 1985 年版，第 241 頁。

「瘬,縮小,又作痢。」〔註69〕「痢」爲「瘝」字形誤。《廣韻》:「瘬,縮也,小也,亦作瘝。」《禮記‧樂記》:「其哀心感者,其聲噍以殺。」鄭注:「噍,踧也。」「踧」同「蹙」,急促也。又「志微噍殺之音作。」《史記‧樂書》「噍殺」作「焦衰」,《說苑‧修文》作「憔悴」,《漢書‧禮樂志》作「瘏瘁」,《漢紀》卷5作「譙偯」。顏師古注:「瘁,一作衰。瘏瘁,謂減縮也。」《集韻》:「噍,聲急也。《禮》:『其聲噍以殺。』徐邈讀。」又「噍,燕雀聲。《禮》:『喁噍之頃。』通作啾。」朱駿聲曰:「噍,叚借爲遒。」〔註70〕「偯」當作「滾」,形之譌也。滾、衰並讀爲瘝。《廣韻》「衰,楚危切,小也,減也,殺也。又所危切。」「衰」音楚危切,與「悴」、「瘁」一音之轉;殺訓減,亦借爲瘝。朱駿聲曰:「殺,叚借爲衰爲瘝。」〔註71〕桂馥曰:「馥7\86案:瘁當爲瘝,《說文》:『瘝,減也。』故《樂記》作『噍殺』,殺亦減也。憔、噍皆借字,當爲潐。潐,盡也。」〔註72〕黃生曰:「按噍殺當即讀爲憔悴,故漢人用其本字耳。」〔註73〕桂、黃二氏說皆失之。《漢書‧外戚傳》:「嫶妍太息。」晉灼曰:「三輔謂憂愁面省(瘠)瘦曰嫶冥。」朱駿聲曰:「醮,字亦作憔、作瘏、作嫶,瘏亦即摮字。」〔註74〕《戰國策‧魏策四》:「季梁衣焦不申,頭塵不浴。」吳師道《補正》:「焦,卷也。申,舒也。」王念孫曰:「焦,讀爲瘝。」〔註75〕「焦」即「爵」省文,皺縮,故與「不申」同義連文,今吳方言猶有「衣裳爵勒身上」之語。切不可誤以爲「焦枯」、「燒焦」。

8.17. 字或作膲,《淮南子‧天文篇》:「月死而蠃蛖膲。」高誘注:「膲,肉不滿也。膲讀若物醮少之醮也。」《御覽》卷941引「膲」作「瘝」,有注:「瘝,減踧也。」朱駿聲讀膲爲焦,訓火所傷也〔註76〕,非是。

8.18. 字或作蹴、蹙,《說文》:「搐,蹴引也。」又「歘,蹴鼻也。」又

〔註69〕蔣斧印本《唐韻殘卷》,收入周祖謨《唐五代韻書集存》,中華書局1983年版,第667頁。
〔註70〕朱駿聲《說文通訓定聲》,武漢市古籍書店1983年版,第268頁。
〔註71〕朱駿聲《說文通訓定聲》,武漢市古籍書店1983年版,第690頁。
〔註72〕桂馥《札樸》卷7,中華書局1992年版,第297頁。
〔註73〕黃生《義府》卷上,黃生、黃承吉《字詁義府合按》,中華書局1954年版,第158頁。
〔註74〕朱駿聲《說文通訓定聲》,武漢市古籍書店1983年版,第268頁。
〔註75〕王念孫《戰國策雜志》,收入《讀書雜志》卷1,中國書店1985年版,第104頁。
〔註76〕朱駿聲《說文通訓定聲》,武漢市古籍書店1983年版,第267頁。

「縐，一曰蹴也。」又「縮，一曰蹴也。」「蹴」字皆同，亦「遒」、「瘠」之音轉也。《慧琳音義》卷 36 引《說文》作「縮，蹙也」。《廣雅》：「蹙，縮也。」《詩·節南山》鄭箋：「蹙蹙，縮小之貌。」戴侗《六書故》：「蹙，足端蹙物也……引之爲蹙迫爲蹙聚爲蹙縮。」戴氏以引伸說之，非也。

8.19. 字或作燋、爝，《增壹阿含經》卷 47：「今被熱銅葉（鍱），捲燋不得申。」《莊子·逍遙遊》：「日月出矣，而爝火不息。」《釋文》：「爝，本亦作燋。一云：燋火，小火也。」

8.20. 字或作楊，《廣雅》：「楊，枸也。」王念孫曰：「枸，猶拘也。今人言牛拘是也。楊之言亦拘也。」〔註77〕拘束，是不伸展也。

8.21. 字或作撽（挶），《廣雅》：「撽，拘也。」《玉篇》：「撽，手撽也，俗作挶。」敦煌寫卷 S.619V《碎金》：「手撽拽：楚愁反。」〔註78〕「撽」訓拘，指手指拘束不伸展，吳小如謂「『拘』同『勾』，謂手指彎曲」〔註79〕，非也。《廣韻》：「撽，撽扇別名。」撽扇謂扇面皺摺之扇，即今之摺扇也。《六書故》：「撽，五指摳攬（攬）也。」《初刻拍案驚奇》卷 10：「朝奉撽著眉道：『如今事體急了，官人如何說此懈話？』」

8.22. 字或作皴，俗字作皻，《玉篇》、敦煌寫卷 P.2011 王仁昫《刊謬補缺切韻》、P.3694《箋注本切韻》並云：「皴，面皴。」《廣韻》：「皴，面皴，俗作皻。」《慧琳音義》卷 15：「垂皴：《韻詮》云：『皮不展也。』《說文》：『皮聚也。』」又卷 26：「面皴：《韻略》云：『皴，面皮聚也。』謂不攝皴也。經文作縐，借字也。」又卷 55 引《文字典說》：「皴，皮寬聚也。」《齊民要術·漆》：「若不即洗者，鹽醋浸潤氣徹，則皴，器便壞矣。」

8.23. 字或作臅，《玉篇》：「臅，臅脯也。」《廣韻》：「臅，脯也。」「臅」指肉乾縮而成肉脯也。《集韻》：「臅，姸也，皴也。」「姸」當作「趼」，即「繭」字。「臅」指皮膚皺縮而成胝繭也。《素問·五藏生成論篇》：「多食酸則肉胝臅而脣揭。」肉胝臅，《鍼灸甲乙經》卷 6、《雲笈七籤》卷 57 同，《備急千金要方》卷 43 作「舌肉肥」，《外臺秘要方》卷 22 作「舌肉胅」，皆誤也。《雲笈七籤》卷 36 引《黃帝內傳》：「酸走骨，多食酸，則筋縮骨中疼。」故多食

〔註77〕 王念孫《廣雅疏證》，收入徐復主編《廣雅詁林》，江蘇古籍出版社 1992 年版，第 613 頁。
〔註78〕 敦煌寫卷 S.6204《碎金》同。
〔註79〕 吳小如《字詞叢札》，《中華文史論叢》第 37 輯，上海古籍出版社 1986 年版，第 66 頁。

酸則筋骨皺縮而成胝臟也。

8.24. 字或作縐、襯、纔，縶、褠、楸，俗字作**綯**，《說文》：「縐，一曰蹴也。」敦煌寫卷 P.2011 王仁昫《刊謬補缺切韻》：「**綯**，蹙，亦作縐。」《廣韻》：「縐，衣不申。」《廣雅》：「襯，好也。」《廣韻》：「襯，《埤蒼》云：『鮮也。』一曰：美好兒。」又「襯，好衣兒。」又「纔，縮也，又纔文也。」《集韻》：「纔，縮也，一曰繒文。」又「纔，聚文也，或作縶、縐。」又「褠，衣不伸也，或作楸。」又「褙，褠也，一曰美衣。」《六書故》：「縐，綃縠緊蹙也。《詩》云：蒙彼縐絺。別作皺，又作褠。」《史記·司馬相如傳》《子虛賦》：「襞積褰縐。」「褰縐」同義連文。《集解》引《漢書音義》：「褰，縮也。縐，裁也。」《漢書》顏注、《文選》李注引張揖說同。鄭珍謂「裁」當作「戚」，為「蹙」之省〔註80〕。《索隱》引蘇林曰：「褰縐，縮蹙之。」是其證也。敦煌寫卷 S.5584《開蒙要訓》：「紕縵緊縐。」蓋言衣之皺縮成文也。衣有繒文，故為衣好貌。

8.25. 字或作鞙、靮，《玉篇》：「靮，束也。鞙，同上。」《集韻》：「鞙，革文蹙也，或作皺。」又「靮、鞙，束也，或从芻。」革文為鞙，衣文為縐、褠，其義一也。

8.26. 字或作鄒，《釋名》：「奏，鄒也。鄒，狹小之言也。」清·梁同書《直語補證》：「今人言物之不佳或薄小者曰鄒。」〔註81〕

8.27. 字或作韶，《集韻》：「韶，樂音美也。」又「韶，韶韶，眾聲。」樂音有波折起伏，故美也。

8.28. 字或作愶、謅、傷，《玉篇》：「愶，初卯切，心愶也。」《集韻》：「愶，楚絞切，心迫也。」愶字舊音 chǎo，今音 zhòu，幽、宵旁轉也。吳方言猶有「愶頭」之語，愶讀皺去聲，指性情固執之人。張相曰：「愶，固執之義，轉而為剛愎或兇狠之義。亦作傷、作搊、作謅……各書讀音不一致……然要之不外芻音、炒音兩類，斯亦古韻幽、宵旁轉之例，得以相通者也。」〔註82〕心愶、心迫者，謂心情不舒展，故有固執之義。《漢語大詞典》「搊搜」、「搊

〔註80〕 鄭珍《說文新附考》，收入《叢書集成新編》第 37 冊，新文豐出版公司 1985 年版，第 241 頁。

〔註81〕 梁同書《頻羅庵遺集》卷 14《直語補證》，收入《續修四庫全書》第 194 冊，上海古籍出版社 2002 年版，第 153 頁。

〔註82〕 張相《詩詞曲語辭匯釋》卷 5，中華書局 1979 年版，第 596～598 頁。

「搊颭」條列「固執、頑固」、「勇悍、兇惡」、「猥瑣」、「英俊、威武」四義〔註83〕，前三義實一義之引申也。「搊搜」又有「漂亮、體面」義，亦單用「傰」、「搊」〔註84〕，蓋古有以皺折爲美者也，與「襰、婥、嫋、褨、韢」五字並同源。《廣雅》：「婥、嫋，好也。」《集韻》：「嫋，好也。」人美爲婥、嫋，衣美爲襰、褨，樂美爲韢，其義一也。「婥」亦兼有好、醜二義也。

8.29. 字或作紆、胃，宋・何薳《春渚紀聞》卷7：「孔目不是孔目，驢紆乃是孔目。」元曲中有「村紆」、「村胃」一詞。「紆（胃）」即「愣」之同音借字。顧學頡、王學奇曰：「村爲粗野，胃爲執拗的合音。今北人把執拗不順從人意叫胃（也叫犟），骨節不靈活也叫胃……又作『村紆』，又倒作『紆村』……胃、紆同音通用。」〔註85〕王鍈贊成其「合音」說〔註86〕，並非也。骨節不靈活之「胃」，乃「痳」之借音字。

8.30. 字或作掐、紬，《廣韻》：「掐，抽也。」「掐」同「縮」，「抽」即收縮義。敦煌寫卷 P.2653《燕子賦》：「黠兒別設誚，轉急且掐頭。」S.6836《葉淨能詩》：「淨能承其帝命，抽身便起。」北圖新866號《李陵變文》：「無賴當即抽軍。」王鍈謂「抽」有退縮義〔註87〕。《賈子・耳痹》：「縮師與成。」「抽軍」即「縮師」也。清刊本李雨堂《萬花樓演義》第25回：「飛山虎悠悠醉醒了，呵欠一聲，一紬一縮，舒動不得。」〔註88〕曾良曰：「紬爲回縮義。或寫『䌈』、『痳』等。」〔註89〕所舉即上引《經律異相》卷29「皺䌈」例。顧學頡、王學奇釋元曲中的「抽頭」云：「猶縮頭。」〔註90〕今吳方言尚有「痳頭」、「痳身」之語。

9. 《方言》卷5：「杷，宋、魏之間謂之渠挐，或謂之渠疏。」郭注：「語

〔註83〕《漢語大字典》（縮印本），湖北辭書出版社、四川辭書出版社1992年版，第3726頁。
〔註84〕張相《詩詞曲語辭匯釋》卷5，中華書局1979年版，第595～596頁。
〔註85〕顧學頡、王學奇《元曲釋詞（一）》，中國社會科學出版社1983年版，第324～325頁。
〔註86〕王鍈《唐宋筆記語辭匯釋》，中華書局2001年版，第272頁。
〔註87〕王鍈《敦煌變文詞義補箋》，收入《語文叢稿》，中華書局2006年版，第31頁。
〔註88〕李雨堂《萬花樓演義》，收入《古本小說集成》第3輯第86冊，上海古籍出版社1993年版，第347頁。
〔註89〕曾良《明清通俗小說語彙研究》，江西教育出版社2009年版，第325頁。
〔註90〕顧學頡、王學奇《元曲釋詞（一）》，中國社會科學出版社1983年版，第272頁。

轉也。」戴震曰：「渠挐，亦作㴶㩪。《玉篇》：『㩪，㴶㩪，杷也。』《廣韻》
引《方言》：『杷，宋魏之間謂之㴶挐。』把即杷之訛，㴶字與渠同音，當即
渠字訛舛而成。若《方言》、《廣雅》作㴶，不應郭璞、曹憲皆不注其音也。」
〔註91〕《集韻》：「㴶，通作渠。」朱謀㙔曰：「渠挐、櫌疏、渠疏，杷杌也。」
〔註92〕「渠疏」、「渠挐」、「㴶㩪」雖音近「渠搜」，實爲另一來源，當以「櫌
疏」爲其本字。《釋名》：「齊魯謂四齒杷爲櫌。」《玉篇》同。陸龜蒙《耒耜
經》：「耕而後有耙，渠疏之義也，散墢去芟者焉。」《農書》卷2：「今人呼耙
曰渠疏，勞曰蓋磨，皆因其用以名之，所以散墢去芟平土壤也。」櫌疏者，
以櫌器（四齒杷）疏散土塊，以其功用而名之也。《大玄‧進》：「進以櫌疏，
或杖之扶。」葉子奇注：「櫌疏，四齒竹耙也。」〔註93〕方以智解爲「平田疏
田器」〔註94〕。皆是。范望注：「櫌疏，附離也。」非也。

〔註91〕戴震《方言疏證》，收入《戴震全集（5）》，清華大學出版社1997年版，第2368
　　　　頁。原文「㩪」誤從「加」作「㩪」，徑正。

〔註92〕朱謀㙔《駢雅》卷4，收入《叢書集成新編》第38冊，新文豐出版公司1985
　　　　年版，第342頁。

〔註93〕葉子奇《太玄本旨》，收入景印文淵閣《四庫全書》第803冊，臺灣商務印書
　　　　館1986年初版，第135頁。

〔註94〕方以智《通雅》卷34，收入《方以智全書》第1冊，上海古籍出版社1988
　　　　年版，第1044頁。

古地「陸梁」名義考

1. 秦漢間人稱嶺南之地爲「陸梁」，字或作「坴梁」，《史記‧秦始皇本紀》：「三十三年，發諸嘗逋亡人、贅壻、賈人略取陸梁地，爲桂林、象郡、南海。」《說文繫傳》卷 26 引作「坴梁」。字亦作「陸量」，《史記‧高祖功臣侯者年表》：「陸梁侯須毋。」《索隱》本作「陸量」，云：「如淳據《始皇紀》所謂『陸量地』。案今在江南也。」《漢書》作「陸量侯須無」，顏師古注引如淳曰：「《秦始皇本紀》所謂『陸梁地』也。」梁玉繩曰：「如淳據《始皇紀》所謂『陸梁地』，非也。其地未聞。」〔註1〕周壽昌曰：「《史表》量作梁，《索隱》從如氏說即《秦始皇本紀》所謂陸梁地，殊不確。壽昌謂『陸』地名無考，『量』殆其謚也。」〔註2〕如淳說不誤，梁氏、周氏皆失考耳。字亦作「陸糧」，湖南長沙曾出土西漢「陸糧尉印」〔註3〕。《漢書‧高帝紀》顏師古注引如淳曰：「秦始皇略取彊梁地，以爲桂林、象郡、南海郡。」《四庫考證》：「『彊梁地』當作『陸梁地』……宋本亦誤。」〔註4〕《冊府元龜》卷 129、963 已誤作「強梁地」〔註5〕。

〔註1〕 梁玉繩《史記志疑》卷 11，中華書局 1981 年版，第 578 頁。

〔註2〕 周壽昌《漢書注校補》卷 8，收入《叢書集成新編》第 112 冊，新文豐出版公司 1985 年印行，第 133 頁。

〔註3〕 《長沙西漢「陸暴尉印」應爲「陸梁尉印」》，《考古》1979 年第 4 期，第 355、359 頁。此文引李學勤說，認爲其字「從米從量省，寫作『量』，即『糧』」，又云「陸糧，就是陸量、陸梁」。

〔註4〕 《四庫全書漢書考證》，景印文淵閣《四庫全書》第 249 冊，臺灣商務印書館 1986 年初版，第 68 頁。

〔註5〕 宋本《冊府元龜》殘存卷 129，已誤，中華書局 1988 年影印，第 104 頁。周

2.「陸梁」的名義，《秦始皇本紀》舊注列有二說：

（1）《索隱》：「謂南方之人，其性陸梁，故曰陸梁。」

（2）《正義》：「嶺南之人多處山陸，其性強梁，故曰陸梁。」

後人於此，更是眾說紛紜，余所知者有以下諸說：

（3）明人顏文選曰：「《正義》云云。今按非也。魚之大者跋扈亦曰跳梁。陸梁即跳梁，以梁爲陸，越而過之，故曰陸梁。（例略）陸梁皆跳義。」〔註6〕

（4）段玉裁曰：「坴，《始皇本紀》字作陸。按：坴梁，蓋其地多土坴，而土性強梁也。」〔註7〕

（5）莊有可曰：「坴梁者，疊坴至於梁，則其高可過於梁，亦不可以其撮土而輕之，此轉注義也。」〔註8〕

（6）朱駿聲曰：「《說文》『一曰坴梁』，按：其地土剛。」朱氏又謂「強梁」、「陸梁」之「梁」皆借爲「勍」〔註9〕。

（7）章太炎曰：「《莊子·秋水》曰：『跳梁乎井幹之上。』梁，今字作踉。《廣韻》：『踉，跳踉也。』今蘄州謂跳爲梁，梁、陸雙聲，故梁音轉爲陸。《莊子·馬蹄》云：『翹足而陸。』司馬彪訓跳。尣亦跳也（力竹切），《說文》『尣』下云：『其行尣尣。』狀蟾蜍之跳也。夌訓爲越，字亦從夊，謂跳高也。《史記·秦本紀》：『略陸梁地，以爲南海、鬱林、象郡。』陸梁即尣梁，謂蠻人輕暴善跳踉耳。今南自夏口而東，謂不舉足而趨越數尺爲尣，轉去聲，讀如溜。北至天津、德州，謂之尣屬。」〔註10〕章氏又曰：「坴梁地，即今之安南、兩廣等處，因其人善跳，故以爲名。桂林象郡多蠻人，蠻人行疾，名之曰陸梁，故曰坴梁地。」〔註11〕

勤初等校訂《冊府元龜》以明刻本爲底本，二卷並失校，鳳凰出版社 2006 年版，第 1410、11156 頁。

〔註6〕 顏文選《駱丞集注》卷 3，景印文淵閣《四庫全書》第 1065 冊，臺灣商務印書館 1986 年初版，第 469 頁。

〔註7〕 段玉裁《說文解字注》，上海古籍出版社 1981 年版，第 684 頁。

〔註8〕 莊有可《春秋小學》卷 5，收入《續修四庫全書》第 144 冊，上海古籍出版社 2002 年版，第 110 頁。

〔註9〕 朱駿聲《說文通訓定聲》，武漢市古籍書店 1983 年版，第 367、901 頁。

〔註10〕 章太炎《新方言》卷 2，收入《章太炎全集（7）》，上海人民出版社 1999 年版，第 77 頁。

〔註11〕 王寧整理《章太炎說文解字授課筆記》，錢玄同所記錄，中華書局 2010 年版，

（8）黃侃曰：「奎梁，梁者倞之借字。」〔註12〕

（9）符定一曰：「章〔太炎〕說誤（引者注，指上引前說）。奎梁者，謂
地高而性強梁也。」〔註13〕

（10）顧頡剛曰：「『陸海』、『陸梁』二名，頗有映帶之趣。梁即山，一謂
陸上之海，一謂陸中之山，山、海皆藏珍蘊奇之所也。」〔註14〕

（11）黃永年曰：「蓋南越之地，北有五嶺，乃秦進軍南越所必經，越人
且憑此山險以抗秦，竊謂『陸梁』之名殆由五嶺而來，所謂『陸梁
地』即『大陸上的山嶺地區』之謂。」顧頡剛批註云：「此說甚是，
當併入《九州名義》。」〔註15〕

（12）戴裔煊曰：「越人本來稱號應為『駱』……『陸梁』即『駱』音之
長讀……駱、陸梁、里（俚）、黎、哀牢、僚等民族名稱究竟譯自
何音？我認為此等名稱乃出自『老撾』之音譯。」〔註16〕

（13）胡吉宣曰：「陸梁，蓋取栗鹿強梁意。」〔註17〕

（14）潘光旦曰：「張氏《正義》說非是，望文生義耳。『陸』、『梁』均
當地人自稱之音，『陸』即『駱』，『梁』近『高涼』之『涼』，『甌
駱』、『高涼』，皆『仡佬』也，而此一帶為『仡佬』或『僮牯老』
之聚居地無疑」〔註18〕。

（15）余天熾曰：「『陸梁』似應釋為山的陸地，山的脊梁，即山陸山梁之
意。『陸梁地』似應直釋為山陸山梁之地，即嶺南之地。《漢書》作
『陸量』，量，猶分限也。陸量，即南嶺為南北陸地之分限，山陸
之脊梁之意。」〔註19〕

第 564 頁。

〔註12〕黃侃《說文解字斠詮箋識》，收入《說文箋識》，中華書局 2006 年版，第 424
頁。

〔註13〕符定一《聯綿字典》戌集，中華書局 1954 年版，第 118 頁。

〔註14〕顧頡剛《浪口村隨筆》卷 1「陸梁地」條，遼寧教育出版社 1998 年版，第 29
～30 頁。

〔註15〕黃永年寫給顧頡剛的信，收入《顧頡剛讀書筆記》卷 12《愚脩錄（一）》「『陸
梁』二義」條，中華書局 2011 年版，第 13～14 頁。

〔註16〕戴裔煊《僚族研究》，《民族學研究集刊》第 6 期，中華書局 1948 年版，第 56
～58 頁。

〔註17〕胡吉宣《玉篇校釋》卷 2，上海古籍出版社 1989 年版，第 193 頁。

〔註18〕潘光旦《中國民族史料彙編》，天津古籍出版社 2005 年版，第 80 頁。

〔註19〕余天熾《「陸梁」地名試釋》，《華南師大歷史系論文集》第 1 集，華南師範大

（16）周振鶴謂「陸」、「梁」是古越語，「陸」有山地、山谷的意思，「梁」也代表山谷〔註20〕。

（17）覃聖敏曰：「『陸梁』是嶺南古代越語的譯音……『陸』應與山麓的『麓』有關。『梁』目前有兩種解釋，一種認為是越語『佬』的音轉，『陸梁』的正確翻譯就應該是『麓佬』了，亦即『山麓間的人』的意思。另一種解釋是，認為『梁』不是人稱，而是地形地貌的特點，按照這種解釋，『陸梁』的意思就是『麓坡』了。」〔註21〕

（18）白耀天曰：「『陸梁』與『輒休之國』、『炎人之國』及『瀧』一樣，都是越語的近音異譯字，其越語原義為山間谷地。」〔註22〕

（19）胡起望曰：「『陸』與『駱』同，古代稱嶺南廣西等地的人為『西甌』、『駱越』。『梁』與『良』近，應該是一部分壯族先民的自稱。『陸梁』應是『駱俍』或『駱郎』之轉寫，意即『駱越俍（郎、狼）人』。」〔註23〕

（20）谷因曰：「我們同意『陸梁』之稱與越人族稱為『駱』有關的說法，但我們認為嶺南越人所以稱駱，是源於越人先民在原始社會圖騰制時代曾以駱馬為圖騰崇拜。」谷氏引少數民族方言證「馬」音「陸」，又引《水經注》「益州大姓雍闓反，結壘於山，繫馬柳柱，柱生成林，今夷人名曰雍無梁林。梁，夷言馬也」以證「馬」音「梁」。谷氏又曰：「『陸』和『梁』在越語裏都是『馬』的意思……馬是動物中之善跳躍者，故陸梁才有引申義作跳躍。」〔註24〕

（21）曾昭璇等曰：「秦稱『陸梁地』，因地形以溪峒縱橫、交通不便，縣鎮分散，故名。漢代分秦三郡為七，合浦郡立高涼縣，即以地多山而氣候涼而立名。『梁』、『涼』均山地之意。」〔註25〕

學歷史系編，1984年版，第237頁。
〔註20〕周振鶴《「陸梁地」解》，《地名知識》1985年第2期，第6～7頁。
〔註21〕覃聖敏《有關「陸梁」的幾個問題》，《文史》第24輯，1985年版，第323頁。覃說又見《秦至南朝時期嶺南民族及民族關係芻議》，《廣西民族研究》1987年第1期，第53頁。
〔註22〕白耀天《「俚」論》，《廣西民族研究》1990年第2期，第64頁。
〔註23〕胡起望《「陸梁」小考》，《中央民族大學學報》1991年第1期，第25頁。
〔註24〕谷因《「陸梁」新解》，《貴州民族研究》1994年第1期，第38～39頁。
〔註25〕曾昭璇、曾憲珊、曾新《冼夫人研究幾點淺見》，收入張磊《冼夫人文化與當代中國》，廣東人民出版社2002年版，第19頁。

（22）若谷謂「陸梁」即《說文》之「坴梁」，其說云：「坴、陸的本義應訓爲跳越。梁，指魚梁或踏步梁，帶有跳越的意思。梁與踉通，陸梁即陸踉。漢賦中用的『陸梁』，都是這個意思。魏晉以後也有人藉以形容強橫，但假借豈能替代其本義？」〔註26〕

（23）周忠泰曰：「『涼（梁）』是大良族的『良』字，是壯語黃色的意思……『高』應是壯語白色的意思……『陸』是古越語山谷之義……『梁』與『高涼（梁）』之『涼（梁）』一樣，依然應譯作大良族的『良』。『陸梁』字字對應來釋則爲『山谷大良族（黃壯）』，按漢語修飾語在前的語序則是『大良族（黃壯族）的山谷』。」〔註27〕

（24）辛德勇把「陸梁」與「魚梁」比附，認爲是比喻的用法，其說云：「南嶺山脈中間尙分佈著一些諸如湘、漓谷地這樣的山間通道，猶如魚梁上面的『關空』之地，源出於南嶺的贛江、湘江等河流則猶如魚梁『關空』之處瀉下的水流，而『陸梁地』就是指南嶺及其以南的嶺南地區……可證用『陸梁』來形容南嶺，非常合乎情理。」〔註28〕

3. 清人牛運震批評《正義》之解釋「甚屬迂曲」〔註29〕，但牛氏並沒有提出自己的見解，破而不立。《索隱》云「謂南方之人，其性陸梁，故曰陸梁」，此說大致不誤（參見下文）。《正義》云「嶺南之人多處山陸，其性強梁，故曰陸梁」，以「山陸強梁」分說之，開後世「陸梁」望文生訓之先聲。顏文選謂「陸梁即跳梁，陸梁皆跳義」，本甚得之，而又謂「以梁爲陸，越而過之」，是不明其語源，望文生訓也。莊有可解爲「壘坴至於梁」，段玉裁解爲「土出土性強梁」，符定一解爲「地高而性強梁」，胡吉宣解爲「栗鹿強梁」；余天熾解爲「山陸山梁」，又謂「陸量」的「量」猶分限，都是典型的望文生訓，顯

〔註26〕若谷《試從〈說文〉鉤沉廣西古史》，《廣西地方志》2004 年第 1 期，第 53～54 頁。

〔註27〕周忠泰《「高涼（梁）」、「陸梁」兩詞新考》，《湖南科技學院學報》2011 年第 11 期，第 72～73 頁。

〔註28〕辛德勇《「陸梁」名義新釋》，《歷史地理》第 26 輯，2012 年 5 月出版。余未見原文，此據北京大學中國古代史研究中心網站 2012 年 10 月 12 日發佈的辛氏論文，http://www.zggds.pku.edu.cn，下引辛說皆出此文。

〔註29〕牛運震《讀史糾謬》卷 1，收入《續修四庫全書》第 451 冊，上海古籍出版社 2002 年版，第 5 頁。

然是錯誤的。朱駿聲解爲「其地土剛」，即本段說，王叔岷亦從段說〔註30〕，皆失之。余氏至不知「陸梁」、「陸量」是同音借字，甚可異也。余氏後來即放棄己說，而改從覃聖敏說〔註31〕。顧頡剛、黃永年解爲「大陸上的山嶺」，此非嶺南人稱爲「陸梁」之恉，亦是望文生訓。曾昭璇等既謂「涼」是因氣候涼而立名，又謂「涼」是山地之意，自相違異，人誰適從？「陸梁」是個地道的漢族詞語，詞義明確，構詞理據明晰（參見下文）。於所不知，闕疑可也，動輒把它牽附爲外族語言，其去眞愈遠。學人於此，可無愼歟？谷因所引《水經注》，見卷 36《存水》，「柳柱」當作「枊柱」，谷氏引誤。今本《水經注》「梁，夷言馬」當作「無梁，夷言馬」，脫「無」字〔註32〕。谷氏不加校正，又不參考前人成果，宜其說之牽強附會也。谷因又謂漢語「陸梁」的跳躍義由夷言「馬」引申而來，直是匪夷所思。

　　4. 章太炎謂「㐄亦跳也，陸梁即㐄梁」，若谷謂「陸梁」即《說文》之「坴梁」，又謂「坴、陸的本義應訓爲跳越。梁與踉通，陸梁即陸踉」，皆甚確。惟若谷謂「梁指魚梁或踏步梁，帶有跳越的意思」則誤。《說文》：「坴，一曰坴梁。」〔註33〕許愼乃後漢人，去秦漢不遠，他以「坴梁」爲漢族詞語，毫無疑問是正確的。「坴梁」同「陸梁」，詞義是跳行貌。《文選·揚雄·甘泉賦》：「飛蒙茸而走陸梁。」李善注引晉灼曰：「飛者蒙茸而亂，走者陸梁而跳也。」

〔註30〕王叔岷《史記斠證》，中華書局 2007 年版，第 213 頁。

〔註31〕余天熾等著《古南越國史》，廣西人民出版社 1988 年版，第 193 頁。

〔註32〕熊會貞曰：「《華陽國志》卷 4 是酈所本。今《華陽國志》作『今夷言無雍梁言馬也』，奪誤不可讀。《御覽》卷 359 引《華陽國志》：『今夷言無梁林。無梁，夷言馬也。』以《御覽》與此對勘，亦互有脫文。《御覽》下句是上句，『無』上脫『雍』字，此上句是下句，『梁』上脫『無』字，蓋本作『今夷人名曰雍無梁林。無梁，夷言馬也。』謂雍無梁林，爲雍閶馬林也。」熊校甚確，夷言「馬」爲「無梁」，故雍閶之馬林，夷言爲「雍無梁林」也。宗福邦主編《故訓匯纂》引作「梁，夷言馬也」，亦未校補，商務印書館 2003 年版，第 1113 頁。楊守敬、熊會貞《水經注疏》，江蘇古籍出版社 1989 年版，第 2974 頁。

〔註33〕《繫傳》作「一曰坴梁地」，段本從之，非也。《玉篇》、《集韻》、《類篇》、《六書故》引《說文》並無「地」字。「地」當作「也」。《篆隸萬象名義》：「坴，〔坴〕梁也。」當連篆讀爲「坴梁也」。《說文》以「坴梁」明其語源，非僅專指地名也。王筠曰：「言坴梁者，地名也。」馬敍倫曰：「『地』下尚挩字。」張舜徽曰：「小徐本『梁』下有『地』字，是也。」皆失之。丁福保《說文解字詁林》，中華書局 1988 年版，第 13178～13179 頁。馬敍倫《說文解字六書疏證》卷 26，上海書店 1985 年版，第 39 頁。張舜徽《說文解字約注》卷 26，中州書畫社 1983 年版，第 18 頁。

呂延濟注：「陸梁，亂走貌。」《文選・張衡・西京賦》：「怪獸陸梁，大雀踆踆。」薛綜注：「陸梁，東西倡佯也。踆踆，大雀容也。」劉良注：「陸梁、踆踆，皆行走貌。」「倡佯」即形容亂走貌，「大雀容」指大雀行走之貌，亦即跳行貌〔註34〕，「陸梁」、「踆踆」對舉同義。揚雄、張衡皆二漢人，皆用「陸梁」爲跳行義。此義後世沿用不變，《弘明集》卷14南朝宋釋智靜《檄魔文》：「有僑癡天魔，不遵正節，干忤聖聽，陳擾神慮……矯步陸梁，自謂強盛。」《顏氏家訓・涉務》：「建康令王復性既儒雅，未嘗乘騎，見馬嘶歕陸梁，莫不震懾。」《齊民要術》卷6論養馬曰：「斯言旦飮須節水也。每飮食，令行驟，則消水，小驟數百步亦佳。十日一放，令其陸梁舒展，令馬硬實也。」「陸梁」亦皆跳躍義〔註35〕。引申之，則爲猖獗、強橫、跋扈之義。《後漢書・西羌傳》：「羌遂陸梁，覆没營塢。」又《馬融傳》：「狗馬角逐，鷹鸇競鷙，驍騎旁佐，輕車橫屬，相與陸梁，聿皇于中原。」《三國志・高貴鄉公傳》：「朕以寡德，不能式遏寇虐，乃令蜀賊陸梁邊陲。」朱起鳳謂《西羌傳》之「陸梁」即「鹵（虜、攄）掠」、「鹵（虜、攄）略」，云：「虜、陸一聲之轉。梁轉入聲，即爲略字。」〔註36〕非是。「跳梁（踉）」引申亦有強橫、跋扈之義，正同一道理。《漢書・蕭望之傳》：「今羌虜一隅小夷，跳梁於山谷間。」

4.1.「陸」之言「夻」、「兂」，跳也。《莊子・馬蹄》：「翹足而陸。」〔註37〕《釋文》：「足，崔本作尾。司馬云：『陸，跳也。』」《字書》作𨂳。

〔註34〕《說文》：「越，雀行也。」「越」爲「跳躍」義本字。

〔註35〕參見盧文弨《顏氏家訓補注》，收入《叢書集成新編》第33冊，新文豐出版公司1985年印行，第108頁。又參見石聲漢《齊民要術今釋》，科學出版社1958年版，第369頁；繆啓愉《齊民要術校釋》，農業出版社1998年版，第408頁。《後漢書・應劭傳》「制御小緩，則陸掠殘害。」沈欽韓曰：「《玉篇》掠有力尚、力酌二音。《釋名》：『掠，狼也。』『陸掠』義同『陸梁』。」辛德勇據沈說，謂「陸梁」音轉作「陸掠」，符定一亦從沈說。方以智曰：「陸掠，鹵掠也。」朱起鳳曰：「虜字古通作鹵，亦作攄，虜、陸一聲之轉。」方、朱說長，附識於此。沈欽韓《後漢書疏證》卷5，上海古籍出版社2006年版，第100頁。符定一《聯綿字典》戌集，中華書局1954年版，第117頁。方以智《通雅》卷26，收入《方以智全書》第1冊，上海古籍出版社1988年版，第834頁。朱起鳳《辭通》卷23，上海古籍出版社1982年版，第2491頁。

〔註36〕朱起鳳《辭通》卷23，上海古籍出版社1982年版，第2491頁。

〔註37〕《初學記》卷29引作「翹陸而居」，非也。宋本《類聚》卷93引作「翹尾而隆」，「隆」爲「陸」形譌；《四庫》本改作「翹陸而居」，亦非也。《史記・惠景間侯者年表》：「侯隆彊。」《漢書》作「陸彊」。考《水經注・聖水》：「隆強爲侯國。」是「陸彊」爲「隆彊」之誤。此亦二字相譌之例。

騒，馬健也。」成玄英疏：「舉足而跳躑。」《道藏》本宋碧虛子《南華眞經章句音義》卷 5 指出「張君房本作『騒』」。「騒」是馬跳走義的易旁俗字。《淮南子·修務篇》作「翹尾而走」，是「陸」爲跳走也。《御覽》卷 359 引杜夷《幽求》：「銜羈之馬，伏櫪之駒，莫不思平原曠澤，翹尾而馳陸也。」馳陸言馳走也。字或作踛，《玉篇》：「踛，翹踛也。」《文選·江賦》：「夔牛翹踛於夕陽，鴛雛弄翮乎山東。」李善注引《莊子》作「翹尾而踛」，引司馬彪注作「踛，跳也」，改字以就正文，桂馥謂《莊子》舊本當作「踛」〔註38〕，是不明李善注《文選》之體例也。李周翰注：「翹踛，一足行也。」「一足行」即跳也。音轉又作㚛、陵、凌，章太炎曰：「陸訓跳者，古祇作㚛，《說文》云：『竈，其行㚛㚛。』〔註39〕又云：『㚛，越也，從夊從㚛。』㚛亦跳也。」〔註40〕章說是也，古楚語謂「陸」爲「陵」〔註41〕，是其證。字或作奔，石鼓文《鑾車》：「趍趍奔馬。」何琳儀曰：「奔讀騒，《廣韻》：『騒，良健馬。』」何氏讀騒是也，而所引《廣韻》當作「騒，騒良，健馬」，脫一「騒」字，又失其讀〔註42〕。字或作逯，《方言》卷 12：「逯，行也。」《淮南子·精神篇》：「渾然而往，逯然而来。」字或作踚、踨，《淮南子·繆稱篇》：「故人之憂喜，非踚踚焉往生也。」《玉篇》：「踚、踨，二同。行貌。」皆謂跳行耳。《說文》：「鹿，獸也，象頭、角、四足之形。」許氏以爲是象形字，余謂鹿善決驟跳躑，易受驚而奔散，因名爲「鹿」，兼取其聲也。李海霞曰：「鹿，猶角（讀鹿）、欒（讀鹿、角），鹿有發達的角。」〔註43〕未聞動物的「角」可讀「鹿」音，故鹿之爲物，不取誼於角，李說非也。音轉則爲溜，俗字亦作遛〔註44〕。上引章太炎說，謂「㚛轉去聲，讀如溜」。丁惟汾亦曰：「溜馬，陸馬也，踛馬也。步馬謂之溜馬。溜字當作陸（古音讀如溜），《莊子·

〔註38〕桂馥《札樸》卷 7，中華書局 1992 年版，第 292 頁。

〔註39〕《說文》「㚛㚛」作「㚛㚛」。

〔註40〕章太炎《莊子解故》，收入《章太炎全集（6）》，上海人民出版社 1986 年版，第 139 頁。

〔註41〕參見蕭旭《〈淮南子〉古楚語舉證》，《淮南子校補》附錄二，花木蘭文化出版社 2014 年版，第 821～823 頁。

〔註42〕何琳儀《戰國古文字典》，中華書局 1998 年版，第 225 頁。劉信芳《楚簡帛通假彙釋》誤同，而未訂正，高等教育出版社 2011 年版，第 331 頁。

〔註43〕李海霞《漢語動物命名考釋》，巴蜀書社 2005 年版，第 108 頁。

〔註44〕《國語·越語下》：「五穀睦熟。」《舊音》作「稑」，馬王堆帛書《十六經·觀》作「溜」。是其證。

馬蹄篇》：『翹足而陸。』《釋文》：『陸，《字書》作踛。』」〔註45〕今吳語謂快走爲溜，亦「踛」之音變。

4.2.「梁」亦跳也，其本字待考。依章太炎說，則是「陸」雙聲之轉（章氏謂「陸」爲「梁」音轉，則儥矣）。《莊子‧逍遙遊》：「子獨不見狸狌乎？卑身而伏，以候敖者；東西跳梁，不辟高下。」成玄英疏：「跳梁，猶走擲也。」《漢書‧遊俠傳》：「（陳）遵起舞跳梁，頓仆坐上。」後出本字作「踉」，《廣韻》：「踉，跳踉。」敦煌寫卷 P.2011 王仁昫《刊謬補缺切韻》：「踉，跳〔踉〕。」〔註46〕《淮南子‧精神篇》漢高誘注：「若此養形之人，導引其神，屈伸跳踉，是非眞人之道也。」P.2160《摩訶摩耶經卷上》：「倒懸兩足，不得跳踉。」甘博 064《佛說呪魅經》：「或在人田地間跳踉不止。」敦研 311《修行本起經》卷下：「馬便跳踉，不可得近。」S.2614《大目乾連冥間救母變文》：「猛火掣浚似雲吼，咷踉滿天；劍輪簇簇似星明，灰塵撲地。」「咷踉」即「跳踉」。字亦作踃，《集韻》：「踃，跳踃，走也。」《可洪音義》卷 6：「跳踃，下音良。」又卷 13、15、21：「跳踃，下力羊反。」《佛說馬有八態譬人經》卷 1：「馬有弊惡態八……二態者駕車跳踃欲齧人。」宋、元、明本作「跳踉」；高麗本《法苑珠林》卷 83、《諸經要集》卷 10 引都作「跳踉」，宋、元、明、宮本都作「跳梁」。《佛說鹿母經》卷 1：「鹿見遣去，出就其子，子望見母，得生出還，強馳走趣，跳踃悲鳴。」《修行道地經》卷 3：「歡喜跳踃，皆稱萬歲。」宋、元、明、宮本作「跳踉」。又卷 5：「又一子父嚯呼跳踃，乃如虎鳴。」元、明本作「跳梁」。又卷 6：「百千萬蟲，跳踃身中。」明本作「跳梁」。「浪」本音狼，是水名，作「波浪」用者，亦取誼於「踉」，指上湧之水也。

5. 嶺南之地稱爲「陸梁」，《索隱》謂得義於「其性陸梁」，即謂其地之人性格強橫也。章太炎謂得義於「蠻人輕暴善跳踉耳」，與《索隱》說相合。此說可備一解。章氏又謂「因其人善跳，故以爲名」，亦通。二說雖有不同，而語根皆是「跳躍」。蔣斧印本《唐韻殘卷》、《廣韻》並云：「驪，驪良，健馬。」〔註47〕「驪良」亦即「坴梁」，是用於健馬的專字。馬之健行謂之驪良，人之

〔註45〕丁惟汾《俚語證古》卷 12，齊魯書社 1983 年版，第 265 頁。丁氏引《釋文》「驪」誤作「踛」。

〔註46〕關長龍校曰：「缺字底卷殘泐，可據《箋二》、《王一》補作『踉』。」張涌泉主編《敦煌經部文獻合集》，中華書局 2008 年版，第 6 冊，第 2956 頁。

〔註47〕蔣斧印本《唐韻殘卷》，收入周祖謨《唐五代韻書集存》，中華書局 1983 年版，第 687 頁。《篆隸萬象名義》：「驪，〔驪〕良，健馬。」亦當連篆讀爲「驪良」，呂浩《篆隸萬象名義校釋》，學林出版社 2007 年版，第 371 頁。

健行謂之陸梁，其義一也。《鹽鐵論・誅秦》：「南取陸梁，北却胡狄。」王佩諍指出「『陸』取跳躍義」〔註48〕，斯亦得之。

6.《正義》謂「其性強梁」，「強梁」亦作「彊梁」，《釋名・釋宮室》：「梁，彊梁也。」〔註49〕字亦作「強良」、「彊良」，《老子》第 42 章：「強梁者不得其死。」馬王堆帛書甲本作「強良」。睡虎地秦簡《爲吏之道》：「強良不得。」《墨子・公孟》：「身體彊良。」《雜阿含經》卷 33：「當修眞實禪，莫習強良禪，如強良馬，繫槽櫪上……」明本作「強梁」。字亦作「強梁」，銀雀山漢簡（二）《十問》：「而理（吏）強梁〔勁〕走（捷）。」尹灣漢墓木牘《博局占》：「婦強梁，有子，當家。」字亦作「強躁」，《兜調經》卷 1：「人於世間憍慢、不敬尊者，自用強梁，死入地獄中。」《大明度經》卷 6：「強梁自用者。」《最勝問菩薩十住除垢斷結經》卷 3：「意識柔軟無強梁心。」三文，宋本皆作「強躁」。字亦作「強踉」，《阿難問事佛吉凶經》卷 1：「不念行善，強梁嫉賢。」宮本作「強踉」。《菩薩生地經》卷 1：「愚以貪強梁，自用無禮敬。」宋本作「強躁」，顯然是「強躁」之誤。倒言則作「梁強」，《佛說灌頂經》卷8：「有諸神王強梁難化不受教者。」宋本作「梁強」。又音轉作「據梁」，《莊子・大宗師》：「夫無莊之失其美，據梁之失其力。」《釋文》引李頤曰：「據梁，強梁也。」徐復曰：「據變爲強，與梁又同屬陽韻，構成變音疊韻詞。」〔註50〕梁、良亦彊也，《唐開元占經》卷 64：「胃七度至畢十一度，於辰在酉，爲大梁。梁，強也。八月之時，白露始降，萬物於是堅成而強，故曰大梁。」〔註51〕王引之曰：「良亦彊也。良與梁古字通。」〔註52〕梁（梁）、良、躁、踉，並讀爲倞，《說文》：「倞，彊也。」字亦作勍，《說文》：「勍，彊也。」《巢氏諸病源候總論》卷 2：「發則仆地，吐沫，無知，若彊倞起如狂及遺糞者，難治。」正用本字。《肘後備急方》卷3、《外臺祕要方》卷15、《備急千金要方》卷 44 作「彊掠」，並形之誤也。王先謙曰：「《莊子・山木篇》《釋文》：『彊梁，多力也。』《詩・蕩》疏：『彊梁，任威使氣之貌。』梁在屋上，有居高

〔註48〕王佩諍《鹽鐵論校記》，商務印書館 1958 年版，第 174 頁。

〔註49〕《說文繫傳》引誤作「梁者，屋梁也。」

〔註50〕徐復《變音疊韻詞纂例》，收入《徐復語言文字學叢稿》，江蘇古籍出版社 1990年版，第 116 頁。

〔註51〕《御覽》卷 25 引《天文錄》「爲大梁梁強也」作「大梁之彊也」，脫「爲」字，「之」爲重文符合之誤，「彊」爲「彊」之誤。

〔註52〕王引之《春秋名字解詁》，收入《經義述聞》卷 22，江蘇古籍出版社 1985 年版，第 528 頁。

負重之象，故以彊梁訓之。《說文》：『彊，弓有力也。』屋梁、橋梁皆以勁直負重爲能，合之可得彊、梁二字之誼。」〔註53〕王先謙說亦爲望文生義。「強梁」與「陸梁」語源不同。朱駿聲謂「強梁」、「陸梁」之「梁」皆借爲「勍」，其說「強梁」是，說「陸梁」非，得失各半也。黃侃謂「奊梁」之「梁」借爲「倞」，亦非是。

7. 「陸梁」的引申義強橫、跋扈與「強梁（良）」的本義相近，而語源不同，此當辨析，不可一之。《意林》卷4引《阮子》：「漁人張網於淵，以制吞舟之魚；明主張法於天下，以制強梁之人。」《御覽》卷638引作「強良」，《書鈔》卷43引作「陸梁」。

8. 《易林·師之豫》：「北山有棗，使叔壽考；東嶺多栗，宜行賈市；陸梁雌雉，所至利喜。」又《艮之師》同。辛德勇謂《易林》出自孔子所說的「山梁雌雉，時哉時哉」，則是誤信了《易林·艮之師》的《四部叢刊》本舊注（辛氏未言明所據乃舊注）。考《易林·復之賁》：「孟春醴酒，使君壽考；南山多福，宜行賈市。稻梁雌雉，所至利喜。」《道藏》本、汲古本、《四庫》本作「秋梁」。「秋梁」、「陸梁」皆「稻梁」之譌。「稻」先誤作「秅」，復誤作「陸」。《易林》言有稻米母野雞等美味，故所至，則有利而喜悅也。孔子語見《論語·鄉黨》，是說山梁之雌雉，十步一啄，百步一飲，悠閒自在，故夫子歎之。《易林》與《論語》文意，風馬牛不相及。附辨於此。

9. 這一節辨正一個字書、韻書上相承已久的錯字。蔣斧印本《唐韻殘卷》、《廣韻》並云：「跱，蹶跱，跳踉兒，出《字統》。」〔註54〕《鉅宋廣韻》「兒」誤作「見」。《類篇》、《五音集韻》、《正字通》皆作「跱，蹶跱，跳踉貌」，《龍龕手鑑》：「跱，音劣，蹶跱，跳踉也。」《集韻》作「跱，蹶跱，跳跟兒」。「跟」爲「踉」形誤〔註55〕。「跱」即「蹶」省，行不正貌，疑「跱」爲「踤」形誤，《唐韻》等書字頭「跱」誤收此義。《文選·江賦》「踤跼（跔）」〔註56〕，李

〔註53〕王先謙《釋名疏證補》，中華書局2008年版，第184頁。
〔註54〕蔣斧印本《唐韻殘卷》，收入周祖謨《唐五代韻書集存》，中華書局1983年版，第707頁。《隋書·經籍志》載：「《字統》21卷，楊承慶撰。」
〔註55〕方成珪已訂正，寧波明州述古堂影宋鈔本、潭州宋刻本、南宋初明州刻本不誤，其餘各本皆誤。方成珪《集韻考正》卷9，收入《續修四庫全書》第253冊，上海古籍出版社2002年版，第348頁。
〔註56〕「跼」當作「跔」，參見胡紹煐《文選箋證》卷14，《續修四庫全書》第1582冊，上海古籍出版社2002年版，第173頁。

善注引《埤蒼》：「踌躒，跳也。」〔註57〕是其明證也。《玉篇》：「跦，踰也。」《篆隸萬象名義》：「跦，走跳。」「跦」亦「踌」形誤。《說文》：「踌，一曰曲脛也。讀若達。」曲其脛，故有「跳」義。「踌」讀若達，與「踱」音相轉。桂馥曰：「踱，即踌之變體，謂馬曲一脛也。」〔註58〕尤足證明「踌」有「跳」義。「跦」、「踌」音義全別。字書、韻書輾轉鈔襲，其誤久矣。鄧顯鶴、胡吉宣、黃侃、趙少咸、周祖謨、余迺永、蔡夢麒、方成珪、蔣禮鴻、陳飛龍、鄭賢章、呂浩諸家皆未作校正〔註59〕。「蹶跦」俗作「蹶劣」，《綠野仙蹤》第43回：「用手推了幾推，只見金鐘兒一蹶劣坐起來，圓睜杏眼，倒豎蛾眉。」倒言即作「劣厥」，漢·蔡邕《短人賦》：「其餘厓么，劣厥僂寠，嘖嘖怒語，與人相拒。」〔註60〕字亦作「劣蹶」，明·佚名《破天陣》：「一隊隊衝開陣角，人劣蹶，馬咆哮。」《西遊記》第20回：「先鋒道：『大王，見食不食，呼爲劣蹶。』」《續西遊記》第41回：「這個小妖劣蹶，智謀果是奇絕。」字亦作「劣撅」，明·胡文煥《群音類選》北腔類卷4《黃花峪跌打蔡紇緒》第2折：「大莊一座靠山崖，殺盡生靈，誓不埋幾個劣撅擑搜漢，端的入山拖出大蟲來，自家末公明是也。」〔註61〕《初刻拍案驚奇》卷4：「猙獰相貌，劣撅身軀。」《二刻拍案驚奇》卷31：「不肯聽屍親免簡，定要劣撅做去。」字亦作「劣倔」，《型世言》卷9：「彭氏道：『不知他小時節也好，如今一似著傷般，在家中就劣倔起來，也是我老兩口兒的命！』」字亦作「劣缺」，宋金時代佚

〔註57〕 宗福邦主編《故訓匯纂》點作「踌，躒跳也」，非是，商務印書館2003年版，第2219頁。

〔註58〕 桂馥《札樸》卷7，中華書局1992年版，第292頁。

〔註59〕 鄧顯鶴《玉篇校刊札記》，道光東山精舍本，第9頁。胡吉宣《玉篇校釋》，上海古籍出版社1989年版，第1413頁。黃侃《黃侃手批廣韻》，中華書局2006年版，第579頁。趙少咸《廣韻疏證》，巴蜀書社2010年版，第3392頁。周祖謨《廣韻校本（上）》，中華書局2004年版，第501頁。余迺永《新校互注宋本廣韻》，上海辭書出版社2000年版，第499頁。蔡夢麒《廣韻校釋》，嶽麓書社2007年版，第1171頁。方成珪《集韻考正》卷9，收入《續修四庫全書》第253冊，上海古籍出版社2002年版，第348頁。蔣禮鴻《類篇考索》，收入《蔣禮鴻集》卷2，浙江教育出版社2001年版，第291～293頁。陳飛龍《〈龍龕手鑑〉研究》，文史哲出版社1974年初版，第340～344頁。鄭賢章《〈龍龕手鏡〉研究》，湖南師範大學出版社2004年版，第334～340頁。呂浩《篆隸萬象名義校釋》，學林出版社2007年版，第102頁。

〔註60〕 《初學記》卷19引「么」作「公」。

〔註61〕 明·胡文煥《群音類選》北腔類卷4《黃花峪跌打蔡紇緒》，明胡氏文會堂刻本。

名《劉知遠諸公調》第 2：「李洪乂（义）、李洪信，如狼虎，棘針棍，倒上樹，曾想他劣缺名目，向這懑眉尖眼角上存住。」元・關漢卿《哭存孝》第 3 折：「可端的憑著他劣缺，端的是今古皆絕。」字亦作「劣角」，金・董解元《西廂記》卷 1：「秀才家那個不風魔，大抵這個酸丁忒劣角，風魔中占得箇招討。」皆是「踅蹶」的記音俗字，其義爲兇橫、暴戾、乖戾等，皆是「跳踉」義的引申，而文獻之用，承誤久矣，千載以下，莫之辨也。宋・佚名《武王伐紂平話》上：「酒飲千鐘，會挽硬弓，能騎劣馬。」元・陳以仁《存孝打虎》第 1 折：「騎劣馬，坐雕鞍。」「劣馬」即「踅馬」，實即「駤馬」之譌，故爲健馬之義。杭世駿曰：「倛奊，音列挈，胸次不平貌，今俗作劣蹶。」虞兆漋說同〔註62〕。二氏謂「劣蹶」同「倛奊」，非也。「倛奊」是傾頭作態之義。《集韻》：「倛，倛奊，頭袤態。」引申亦指性情乖戾，而與「踅蹶」、「劣厥」來源不同。翟灝曰：「《漢書・賈誼傳》：『倛后（詬）亡節。』註云：『倛奊而無志節。』《說文》：『倛，胡結切，頭衺骫（骫倛）態也。奊，古屑切，頭傾也。』直讀若列挈。按：俗謂人胸次不坦夷、舉事拗戾以乖忤人者有此目，而其字未之知也，愚謂當用此二字。然蔡邕《短人賦》云：『其餘尫公，劣厥僂窶，嘖嘖怒語，與人相拒，眾人患忌，難以爲侶。』劣厥亦乖忤之辭，而音相近，並著之，俟知者擇焉。」〔註63〕翟氏其言愼矣，未嘗混「劣厥」、「倛奊」爲一。敦煌寫卷 P.2717《碎金》：「倛奊：音列挈。」「倛奊」或作「戾契」，倒言則作「契緱」〔註64〕。

〔註62〕杭世駿《訂訛類編續補》卷上，民國 7 年嘉業堂叢書本，上海書店 1986 年影印，第 402 頁。虞兆漋《天香樓偶得》說同，收入《叢書集成續編》第 215 冊，臺灣新文豐出版公司 1988 年版，第 22 頁。

〔註63〕翟灝《通俗編》卷 15，收入《續修四庫全書》第 194 冊，上海古籍出版社 2002 年版，第 424 頁。翟氏引《漢書》「詬」誤作「后」。顏師古注：「倛詬，謂無志分也。」翟氏引亦誤。又引《說文》「骫倛」誤作「骫」。

〔註64〕參見蕭旭《〈中古漢語詞彙史〉補正》。

「蝗蟲」名義考

　　1. 「蝗蟲」種類繁多，各地方言指稱亦異。《方言》卷 11：「蟒，宋魏之間謂之蚅，南楚之外謂之蟅蟒，或謂之蟒，或謂之蟦。」郭璞注：「蟒，即蝗也。蟅音近詐，亦呼虴蛨。」據《方言》及郭注，其名稱有六。或單言之，曰蟒，曰蚅，曰蟦，曰蝗；或合言之，曰蟅蟒，曰虴蛨。其義久晦，這裏據《方言》此條的記載，下面分條疏證之。

　　1.1. 「蟒」、「蝗」、「蛨」皆一音之轉。又音轉作蜢，《集韻》：「蜢，虴蜢，蝗類，或作蟒。」字或作猛，《賈子・禮》：「毒蠚猛蚖之蟲密。」劉師培曰：「『猛』即《爾雅》之食根蟊也。蟊，《說文》作『蠚』，古文作『蛑』。此文假蟊爲猛，復『猛蚖』並言。」〔註1〕又音轉作蟓，《說文》：「蟓，蟲食穀葉者。」

　　1.2. 「蚅」、「蟦」亦方言之音轉。王念孫曰：「蚅猶言蟦也，方俗語有重輕耳。」〔註2〕《呂氏春秋・五月紀》高誘注：「蟦，讀近殆，兗州人謂蝗爲蟦。」《玉篇》：「黱，畫眉黑也。黛，同上。」《六書故》：「黛，亦作黱，唐本《說文》曰：『或從代。』徐本《說文》無黛字。」「黱」之或作「黛」，與「蟦」之或作「蚅」，是其比也。字或作蟘、蚮、蟘，《詩・大田》：「去其螟蟦。」《釋文》：「蟦，字亦作蚮，《說文》作蟘。」《慧琳音義》卷 41、80 引《說文》亦作「蟘」。今本《說文》作「蟘」，云：「蟘，蟲食苗葉者。《詩》曰：『去其螟蟘。』」字亦作𧒓，《隸釋》卷 3《楚相孫叔敖碑》：「野無螟𧒓。」

〔註1〕　劉師培《賈子新書斠補》卷下，收入《劉申叔遺書》，江蘇古籍出版社 1997　　　　　年版，第 997 頁。

〔註2〕　王念孫《廣雅疏證》，收入徐復主編《廣雅詁林》，江蘇古籍出版社 1992 年版，　　　　　第 945 頁。

洪适曰：「碑中以**俶**爲蟘。」〔註3〕字或作蟘，《玉篇》：「蟘，蟲，食禾葉。」字或作蟓、螚，《慧琳音義》卷88：「螟螣：《說文》從蟲作蟘，集文作蟓，誤也。」《龍龕手鑑》：「蟓，俗。螚，正，音特。食禾蟲也。」又「蟓，徒登、徒得二反。正作螣、蟘二字。食禾蟲也。」字或作蟐，《集韻》：「螣，一曰蝗也，或作蟐。」

1.3. 《說文》「蟅，蟲也。」字亦作廬，《廣韻》：「廬，蟠負蟲，亦作蟅，又音柘。」《集韻》：「蟅，一曰蝗類。或書作廬。」「蟅」音轉又作蟒，字亦作虴、蚱，《爾雅》：「土螽，蠰谿。」郭璞注：「似蝗而小，今謂之土蟒。」《釋文》：「蟒，字又作虴，竹宅反。諙幼云：『虴，虴蜢也，善跳。』」邢昺疏：「土螽，一名蠰谿，今謂之土蟒，江南呼虴蛨，又名蚱蜢，形似蝗而小，善跳者是也。」《六書故》：「虴，又作蚱、蟒。」方以智曰：「虴、蚱、蟒一字。」〔註4〕字亦作蛇，《集韻》：「蟒，土蟒，蟲名，似蝗而小，或作虴、蛇。」《類篇》：「蛇，陟格切，土蛇，蟲名，似蝗而小。」字亦作柘、磔，馬王堆漢簡《天下至道談》：「五曰黃柘。」又《合陰陽》作「蝗磔」。《廣雅》：「蟅蟒，蛤也。」曹憲蟅音柘，蟒音猛。漢簡作「柘」，正「蟅」之記音字，與曹憲、《廣韻》蟅（廬）音柘相合，是南楚方言也；漢簡「蝗磔」，即「蟅蟒」之倒言音轉。整理者注：「磔，《廣雅》：『張也。』又『開也。』」〔註5〕馬繼興讀「磔」、「柘」爲「蹶」，解「蝗蹶」爲蝗蟲僕倒之狀〔註6〕。周一謀曰：「蝗，蝗蟲，或當爲『凰』，《玉女經》有『鳳翔令』，鳳與凰可互用。磔，張也，開也。蝗磔，即模仿蝗蟲（或鳳凰）張開翅膀的動作。」〔註7〕魏啓鵬、胡翔驊採用整理者的說法，盧盛波、宋書功採用周一謀的說法〔註8〕。諸說皆非是。俗字亦作螪，《集韻》、《類篇》引《字林》：「螪，蟲也。」《集韻》「螪」、「蟅」同音之石切，「螪」疑「蟅」之俗字。

〔註3〕 洪适《隸釋》卷3，中華書局1986年版，第39頁。

〔註4〕 方以智《通雅》卷47，收入《方以智全書》第1冊，上海古籍出版社1988年版，第1392頁。

〔註5〕 《馬王堆漢墓帛書〔肆〕》，馬王堆漢墓帛書整理小組編，文物出版社1985年版，第155頁。

〔註6〕 馬繼興《馬王堆古醫書考釋》，湖南科學技術出版社1992年版，第1048頁。

〔註7〕 周一謀《中國古代房事養生學》，中外文化出版公司1989年版，第215～216頁。

〔註8〕 魏啓鵬、胡翔驊《馬王堆漢墓醫書校釋（貳）》，成都出版社1992年版，第134頁。盧盛波、宋書功主編《性醫學教程》，中醫古籍出版社1994年版，第329頁。

1.4.「蠦蜰」江南音轉作「虼蛜」、「虼蜢」、「蚱蜢」，《玉篇》：「虼，虼蛜，蠦蜰，蟲也。」《集韻》：「虼，虼蛜，蟲名，蚰蝑也。」又「蜢，虼蜢，蝗類，或作蜰。」《龍龕手鑑》：「蚱，蚱蜢，蟲也。」倒言則作「蛜虼」，《玉篇》：「蛜，蛜蚱也。」北方語轉，又作「螞蚱」，《欽定日下舊聞考》卷 151 引《涿州志》：「蟲螽，燕俗呼螞蚱。」《畿輔通志》卷 57 引《舊志》：「蟲螽，俗呼螞蚱。」並是一物耳。王念孫曰：「『虼蛜』猶言『蠦蜰』也。」〔註 9〕段玉裁曰：「蠦，即今北人所謂蛜蚱，江南人謂之蝗蟲。蠦蜰、虼蜢，一語之轉。」〔註 10〕郝懿行曰：「土螽者，今土蛜虼也……虼蜢，《方言》作『蠦蜰』……今按登萊人呼蛜虼音如禱詐，揚州人呼抹扎，班（斑）黑者為土抹札也。」〔註 11〕錢繹曰：「『蜰』、『蜬』一聲之轉，《爾雅》、《說文》分言之，《方言》混言之耳……『蜰』亦為『蝗』之變轉矣……『虼蜢』亦即『蠦蜰』、『虼蛜』之轉也。倒言之則曰『蛜虼』，《玉篇》：『蛜，蛜虼也。』」〔註 12〕鄭知同曰：「『蠦蜰』蓋即『虼蜢』古字。故郭氏以『蠦』音近『詐』，即『虼』之去聲，而俗別作『蚱』。郭音『蜰』為莫鯁切，與《玉篇》『蜢』字音同。『虼蛜』亦即『虼蜢』。『蛜』是『蜢』之入聲也。」〔註 13〕鈕樹玉曰：「『虼蜢』疑『蠦蜬』之俗字。虼音義並近蠦，故疑為蠦之俗字。郭音蜰，與《玉篇》『蜢』同，二字《說文》並無。據蜰訓蝗，則蜰、蜢並當是蜬之俗字。」〔註 14〕諸說皆是也。黃侃曰：「虼本作土，或作蠦。蜢即蜬或蟆之後出字。」黃焯曰：「《爾雅·釋蟲》有土螽、土蝸蠡、土蠭等名，故知虼為土之變轉……虼音義並近蠦，故知為蠦之俗字。」〔註 15〕二黃謂「虼本作土」非也。「土蠦」者，《埤雅》卷 10 引蔡邕《月令》曰：「其類乳于土中，深埋其卵，〔至夏始出〕，江東謂之蚱蜢。」〔註 16〕以其多天在土中，故名「土蠦」耳，「土

〔註 9〕 王念孫《廣雅疏證》，收入徐復主編《廣雅詁林》，江蘇古籍出版社 1992 年版，第 945 頁。

〔註 10〕 段玉裁《說文解字注》，上海古籍出版社 1981 年版，第 668 頁。

〔註 11〕 郝懿行《爾雅義疏》，上海古籍出版社 1983 年版，第 1140 頁。

〔註 12〕 錢繹《方言箋疏》，上海古籍出版社 1984 年版，第 625～626 頁。

〔註 13〕 鄭珍《說文新附考》，收入《續修四庫全書》第 223 冊，上海古籍出版社 2002 年版，第 332 頁。

〔註 14〕 鈕樹玉《說文新附考》卷 6，收入《續修四庫全書》第 213 冊，上海古籍出版社 2002 年版，第 149 頁。

〔註 15〕 黃侃《說文新附考原》卷 13，收入《說文箋識》，中華書局 2006 年版，第 307 頁。

〔註 16〕 「至夏始出」四字據《本草綱目》卷 41 引補。

螽」等類此。

1.5.「蛨」字或省作「百」，亦作「蟇」，音陌。《詩‧皇矣》：「貊其德音。」《詩攷》謂《韓詩》「貊」作「莫」，《禮記‧樂記》、《左傳‧昭公二十八年》、《史記‧樂書》引亦作「莫」。《史記‧蘇秦傳》：「當敵則斬堅甲鐵幕。」《索隱》：「《戰國策》云：『當敵則斬堅甲盾鞮鍪鐵幕。』鄒誕云：『莫一作陌。』」《干祿字書》：「貊、狛：上通下正，其獸名者字作貘。」郝懿行曰：「狛與貊，貘與貘，並字異而音同，聲轉爲猛……猛豹即貘豹。」〔註17〕皆「蛨」、「蟇」同字之證。《禮記‧月令》：「行春令，則五穀晚熟，百螣時起，其國乃饑。」王念孫曰：「百、蛨聲相近，蝗謂之螣，又謂之蚍蛨，因又謂之百螣。」王氏又曰：「《管子‧七臣七主篇》：『苴多螣蟇，山多蟲螽。』蟇與蟒同，『百螣』即『蟇螣』。」〔註18〕王說是也，「百螣」即「蛨螣」，亦即「螣蟇」之倒言。孫詒讓曰：「螣即蟘之借字，蟇當爲螷，即螾之變體。『螣螷』猶《詩》言『螾螣』也。校者改螷爲蟇，不知《說文》蟇爲蝦蟇字，不當與『螣』並舉。」〔註19〕孫氏改「螷」非也。音轉又作「螟螣」、「螟蟘」，例見上引《詩‧大田》。《商子‧農戰》：「今夫螟螣蚼蠋，春生秋死。」〔註20〕亦倒言作「螣螟」，《呂氏春秋‧不屈》：「公何事比施於螣螟乎？」又考《鹽鐵論‧執務》：「風雨時，五穀熟，螟螣不生。」此與《禮記》爲對文，是「百螣」即「螟螣」也。

2. 考其名義，《方言》卷11及郭注的六個名稱，語音有三系：

2.1.「蟱」是一系。「蟱」之言「蹠」也，《方言》卷1：「蹔、蹅、踷，跳也，楚曰蹠。」《說文》：「蹠，楚人謂跳躍曰蹠。」《玉篇》：「蹠，楚人謂跳曰蹠。」《廣雅》：「蹠，行也。」謂跳行也，引申則訓適、至。《淮南子‧原道篇》：「自無蹠有，自有蹠無。」高誘注：「蹠，適也。」又《精神篇》亦有此語，彼文高注：「自無跡有從無形至有形也，自有跡無從有形至無形也。」訓蹠爲至，適亦至也。又《齊俗篇》：「各樂其所安，致其所蹠。」又《說山篇》：「方車而蹠越，乘桴而入胡。」又《說林篇》：「蹠越者或以舟，或以車，雖異路，所極一也。」高注並訓蹠爲至。又《主術篇》：「明分以示

〔註17〕郝懿行《爾雅義疏》，上海古籍出版社1983年版，第1278頁。

〔註18〕王念孫《廣雅疏證》，收入徐復主編《廣雅詁林》，江蘇古籍出版社1992年版，第945頁。

〔註19〕孫詒讓《札迻》，中華書局1989年版，第113頁。

〔註20〕今本「螟」誤作「蛆」，據《意林》卷4、《御覽》卷24引訂正。

之，則蹠、蹻之奸止矣。」高注：「盜跖，孔子時人。蹻，莊蹻，楚威王之將軍。能大爲盜也。」考《說文》：「蹻，舉足高行也。」是蹠、蹻二盜皆以跳躍善行而得名也。《淮南子》固用楚方言也〔註21〕。字或作遮，睡虎地秦簡《日書》：「利以遮野外。」字或作赿，《廣韻》：「赿，行也。」馬王堆帛書《十大經・本伐》：「故□者，赿者〔也〕；禁者，使者也。」字或作迒，九店楚簡第 32 簡：「迒四方埜（野）外。」字或作跅，《漢書・揚雄傳》：「秦神下讋，跅魂負沴。」王先謙曰：「跅與蹠同字。《說文》：『楚人謂跳躍曰蹠。』言秦神讋懼，其靈魂跳躍，遠避而負倚坻岸也。」〔註22〕字亦省作石，清華簡《金縢》：「周公石東三年，禍（禍）人乃斯旻（得）。」〔註23〕《史記・秦本紀》：「是時蜚廉爲紂石北方。」禤健聰讀「石」爲「蹠」，訓往、適〔註24〕。是南楚方言謂跳行爲「蹠（跅、赿、迒、石）」，因名善跳之蟲爲「蟥」也。俗字亦作趞、適，《集韻》：「趞，走貌。適，往也。」二字並音之石切，正與「蹠（赿）」同音。

2.2. 「蟒」、「蜢」、「蟥」、「蛨」、「螶」、「螟」是一系，皆一音之轉。「螶」、「蛨」之言「驀」也，亦取善跳爲義。《說文》：「驀，上馬也。」引申則有跳躍、踰越之誼。《慧琳音義》卷 34「跳驀」條引《考聲》：「驀，踰也。」又卷 37「跳驀」條引《考聲》：「驀，上也，躍也。」敦煌寫卷 P.2937《太公家教》：「他籬莫驀。」羅振玉藏本「驀」作「越」。字或作趏，《廣韻》「驀」、「趏」同音莫白切。《廣韻》：「趏，趏越。」《集韻》：「趏，越也。」《龍龕手鑑》：「趏，越也，今作驀。」《慧琳音義》卷 36：「驀，音陌，《考聲》：『踰越也。』《說文》或作趏，古字也。」又卷 42：「驀，或作趏。」字或作趉，《文選・江賦》：「鼓帆迅越，趉漲截洞。」李善註：「趉，猶越也。」劉良註：「趉，過。」楊愼曰：「趉漲：趉與驀同。」〔註25〕字或作陌，《別譯雜阿含經》卷 2：「譬如彼後牛，騰陌先牛上。」陌亦騰也。敦煌寫卷 P.3883《孔子項託相問書》：「夫子乘馬入山去，登山驀領（嶺）甚分方。」S.395

〔註21〕 參見蕭旭《〈淮南子〉古楚語舉證》，《東亞文獻研究》總第 6 輯，2010 年 8 月出版，第 71～72 頁。

〔註22〕 王先謙《漢書補注》，書目文獻出版社 1995 年版，第 1497 頁。

〔註23〕 《清華大學藏戰國竹簡（壹）》，中西書局 2010 年版，第 158 頁。

〔註24〕 禤健聰《〈史記〉釋讀札記二則》，《文獻》2014 年第 2 期，第 122～123 頁。

〔註25〕 楊愼《古音駢字》卷 4，收入《叢書集成新編》第 39 冊，新文豐出版公司 1985 年版，第 335 頁。

「驀」作「陌」。俗字亦作趍，《改併四聲篇海》引《川篇》：「趍，越也。」
《直音篇》：「趄，行貌。趍，同『趄』。」字或省作百，音陌。《左傳·僖公
二十八年》：「距躍三百，曲踊三百。」杜預注：「距躍，超越也。曲踊，跳
踊也。百，猶勵也。」《釋文》本「勵」作「勸」，云：「百音陌，勸也。勸
音邁。」孔疏：「杜言百猶勵，亦不知勵何所謂？蓋復訓勵爲勉，言每跳皆
勉力爲之。」朱駿聲申杜注，云：「百，叚借爲慔。」〔註26〕皆失之。王引
之曰：「百、陌古字通。陌者，橫越而前也。《釋名》曰：『鹿兔之道曰亢，
行不由正，亢陌山谷草野而過也。』『綃頭，或謂之陌頭。言其從後橫陌而
前也。』《廣韻》：『趍，莫白切，趍越也。』郭璞《江賦》曰：『鼓帆迅越，
趍漲截泂。』與陌字聲義正同。杜訓百爲勵，《正義》謂每跳皆勉力，並失
之。」〔註27〕桂馥曰：「《廣韻》『趍』下云：『趍越。』訓百爲勵，所未能
詳，似不如趍越義近。」〔註28〕王、桂說是也，胡紹煐採王說〔註29〕。距
躍，直跳也，今言跳高。曲踊，橫跳也，今言跳遠。「三百」猶言三跳，言
直跳、橫跳皆跳了三跳。「百」在此，是作動量詞用。王氏所引「陌頭」，亦
作「帕頭」、「袹頭」、「貊頭」，《方言》卷 4：「絡頭，帕頭也……南楚江湘
之間曰帕頭。」郭璞注：「帕音貊。」《集韻》：「袹、帕、貊：邪巾袹頭，始
喪之服。或从巾，亦作貊。」《禮記·問喪》鄭玄注：「今時始喪者，邪巾貊
頭，笄纚之存象也。」《釋文》本作「袹頭」，云：「袹頭：本或作貊。」亦
作「綃頭」，《宋書·五行志》：「以氈爲綃頭。」《御覽》卷 708 引《搜神記》
作「陌頭」。亦作「帕頭」，《通典》卷 85：「大唐之制，男子斂髮，布巾帕
頭。」又作「抹頭」，《搜神記》卷 7：「從軍者皆絳抹頭，以彰火德之祥。」
皆取「橫越」爲義。胡文英曰：「百，跳躍聲也。吳諺有『活百跳』、『百百
跳』之說。」〔註30〕跳躍聲的字當作「潑」〔註31〕，胡說未允。郝懿行曰：
「跨步曰百。案《說文》：『牛，苦瓦切，跨步也。』今人一足引前，一足曳
後，謂之一百，即本《左傳》之言，《說文》所謂跨步也。又今人履石渡水，

〔註26〕朱駿聲《說文通訓定聲》，武漢市古籍書店 1983 年版，第 460 頁。
〔註27〕王引之《經義述聞》卷 17，江蘇古籍出版社 1985 年版，第 412 頁。
〔註28〕桂馥《札樸》卷 2，中華書局 1992 年版，第 65 頁。
〔註29〕胡紹煐《文選箋證》卷 14，《續修四庫全書》第 1582 冊，上海古籍出版社 2002
　　　年版，第 174 頁。
〔註30〕胡文英《吳下方言考》卷 10，收入《續修四庫全書》第 195 冊，第 86～87
　　　頁。
〔註31〕參見蕭旭《「活潑」小考》。

將近彼岸，跨步而過亦曰一百。」〔註32〕洪亮吉曰：「百、迫古字通。迫，急也。蓋皆言其急遽無序耳……『三百』或當作『三尺』，古人跳躍之法如此耳。」〔註33〕劉文淇曰：「百即陌，江淮間俗語謂一箭地，與以陌計步同。」〔註34〕武億曰：「百、伯、陌，古皆通用……然則三百即三陌也。《杜解補正》引邵氏曰：『百音陌，猶阡陌之陌也。三陌蓋躍踊之度，大約有此。』深得其旨。」〔註35〕盧文弨曰：「明趙文毅校刊本遠出他本之上……頃讀《八說篇》有云：『登降周旋，不逮日中奏百。』趙氏疑當如《左氏》所云『距躍三百，曲踊三百』之『百』解，余以《荀子・議兵》云『魏氏之武卒，衣三屬之甲，操十二石之弩，負服矢五十个，置戈其上，冠軸帶劍，贏三日糧，日中而趨百里』以解此方合。」〔註36〕洪頤煊曰：「百與拍同，《說文》：『拍，拊也。』謂合手拍拊如鼓譟之狀。距躍、曲踊者，其足勢。三拍者，其手勢也。《韓非子・八說篇》：『登降周旋，不逮日中奏百。』其義正同。」〔註37〕竹添光鴻曰：「百當讀爲拍，拊也，擊也，搏也。三百謂以手作搏擊之勢各三度也。」〔註38〕竹氏乃襲洪說，而不著所出。章太炎曰：「此百則囧字之隸變也。《說文》云：『䍗，古文以爲囧字。』則囧、䍗得通，此囧借爲䍗也。《說文》：『䍗，驚走也。一曰往來也。』此從往來義，言其距躍曲踊，皆從此至彼，復從彼至此，如是者三徧，故曰三往來也。」〔註39〕諸說皆非是。任二北《敦煌曲校錄・破陣子》：「魚雁百水鱗跡疏。」〔註40〕江藍生校作「驀水」〔註41〕。字或作趶，《集韻》：「趶，莫葛切，行過也。」《類篇》

〔註32〕郝懿行《證俗文》卷7，收入《續修四庫全書》第192冊，第520頁。

〔註33〕洪亮吉《春秋左傳詁》，中華書局1987年版，第329～330頁。洪氏「三尺」之說又見《曉讀書齋雜錄》四錄卷上，收入《續修四庫全書》第1155冊，第649頁。丁晏《左傳杜解集正》卷3採洪說，收入《續修四庫全書》第128冊，第224頁。

〔註34〕劉文淇《春秋左氏傳舊注疏證》，科學出版社1959年版，第413頁。

〔註35〕武億《群經義證・春秋左氏傳上卷》，收入《續修四庫全書》第173冊，第168頁。

〔註36〕盧文弨《抱經堂文集》卷10《書〈韓非子〉後》，收入《續修四庫全書》第1432冊，第640頁。

〔註37〕洪頤煊《讀書叢錄》卷5，收入《續修四庫全書》第1157冊，第599頁。

〔註38〕竹添光鴻《左氏會箋》，巴蜀書社2008年版，第597頁。

〔註39〕章太炎《春秋左傳讀》，收入《章太炎全集（2）》，上海人民出版社1982年版，第292頁。

〔註40〕任二北《敦煌曲校錄》，上海文藝聯合出版社1955年版，第16頁。任氏校「百水」作「山川」，無據。

〔註41〕江藍生《〈敦煌變文集〉校記補議》，《敦煌學輯刊》1984年第1期，第80頁。

同。《龍龕手鑑》：「抺，俗，音末。」字或作抹，宋・妙源《虛堂和尙語錄》卷 10：「抹過兩重關，放出遼天鶻。」《大慧普覺禪師語錄》卷 24：「只向這裏翻身一擲，抹過太虛。」宋・程俱《十月五日車駕經由上殿札子》：「萬一敵人諜知緊慢，止循北岸，抹過鎮江常蘇等界，直犯秀州松江海岸。」《西遊記》第 17 回：「轉過尖峰，抹過峻嶺。」又第 1 回：「明日越嶺登山。」又第 36 回：「尋坡轉澗求荊芥，邁嶺登山拜茯苓。」「抹過峻嶺」即「越嶺」、「邁嶺」，亦即「驀嶺」也。俗語「轉彎抹角」、「拐彎抹角」，正字亦當作「趏」。章太炎曰：「今人行道方折曰轉彎，邪越曰趏角。」〔註42〕今中原官話、冀魯官話猶謂跨越、邁過爲「趏」〔註43〕。

2.3.「蚩」、「螣」是一系，亦一音之轉。「螣」之言「騰」也，《玉篇》：「騰，上躍也。」《漢書・李廣傳》顏師古注：「騰，跳躍也。」

3. 其他名物亦有此名，同樣是取跳行爲義。

3.1.《廣雅》：「舴艋，舟也。」《玉篇》：「舴，舴艋，小舟。」小艇曰「舴艋」，蟲名曰「蚱蜢」，其義一也。《格致鏡原》卷 28 引《留青日札》：「蚱蜢，尖頭尾蟲，生於草中，今小艇之形似之，故曰蚱蜢。以「形似」說之，未得實也。王念孫曰：「小舟謂之舴艋，小蝗謂之蚱蜢，義相近也。」〔註44〕義如何相近，王氏未言。

3.2. 舟名又稱「餘皇」、「艅艎」、「艅艭」，「皇（艎、艭）」之言「蝗」，「餘皇」是「蟷蠰」、「蝗蟓」之音轉，後世又音轉作「舴艋」。《左傳・昭公二十八年》：「餘子之不失職。」杜預注：「卿之庶子爲餘子。」《呂氏春秋・報更》：「張儀，魏氏餘子也。」高誘注：「大夫庶子爲餘。」《漢書・食貨志》：「餘子亦在於序室。」顏師古注引蘇林曰：「餘子，庶子也。」皆以聲爲訓。《左傳・昭公十七年》：「楚大敗吳師，獲其乘舟餘皇。」杜預注：「餘皇，舟名。」《國語・吳語》、《吳越春秋・夫差內傳》記此事並云「徙其大舟」，是「餘皇」爲大舟名也。《文選・江賦》：「漂飛雲，運艅艎。」李善注引《左傳》作「艅艎」。《廣雅》：「艅艭，舟也。」《玉篇》：「艅，艅艎，船名。」《集韻》：「艎、

〔註42〕章太炎《新方言》卷 2，收入《章太炎全集（7）》，上海人民出版社 1999 年版，第 77 頁。

〔註43〕許寶華、宮田一郎《漢語方言大詞典》記作「抹」、「跊」、「驀」，中華書局 1999 年版，第 3194、6102、6424 頁。

〔註44〕王念孫《廣雅疏證》，收入徐復主編《廣雅詁林》，江蘇古籍出版社 1992 年版，第 799 頁。

艎，艅艎，吳大舟名。或從黃，通作皇。」方以智曰：「歈艎本之餘皇，因作艅艎。皇言大也。」〔註45〕黃巽齋曰：「《說文》：『俞，空中木爲舟也。』……據金文，俞字從余得聲，故字孳乳爲艅……今按餘即艅，船也。皇，大也。」〔註46〕二說皆非也。

3.3. 《玉篇》：「𩧱，𩧱𩦡，驢父牛母。」蔣斧印本《唐韻殘卷》、《廣韻》並曰：「犿，犿狛。」又「狛，犿狛，驢父牛母，亦作𩧱𩦡。」《集韻》：「𩧱，𩧱𩦡，獸名，驢父牛母，或作𩦡、犿。」《古今注》卷中：「驢爲牡，馬爲牝，則生騾。馬爲牡，驢爲牝，則生〔騰〕驘。」〔註47〕「驘」即「蓨」之借音字，字亦作駃，《玉篇》：「駃，馬走貌。」《慧琳音義》卷78引《考聲》：「𩦡驢，似騾而小，面短而折，俗云牛驢爲牝牝（牡）所生，一名犿狛。」《集韻》：「騥，騎騥，騾屬。」又「騎，騎騥，騾屬。」方以智曰：「騥即驘。」〔註48〕敦煌寫卷S.617《俗務要名林》：「騎駅：上丁革反，下音麥。」「駅」即「驘」省寫。《玉篇》：「騎，陟革切，獸。」「騎騥」即「𩧱（𩦡）𩦡」之音轉，《廣韻》「鷫」、「𧒏」、「嫡」、「窗」四字與「磔」、「虴」、「犿」、「𩧱」、「舴」同音陟格切，是其比也。馬父驢母之子曰「騰驘」，驢父牛母之子曰「𩧱𩦡（犿狛）」、「騎騥（駅）」，皆取義於騰躍。蟲名曰「螣蜚」，獸名曰「騰驘」，其義一也。又考《說文》：「駃，駃騠，馬父驘子也。」駃之言跌、趐、蹷，疾奔也。《廣雅》：「駃，犇也。」《後漢書·班固傳》李賢注引作「趹，奔也」。騠之言蹏，踏也。《廣雅》：「蹷，蹏也。」《集韻》：「趹，蹏也。」王念孫曰：「駃之言趐，騠之言蹏，疾走之名也。」〔註49〕是「駃騠」取義於奔踏，與「騰驘」義近，故爲同一物之名。此其旁證也。劉又辛曰：「『駃騠』實即『快蹄』。」〔註50〕李海霞據劉說，云：「駃騠，快蹄的

〔註45〕方以智《通雅》卷34，收入《方以智全書》第1冊，上海古籍出版社1988年版，第1046頁。

〔註46〕黃巽齋《漢字文化叢談》，嶽麓書社1998年版，第72～73頁。

〔註47〕此據《四部叢刊三編》影宋刊本，《叢書集成初編》據顧氏文房本排印本「驘」作「𩦡」。「騰」字據《御覽》卷901引補。《爾雅翼》卷22引作「驘」，亦脫「騰」字，《音釋》：「驘，音陌。」

〔註48〕方以智《通雅》卷46，收入《方以智全書》第1冊，上海古籍出版社1988年版，第1377頁。

〔註49〕王念孫《廣雅疏證》，收入徐復主編《廣雅詁林》，江蘇古籍出版社1992年版，第1017頁。

〔註50〕劉又辛《釋「駃騠」》，收入《文字訓詁論集》，中華書局1993年版，第332～333頁。

音變。」〔註51〕皆非也。

3.4.《廣韻》：「蟆，蝦蟆，亦作蟇。」《證類本草》卷22引陳藏器曰：「蝦蟇背有黑點，身小，能跳接百蟲，解作哩呷聲，在陂澤間，舉動極急。」《埤雅》卷2：「俗說蝦蟆懷土，雖取以置遠郊，一夕復還其所。《字說》云：『雖或遷之，常慕而反。』又云：黽善怒，故音猛，而謂怒力爲黽。詩曰：『黽勉同心。』亦蛙善踊，故謂之猛。今蜻蛚一名蜻蜢，蜻蜢長瘦善跳，言窄而猛也。」三說皆誤。謂之「猛」者，即「黽」之音轉。「蜻蜢」之言「踽縱」，乃「踊縱」音轉。《方言》卷1：「踊，跳也。」《說文》、《廣雅》同。故又名「蚱蜢」，義亦同也。「蝦蟆」又作「蛤蟆」。「蝦（蛤）」乃「蛙」之聲轉，其鳴聲「哇哇」也。「蟆」取跳躍爲義。「蟆」爲跳蟲之名，或爲蝗類，或爲蛙類，二物不嫌同名也。李海霞曰：「蛤（蝦），模擬青蛙呱呱的鳴聲。蟆，猶麻，青蛙背上多麻斑。」〔註52〕後說非也。

3.5.「馬」之爲名，亦取善跳、善走爲義。《說文》：「馬，怒也，武也，象馬頭髦尾四足之形。」以「馬」爲象形字，其訓「怒也，武也」，則善跳之引申義，許君未得本義。《書鈔》卷51引韋昭《辨釋名》：「大司馬者，〔馬〕，武也，大總武事。」又云：「訓馬爲武者，取其速行也。」《御覽》卷209引韋昭《辯釋名》：「大司馬，馬，武也，大揔武事也。」〔註53〕是「武」取速行之義也。《初學記》卷29引《春秋說題辭》：「地精爲馬，十二月而生，應陰紀陽以合功，故人駕馬，任重致遠利天下，月度疾，故馬善走。」《事類賦注》卷21引《春秋考異郵》：「陰合於八，八合陽九，八九七十二，二爲地，地主月，月精爲馬，月數十二，故馬十二月而生，王者駕馬，故字以王爲馬。」二說或以「地精爲馬」，或以「月精爲馬」，又云「王者駕馬，故字以王爲馬」，皆非也。《埤雅》卷12已指出：「然則緯書以爲王者駕馬，故字以王爲馬，誤矣。」「馬」與「蟇」語源義相同，而所指不同，善跳之畜爲馬，善跳之蟲爲蟇，其義一也。《朝野僉載》卷6：「伯樂令其子執馬經畫樣以求馬，經年無有似者，歸以告父，乃更令求之，出見大蝦蟇，謂父曰：

〔註51〕 李海霞《漢語動物命名考釋》，巴蜀書社2005年版，第100頁。

〔註52〕 李海霞《漢語動物命名考釋》，巴蜀書社2005年版，第340頁。

〔註53〕 《書鈔》引脫一「馬」字，《御覽》卷209引作「大司馬，馬，武也，大揔武事也」。《廣韻》、《說文繫傳》引出處誤作「劉熙《釋名》」。《類聚》卷47、《職官分紀》卷2引作韋昭《辯釋名》，不誤，但引文作「司馬，武也」，衍一「司」字。

『得一馬,略與相同,而不能具。』伯樂曰:『何也?』對曰:『其隆顱跌目,脊都(郁)縮,但蹄不如累趨爾。』伯樂曰:『此馬好跳躑,不堪也。』子笑乃止。」〔註54〕可證「馬」、「蟇」語音相轉,故《朝野僉載》以爲笑談耳。李海霞曰:「馬,猶父、夫、溥、霸、麻、摩、牡、莽,大義。本當指公馬。」〔註55〕皆臆說無據。

4. 下面辨正一些舊說的錯誤。

4.1. 《說文》云:「吏冥冥犯法,即生蟊。」又「蟘,吏乞貸則生蟘。」《爾雅》邢昺疏引李巡曰:「食禾心爲蟊,言其姦冥冥難知也。食禾葉者,言假貸無厭,故曰蟘也。」《詩·大田》孔疏引李巡說「蟘」作「螣」。《玉燭寶典》卷2引《爾雅》犍爲舍人注:「食苗心者名冥(蟊),言冥然不知。」又引孫炎曰:「言以假貸爲名,因取之。」許氏、犍爲舍人、孫炎、李巡說皆未得其語源,乃臆說也。

4.2. 鄭玄曰:「螣,蝗之屬。言百者,明眾類並爲害。」《爾雅翼》卷27:「蟘之字又作螣,其種類不一,故曰百螣時起。」羅氏說本鄭君耳,皆以「百」爲數字,表眾類,亦非也。

4.3. 《六書故》:「蝗,頷下有文若王。」戴氏據「皇」字生說,亦臆說也。

4.4. 《本草綱目》卷41:「蚱蜢,此有數種,蟲蚤總名也,江東呼爲蚱蜢,謂其瘦長善跳,窄而猛也。」李時珍說本《埤雅》,謂「善跳」是也,而謂「窄而猛」,則望文生義,其說非也。

4.5. 吳·陸璣《毛詩草木鳥獸蟲魚疏》卷下:「蟊似蚱蚄,而頭不赤,螣蝗也。」《詩·大田》孔疏、《六書故》「蟊」字條引「蚱蚄」作「子方」,《六書故》又云:「子方,亦作蚱蚄。」《東坡志林》卷5:「(張)元方因言子方蟲爲害,甚於蝗,有小甲蟲,見輒斷其腰而去,俗謂之旁不肯。」《夢溪筆談》卷24:「子方蟲⋯⋯土人謂之傍不肯。」方以智曰:「程泰之曰:『徽州呼橫蟲。』蚱蚄,即子方。方、旁古通,子方當是子旁,子言小也,從旁斷禾之節。」〔註56〕方氏說「從旁斷禾之節」不確,餘說皆是。「方」、「傍」、

〔註54〕隆顱,《太平廣記》卷249引同,《埤雅》卷12引作「隆顙」。累趨,《廣記》引作「累趠」,《埤雅》引作「累麯」。「跌目」即「眣目」,目珠突出也。「麯」爲「趨」形誤,「趨」又「趠」形誤,「走」誤作「麦」,因改作「麥」。

〔註55〕李海霞《漢語動物命名考釋》,巴蜀書社2005年版,第94頁。

〔註56〕方以智《通雅》卷47,收入《方以智全書》第1冊,上海古籍出版社1988

「蚄」、「橫」皆「蝗」、「蛨」音轉。《禮記・樂記》：「方以類聚，物以群分。」鄭玄注：「方謂行蟲也。」「方」即「蚄」。孔疏：「類聚稱方者，行蟲有性，識道理，故稱方也。」其說非也。

4.6. 戴震曰：「蚢、螣字異音義同，此類不宜別立名及強讀異音，注文音縢，則是螾螣之螣，與螣蛇之螣同一音矣，未詳。」〔註57〕盧文弨曰：「螣音縢，則螣蛇也。《爾雅》：『蟒，王蛇。』在《釋魚》，此厠諸蟲間，似乎不類，故注以蝗與蚢蛨爲解。然《方言》無魚類，此所指皆蛇耳。蚢乃蛇之有黃黑色如蚢蜎者，故以爲名。」〔註58〕錢繹曰：「蟒爲正字，《方言》作螣者，亦借螣爲蟒……或字本作蟒，後訛爲螣耳。螣、蚢亦一聲之轉，方俗語有輕重也。」〔註59〕蝗蟲謂之「螣」，神蛇亦謂之「螣」，皆取騰躍爲義，固不嫌同名也。蝗蟲謂之「蟒」，王蛇亦謂之「蟒」，其取義不同，戴、盧皆失考。盧氏謂「蚢乃蛇之有黃黑色如蚢蜎者」，此亦望文生義也。錢氏以「蟒」爲正字，其說亦非探本之論。李海霞曰：「蝗，即黃。蝗蟲身體黃綠色、黃褐色。」又曰：「蚥、蟒，擬其飛行之聲。蟒、蛨：猶漭，浩茫。蝗群行動時遮天蔽日，浩莽無邊。」又曰：「螟，即冥，幽暗。螟蟲幼蟲鑽食農作物的苗心，藏在幽深處。」〔註60〕全爲妄說。華學誠從李海霞「浩茫」之說〔註61〕，斯亦失考矣。

5. 此蟲名稱雖異，而得名一也，或單言之，曰蟒，曰蚥，曰螣，曰蝗，曰螟；或合言之，曰蟨蟒，曰蚢蛨，曰蚱蛨，曰蛨蚢，曰螞蚱，曰蝗蟒，曰百螣，曰螣薑，曰螟螣，曰螟蟦，曰螣螟。於其得名之由，要皆不離立名之初義。雖許、鄭之博雅，戴、盧之碩學，猶不免望文生義也。訓詁之於名物研究，何可輕忽乎？

6. 「蝗虫」還有其他一些異名，本文不作探源。

年版，第 1392～1393 頁。

〔註57〕戴震《方言疏證》，收入《戴震全集（5）》，清華大學出版社 1997 年版，第 2434 頁。

〔註58〕盧文弨《重校〈方言〉附校正》，收入《叢書集成初編》第 1180 冊，中華書局 1985 年影印，第 136 頁。

〔註59〕錢繹《方言箋疏》，上海古籍出版社 1984 年版，第 627 頁。

〔註60〕李海霞《漢語動物命名考釋》，巴蜀書社 2005 年版，第 542、594 頁。

〔註61〕華學誠《揚雄〈方言〉校釋匯證》，中華書局 2006 年版，第 730 頁。

「窮奇」名義考

1. 「窮奇」是上古神怪的名稱，所指大致有如下幾種：

1.1. 指惡獸，或云如虎，或云如牛。

（1）《山海經・西山經》：「邽山，其上有獸焉，其狀如牛，蝟毛，名曰窮奇，音如獔狗，是食人。」郭璞注：「或云似虎，蝟毛，有翼。銘曰：『窮奇之獸，厥形甚醜。馳逐妖邪，莫不奔走。是以一名，號曰神狗。』」《文選・上林賦》李善注引張揖曰：「窮奇，狀如牛而蝟毛，其音如嘷狗，食人者也。」張說即本《山海經》。考《爾雅》：「熊虎醜，其子狗。」郭璞注：「律曰：捕虎一，購錢三千，其狗半之。」《釋文》：「狗，本或作狗。」《左傳・昭公七年》孔疏引李巡曰：「熊虎之類，其子名狗。」是「神狗」即「神狗」，亦指虎，而非犬也。

（2）《山海經・海內北經》：「窮奇狀如虎，有翼，食人從首始，所食被髮，在蜪犬北，一曰從足。」

（3）漢東方朔《神異經》：「窮其（奇）獸，似牛而色狸，尾長曳地，其聲似狗，狗頭，人形，鉤爪鋸牙，逢忠信之人嚙而食之，逢姦邪者則擒禽獸而飼之，迅疾，亦食諸禽獸也。」「窮其」即「窮奇」，《爾雅翼》卷21、《錦繡萬花谷》前集卷37引皆作「窮奇」。《史記・五帝本紀》《正義》引《神異經》作：「西北有獸，其狀似虎，有翼能飛，便勦食人，知人言語，聞人鬭輒食直者，聞人忠信輒食其鼻，聞人惡逆不善輒殺獸往饋之，名曰窮奇。」二文不同，《說郛》卷66引《神異經》則并存之。《御覽》卷913引《神異記》：「西北有

－2195－

獸，狀如虎，有翼，名窮奇。」此乃節引。

（4）《廣韻》「窮」字條云：「窮奇，獸名，聞人鬥，乃助不直者。」《酉陽雜俎》續集卷 8：「獬豸見鬥，不直者觸之；窮奇見鬥，不直者煦（助）之。均是獸也，其好惡不同，故君子以獬廌爲冠，小人以窮奇爲名。」《御覽》卷 913 引或說云：「窮奇聞人鬥，乃助不直者，文王出獵所獲。」

（5）《爾雅翼》卷 21：「海上所謂窮奇者，千歲聃耳虎，一名神狗也。」

音轉則爲「窮曲」：

（6）《呂氏春秋・適威》：「周鼎有（著）竊曲，狀甚長，上下皆曲，以見極之敗也。」舊注：「竊，一作窮」。「窮」字是，「奇」、「曲」一聲之轉〔註1〕。

1.2. 指惡人。

（1）《左傳・文公十八年》：「少皞氏有不才子，毀信廢忠，崇飾惡言，靖譖庸回，服讒搜慝，以誣盛德，天下之民，謂之窮奇。」杜預注：「窮奇，謂共工，其行窮，其好奇。」孔疏：「行惡終必窮，故云其行窮也。好惡言，好讒慝，是所好奇異於人也。」

（2）《史記・五帝本紀》：「少暤氏有不才子，毀信惡忠，崇飾惡言，天下謂之窮奇。」《集解》引服虔曰：「窮奇，謂共工氏也，其行窮而好奇。」《正義》：「窮奇，謂共工。言毀敗信行，惡其忠直，有惡言語，高粉飾之，故謂之窮奇。案：常行〔惡〕，終必窮極，好諂諛，奇異於人也。」〔註2〕杜說即本服氏。

1.3. 指惡神。

（1）《淮南子・墜形篇》：「窮奇，廣莫風之所生也。」高誘注：「窮奇，天神也，在北方道，足乘雨（兩）龍，其形如虎。」

〔註1〕　參見丁山《古代神話與民族》，商務印書館 2005 年版，第 244 頁；何光岳《東夷源流史》，江西教育出版社 1990 年版，第 316 頁。陳奇猷、王利器皆誤以「曲」字屬下句。陳奇猷《呂氏春秋新校釋》上海古籍出版社 2002 年版，第 1291 頁。王利器《呂氏春秋注疏》，巴蜀書社 2002 年版，第 2373 頁。孫楷第亦曰：「窮奇即窮曲（奇、曲雙聲字），其字或作『窮屈』，或云『曲窮』。」孫楷第《讀韓非子札記》，《國立北平圖書館館刊》第 3 卷第 6 號，1929 年出版，第 737 頁。

〔註2〕　《史記》新版仍同舊版，誤以「案常行終必窮極」爲句，句不可通，此據上引孔疏補「惡」字。《史記》，中華書局 2013 年 9 月版，第 44 頁。

（2）《古文苑》卷 6 漢黃香《九宮賦》：「乘根車而駕神馬，驂騄駬而俠窮奇。」章樵註：「窮奇，神名。」

（3）《續漢書·禮儀志中》：「甲作食殇，肺胃食虎，雄伯食魅，騰簡食不祥，攬諸食咎，伯奇食夢，強梁、祖明共食磔死寄生，委隨食觀，錯斷食巨，窮奇、騰根共食蠱。」

（4）《抱朴子內篇·雜應》：「前道十二窮奇，後從三十六辟邪。」

1.4. 指惡地，《呂氏春秋·恃君》：「雁門之北，鷹隼所鷙，須窺之國，饕餮、窮奇之地，叔逆之所，儋耳之居，多無君。」

2. 關於「窮奇」的名義，上引服虔、杜預所云「其行窮而好奇」，張守節所云「常行〔惡〕，終必窮極，好諂諛奇異於人」，又《路史》卷 25：「窮奇，離奇之謂。」皆望文生義，无足辨者。余所知近人尚有四說：

2.1. 丁山曰：「『窮』得名於躬……窮奇，當即《海外西經》所謂『奇肱之國』。窮之言弘也，弘之言弓也。」〔註3〕

2.2. 丁山又曰：「窮奇，吾得謂即『窮曲』之聲轉……『窮曲』即『屈虹』。屈虹者，共工也。」〔註4〕

2.3. 劉毓慶曰：「我懷疑『窮奇』本應該作『窮蜻』，也就是《五帝本紀》所說的顓頊的那個寶貝兒子『窮蟬』。《方言》說：『蟬……海岱之間謂之蜻。』……『窮蟬』《系本》作『窮系』，系、奇古同為牙音，聲易互訛。這樣看來，『窮奇』形象與蟬也應有些微妙的關係了。」〔註5〕

2.4. 常耀華曰：「『窮奇』與『慶忌』、『作器』，亦是一名的不同寫法。」自注云：「『竊曲』與『窮奇』、『慶忌』音亦相近，三者性質可能相同。」〔註6〕

3. 上舉四說，亦皆臆測，未為得實。睡虎地秦簡《日書》的出土，為我們探索「窮奇」的名義提供了新的語言學線索。

（1）《日書》甲種：「人有惡瞢（夢），臱（覺），乃繹（釋）髮西北面坐，禱之曰：『皋！敢告璽（爾）豞竒，某有惡瞢（夢），走歸豞竒

〔註3〕 丁山《古代神話與民族》，商務印書館 2005 年版，第 238～240 頁。
〔註4〕 丁山《古代神話與民族》，商務印書館 2005 年版，第 244 頁。
〔註5〕 劉毓慶《圖騰神話與中國傳統人生》，人民出版社 2002 年版，第 32 頁。
〔註6〕 常耀華《禓、儺、方相、罔兩、彊良、窮奇及其他——上古出行禮俗研究之二》，收入《紀念王懿榮發現甲骨文 110 周年國際學術研討會論文集》，社會科學文獻出版社 2009 年版，第 404 頁。

之所，豺蜻強飲強食，賜某大幅（富），非錢乃布，非繭乃絮。』則止矣。」〔註7〕

(2)《日書》乙種：「凡人有惡夢，覺而釋之，西北鄉（嚮）擇（釋）髮而馳（咽），祝曰：『線（皋）！敢告璽（爾）宛奇，某有惡夢，老來口之，宛奇強飲食，賜某大畐（富），不錢則布，不璽（繭）則絮。」〔註8〕

對這二條材料，有以下諸說：

3.1. 饒宗頤曰：「字書未見豺字，『豺蜻』當是『伯奇』，《續漢·禮儀志》云云〔註9〕，是食夢者爲伯奇，食蟲者爲窮奇。『窮奇』見《山海經》，爲食人之獸……又疑『豺蜻』即『窮奇』，逐疫除蟲，與伯奇食夢，皆神話人物，古或混合爲一。秦簡以逐夢之神爲豺蜻，言其強飲強食，則與窮奇之食人食禽獸最爲相近。『豺蜻』又稱『宛奇』，宛與窮形近。」〔註10〕

3.2. 劉信芳曰：「宛與窮古字形近……『豺蜻』即『窮奇』，爲食夢之鬼。」〔註11〕

3.3. 劉樂賢曰：「『豺蜻』在《續漢書·禮儀志》及敦煌本《白澤精怪圖》中作『伯奇』，而在《日書》乙種中，這位食夢之神又寫作『宛奇』。更有甚者，饒宗頤、高國藩二氏認爲還與文獻中的『窮奇』有關。……『豺蜻』、『宛奇』、『伯奇』三者爲一是毫無疑問的，然一物之名何以有此三種寫法，現在尚難解釋。至於他們與窮奇的關係，則更難說清楚。高國藩氏說窮奇神話是宛奇神話之衍化，其說似可從，但目前證據太少。」〔註12〕

4. 據《續漢書》，「伯奇」、「窮奇」判然二神。「宛奇」是「窮奇」的誤寫。「窮奇」是「豺蜻」音變，「窮」、「豺」雙聲，韻則冬侵相轉也。《詩·谷風》：「我躬不閱。」《禮記·表記》引「躬」作「今」。《易·蹇》：「王臣蹇蹇，匪躬之故。」上博戰國楚簡（三）《周易》、馬王堆帛書《二三子問》「躬」作「今」。皆是其證也。《左傳·昭公三年》、《韓子·說林下》「讒鼎」，

〔註7〕　《睡虎地秦墓竹簡》，文物出版社1990年版，第210頁。
〔註8〕　《睡虎地秦墓竹簡》，文物出版社1990年版，第247頁。
〔註9〕　引者按：已見上引，此略。
〔註10〕　饒宗頤、曾憲通《雲夢秦簡〈日書〉研究》，香港中文大學出版社1982年版，第28頁。
〔註11〕　劉信芳《秦簡〈日書〉與〈楚辭〉類徵》，《江漢考古》1990年第1期，第63～64頁。
〔註12〕　劉樂賢《睡虎地秦簡〈日書〉研究》，文津出版社1994年版，第216～217頁。

《左傳正義》引服虔曰：「疾讒之鼎，《明堂位》所云『崇鼎』是也。」《呂氏春秋・審己》、《新序・節士》作「岑鼎」，亦冬侵相轉之例。敦煌寫卷 P.2682《白澤精怪圖》「豿犄」作「伯奇」，是誤混二神爲一也。

5. 下面從同源詞的角度，推求「豿犄」的含義，並隨文辨正一些字書、韻書上的錯誤。這些錯誤，單獨考察不易發現，放在同源詞的系統中，就很明顯。

5.1. 《玉篇》：「攲，攲敧也。」又「敧，攲〔敧〕也。」按釋文脫一「敧」字。敦煌寫卷 P.2011 王仁昫《刊謬補缺切韻》、《廣韻》并云：「攲，攲敧，不齊。」《集韻》：「敧，攲敧，多少不齊皃。」又「敧，不平。」《廣韻》：「攲，敧多也。」按「敧多」不辭，當作「攲，〔攲〕敧，多〔少不齊〕也」〔註13〕。

5.2. 音轉亦作「嶔崎」〔註14〕，《古文苑》卷 6《王孫賦》：「處嶄巖之嶔崎。」章樵註：「嶔崎，危峻之山。」考《文選・上林賦》：「嶔巖倚傾。」李周翰注：「嶔巖倚傾，不齊貌。」「嶔崎」即「嶔巖倚傾」之省語。

5.3. 音轉亦作「嶔（嶇）巇」、「厱廞」，《集韻》：「嶔，嶔巇，山險貌，通作厱。」又「廞，厱廞，山險，或作巇、嵯。」《文選・南都賦》：「嶇巇屹㠑。」李善注：「嶇巇，山相對而危險之貌也。」

5.4. 音轉亦作「崟崎」，宋・姜特立《寄題時氏小飛來》：「依約峯巒似竺乾，崟崎岩洞老雲烟。」

5.5. 又倒言音轉作「攲嵌」，唐・元結《右溪記》：「水底兩岸，悉皆怪石，攲嵌盤屈，不可名狀。」

5.6. 音轉亦作「慼㥊」、「憾㥊」〔註15〕，《玉篇》：「慼，不安貌。」又

〔註13〕 黃侃、沈兼士、趙少咸、周祖謨、余迺永、蔡夢麒皆未作校正。黃侃《黃侃手批廣韻》，中華書局 2006 年版，第 247 頁。沈兼士主編《廣韻聲系》，文字改革出版社 1960 年版，第 77 頁。趙少咸《廣韻疏證》，巴蜀書社 2010 年版，第 1449 頁。周祖謨《廣韻校本》，中華書局 2004 年版，第 225 頁。余迺永《新校互注宋本廣韻》，上海辭書出版社 2000 年版，第 223 頁。蔡夢麒《廣韻校釋》，嶽麓書社 2007 年版，第 479 頁。

〔註14〕 從今從金古字通轉，參見張儒、劉毓慶《漢字通用聲素研究》，山西古籍出版社 2002 年版，第 1017 頁。銀雀山漢簡《黃帝伐赤帝》「藸遂」，白於藍指出即《國語・周語上》「聆遂」，亦其例。白於藍《銀雀山漢簡校釋》，《考古》2010 年第 12 期，第 81～82 頁。

〔註15〕 從戚與從今從金古字通轉，參見張儒、劉毓慶《漢字通用聲素研究》，山西古籍出版社 2002 年版，第 1021 頁。清華簡（四）《別卦》「慭」卦，整理者讀爲「咸」。馬王堆帛書《陰陽五行》「淦池」、「溘池」，陳松長讀爲「咸池」。馬王堆帛書《式

「倚，慽倚，儉急，又儉意也。」《廣韻》:「倚，慽倚，儉急。」又「慽，慽倚，意不安也。」按「儉」皆當作「險」，《御覽》卷 300 引《禰衡別傳》:「劉景升天性險急，不能容受。」《慧琳音義》卷 96 引《考聲》:「慽恃（倚），險意也。」「恃」爲「倚」誤，而「險」字不誤。「險急」與「不安」義正相因，險峻不平，故引申指性情險急也。《集韻》:「倚，慽倚，偷意。」按「偷」爲「儉（險）」誤，此一誤再誤。《龍龕手鏡》:「倚，憾倚，儉（險）意也。」

5.7. 字或作「忴惎」，《玉篇》:「忴，心急也。」「忴」、「慽」當爲異體字。《集韻》:「忴，忴惎，心急也。」「忴惎」即「慽倚」。《正字通》:「忴惎，心急。按惎與碁同，碁無急義，合忴惎二字訓心急，故知其爲俗譌也。」其說非也。

5.8. 字又作「扲掑」，《集韻》、《類篇》並云:「掑，扲掑，堅勇也，或書作搴。」

6. 「㰹攲」由不齊義，引申爲險峻、險惡。山之險峻爲嵚崎、崟崎、嵚嵌，性之險急爲慽倚、忴惎，行之堅勇爲扲掑，物之險惡爲⿰豸今⿰立奇、窮奇，其義一也。故惡神、惡人、惡獸、惡地皆得稱爲「窮奇」，雖所指各異，而語源則同。王國維曰:「蓋其流期於有別，而其源不妨相通，爲文字變化之通例矣。」〔註 16〕此言最爲會通，得名物訓詁之眞諦矣。

7. 《楚辭·離騷》:「苟余情其信姱以練要兮，長顑頷亦何傷？」王逸注:「顑頷，不飽貌。」洪興祖《補注》:「顑，虎感切。頷，戶感切。又上古湛切，下魚檢切。顑頷，食不飽面黃貌。」上博五《姑成家父》:「⿴衣咸⿴衣含已至於含（今）才（哉）。」整理者李朝遠曰:「⿴衣咸，從衣從咸。⿴衣含，從衣從含。此二字均不識，待考。」〔註 17〕「顑」、「頷」當是一字之變體，音則稍變，而又組合成詞，「⿴衣咸⿴衣含」的構詞理據相同〔註 18〕。故面惡貌爲顑頷，衣惡貌爲⿴衣咸⿴衣含，其義一也。

法·上朔》神名「無鈘」，程少軒讀爲「巫咸」。亦皆是其例。《清華大學藏戰國竹簡（肆）》，中西書局 2013 年出版，第 133 頁。陳松長《帛書〈陰陽五行〉與秦簡〈日書〉》，《簡帛研究》第 2 輯，法律出版社 1996 年版，第 145 頁；又收入《簡帛研究文稿》，線裝書局 2008 年版，第 258 頁。程少軒說參見 http://www.gwz.fudan.edu.cn/forum/forum.php?mod=viewthread&tid=6992。

〔註 16〕王國維《〈爾雅〉草木蟲魚鳥獸名釋例下》，收入《觀堂集林》卷 5，河北教育出版社 2001 年版，第 133 頁。

〔註 17〕馬承源主編《上海博物館藏戰國楚竹書（五）》，上海古籍出版社 2005 年版，第 246 頁。

〔註 18〕此例古籍甚多，參見蕭旭《「嬰兒」語源考》。

8. 上文說過，「讒」、「崇」、「岑」音相轉，「豸奇」、「窮奇」爲貪食之獸，故又製專字「饞」或「嚵」表示貪食之義。《玉篇》：「饞，食不嫌也。」「嫌」爲「廉」之誤〔註 19〕。《玄應音義》卷 22、《慧琳音義》卷 48、《廣韻》、《龍龕手鏡》并云：「饞，不廉。」《集韻》：「饞，饕也。」《增韻》：「饞，饕也，亦作嚵。」後漢安世高譯《佛說㮈女祇域因緣經》卷 1：「汝性常不廉，貪於飲食，故名爲烏。」「不廉」是無廉恥之義。音衍爲雙音節詞，則爲「饞餤」或「餤饞」，《廣韻》：「餤，饞餤，貪食也。出《古今字音》。」《集韻》：「餤，餤饞，貪食。」字又作「嚵餤」，唐・段成式《送窮文》：「予送非嚵餤，歷感循陰索。」字亦作「饞縱（饞）」，《廣韻》：「饞，饞饞，愛食。」《集韻》：「縱，欲食也，或書作饞。」音轉又作「饞饓」，《玉篇》：「饓，饞饓也。」《集韻》：「饓，饞饓，不廉。」又作「饞慵」，敦煌寫卷 S.617《俗務要名林》：「饞慵，嗜食而嬾也。上士銜反，下蜀容反。」所釋望文生訓也。P.2478《開蒙要訓》：「貪婪費耗，饞慵乖嬾。」又作「慵饞」、「慵嚵」、「慵讒」、「慵傸」，P.2717《碎金》：「慵饞，石容反，士咸反。」〔註 20〕朱鳳玉引《玉篇》「慵，嬾也」以釋之〔註 21〕，亦非。P.2418《父母恩重經講經文》：「產業莊園折損盡，慵嚵惡紹豈成人。」P.2999《太子成道經》：「新婦莫慵讒，不擎卻回來。」S.2682作「慵傸」。《正統道藏・洞神部・威儀類・太上金櫃玉鏡延生洞玄燭幽懺》：「盜竊慵讒，鬥舌鄉里。」蔣禮鴻曰：「慵讒、慵嚵：好吃懶做，懶惰。」〔註 22〕亦惑於《俗務要名林》之誤說。俗記音作「饞蟲」，遂失其語源，誤以爲蟲物矣。《西遊記》第 24 回：「那八戒食腸大，口又大，一則是聽見童子吃時，便覺饞蟲拱動。」〔註 23〕

9. 附帶說一下，《續漢書・禮儀志中》十二神名，當皆有義可考，下面試作推測，不知則闕如：

9.1. 「甲作」猶言「壓笮」，《說文》：「笮，迫也。」《廣韻》：「壓，笮也。」《玄應音義》卷 4：「壓笮：笮猶壓也，今謂笮出汁也。」又卷 11：「壓笮：今

〔註 19〕 胡吉宣《玉篇校釋》已訂正，上海古籍出版社 1989 年版，第 1989 頁。
〔註 20〕 S.619V、S.6204、P.2058、P.3906《碎金》皆脫「士咸反」三字。
〔註 21〕 朱鳳玉《敦煌寫本〈碎金〉研究》，文津出版有限公司 1997 年版，第 231 頁。
〔註 22〕 蔣禮鴻《敦煌變文字義通釋》，收入《蔣禮鴻集》卷 1，浙江教育出版社 2001年版，第 303 頁。
〔註 23〕 趙家棟《敦煌文獻疑難字詞研究》亦有考證，詳略與此稍有不同，南京師範大學 2011 年博士學位論文，第 128～129 頁。

作窄，同。《說文》：『窄，壓也。』謂笮出汁也。」亦作「壓迮」，《後漢書‧陳忠傳》：「鄰舍比里，共相壓迮。」李賢注：「迮，迫也。」又作「庰庐」，俗作「壓榨」，《玄應音義》卷9引《通俗文》：「物欲壞曰庰庐。」

9.2.「強梁」亦作「強（彊）良」、「強躤」、「彊倞」，強健之貌〔註24〕。

9.3. 胇胃，《說郛》卷100引唐段安節《樂府雜錄》作「沸謂」，猶言「怫愲」、「沸渭」，擾動不安貌。《玉篇》：「愲，怫愲，不安貌。」《漢書‧揚雄傳》《長楊賦》：「汾沄沸渭，雲合電發。」顏師古曰：「汾沄沸渭，奮擊兒。」《亢倉子‧政道》：「及夫凶邪流毒，沸渭不靖。」音轉則為「怫鬱」、「弗鬱」、「佛鬱」、「拂鬱」、「沸鬱」、「苬鬱」、「勃鬱」等形〔註25〕。

9.4. 委隨，猶言「委蛇」、「蜲蛇」、「逶迤」、「踒跑」、「過迤」、「遺蛇」、「委移」，下垂貌，肥腫不振貌，累諈貌〔註26〕。

9.5. 攬諸，《大唐開元禮》卷90、《通典》卷133、《樂府雜錄》作「覽諸」，猶言「厵諸」、「礛諸」、「礛䃡」，磨礪之義。

9.6. 食咎，諸書引同，《樂府雜錄》誤作「食名」。祖明，《樂府雜錄》作「祖盟」，疑取義於「詛盟」。雄伯，諸書引同，疑取義於「雄霸」〔註27〕，《唐六典》卷14引誤作「椎伯」。「騰簡」、「騰根」、「伯奇」、「錯斷」之義皆待考〔註28〕。

（本文趙家棟博士提出過很好的修改建議，謹致謝忱。）

〔註24〕參見蕭旭《古地「陸梁」名義考》。
〔註25〕例證參見朱起鳳《辭通》卷16、22，上海古籍出版社1982年版，第1733～1734、2361～2362頁。
〔註26〕參見蕭旭《〈說文〉「委，委隨也」義疏》，收入《群書校補》，廣陵書社2011年版，第1413～1418頁。
〔註27〕何新曰：「『雄伯』乃獸名，應即《天問》中九首之巨蛇『雄虺』也（伯從百音，與虺古音可通轉）。又『仲傀』古書中或書作『仲虺』……亦即『雄虺』也。傳說『雄虺九首』，按九首合文正為『馗』字。以是可知，後世所謂鍾馗者，實乃仲傀——仲虺——雄虺之變名也。」其說「伯與虺古音可通轉」，不足信。何新《「鍾馗」考》，收入《諸神的起源——中國遠古神話與歷史》，北京工業大學出版社1986年版，第274頁；又收入《論中國歷史與國民意識：何新史學論著選集》，時事出版社2002年版，第361頁。
〔註28〕何崝謂「騰根疑為窮奇之分化」。錄以備考。何崝《古器中的虎食人造型及窮奇見於商代卜辭考》，收入《徐中舒先生百年誕辰紀念文集》，巴蜀書社1998年版，第93頁。

象聲詞「札札」考

1.《文選・古詩十九首・迢迢牽牛星》:「纖纖擢素手,札札弄機杼。」
〔註1〕札札,《初學記》卷4、《白帖》卷8、《御覽》卷31引作「軋軋」,《類聚》卷4、《御覽》卷825、826引作「扎扎」〔註2〕。

張銑注:「札札,機杼聲。」《白帖》卷82有注:「札札,弄機杼之聲。」吳兆宜、聞人倓、余冠英並從張銑注〔註3〕。《漢語大詞典》解「札札」爲「象聲詞」,並引唐・柳宗元《田家》詩「札札耒耜聲,飛飛來烏鳶」爲證〔註4〕。

2. 舊解「札札」爲機杼聲,是對的。方以智《通雅》卷9有一段很精彩的論述,茲鈔錄於下。方氏曰:「乙乙,思欲出而屈鬱也,通作『軋軋』。〔陸〕士衡《文賦》:『思乙乙其若抽。』注:『乙音軋。』李善本竟作『軋軋』。元結《補樂章(歌)敘》曰:『〔猶〕乙乙冥冥,有純古之聲。』乙,億姑切。燕乙作乙,其形舉首下曲,厄戛切。隸文既通爲乙,而音亦同矣。軋,乙點切。《律書》:『乙者,軋軋也。』蓋古皆轉假,後因分之。甲乙,魚腸乙,玄鳥乙,子才分三形,臆也。子美《南郊賦》:『頓層城之軋軋,軼萬戶之熒熒。』伯思曰:『軋軋難句。』《紀事》載齊己詩:『金梭箚箚文離

〔註1〕 擢,《類聚》卷65、《海錄碎事》卷5引作「濯」。濯當讀爲擢。張銑訓擢爲舉,是也。《說文》:「擢,引也。」《廣雅》:「擢,出也。」猶今言伸出。

〔註2〕《御覽》據景宋本,四庫本卷825、826引並作「札札」。

〔註3〕 吳兆宜《玉臺新詠箋注》,中華書局1985年版,第21頁。聞人倓《古詩箋》,上海古籍出版社2010年版,第6頁。余冠英《樂府詩選》,人民文學出版社1954年版,第58頁。余冠英《漢魏六朝詩選》,人民文學出版社1978年版,第63頁。

〔註4〕《漢語大詞典》(縮印本),漢語大詞典出版社1997年版,第2451頁。

離。』即用『札札弄機杼』。『札札』聲義，亦從『軋軋』來。」〔註5〕

方氏謂「『札札』音義亦從『軋軋』來」甚確。《初學記》卷4、《白帖》卷8、《御覽》卷31引《古詩》正作「軋軋」。唐‧王損之《曙觀秋河賦》：「遠想牽牛，漸失迢迢之狀；遙思弄杼，無聞軋軋之聲。」顯然化自《古詩》，亦作「軋軋」。《御覽》卷825、826引《古詩》作「扎扎」者，古字通借。又古書「木」旁「扌」旁每混用不分〔註6〕。上引柳宗元《田家》詩「札札」，《白帖》卷80引作「扎扎」。唐‧白居易《繚綾》：「絲細繰多女手疼，扎扎千聲不盈尺。」上引齊己《還人》詩「箚箚」，《白蓮集》卷10作「軋軋」。

3. 《說文》：「乙，象春艸木冤曲而出，陰氣尙強，其出乙乙也。」又「軋，輾也。」《廣韻》：「軋，車輾。」李善本《文選‧文賦》：「思乙乙其若抽。」五臣本作「軋軋」，《書鈔》卷100、《類聚》卷56、《海錄碎事》卷18引亦作「軋軋」。隋‧智顗《摩訶止觀》卷5：「軋軋若抽。」顯然化自《文選》，亦作「軋軋」。方氏謂李善本作「軋軋」，失檢。李善注：「乙，難出之貌。《說文》曰：『陰氣尙強，其出乙乙然。』乙音軋。」呂延濟注：「軋軋，難進也。」《史記‧律書》：「甲者，萬物剖孚甲而出也。乙者，言萬物生軋軋也。」《漢書‧律曆志》：「出甲於甲，奮軋於乙。」《禮記‧月令》：「其日甲乙。」鄭注：「乙之言軋也。日之行，春東從青道，發生萬物，月爲之佐時，萬物皆解孚甲，自抽軋而出，因以爲日名焉。」孔疏：「乙、軋聲相近，故云乙之言軋也。」《釋名》：「甲，孚也，萬物解孚甲而生也。乙，軋也，自抽軋而出也。」《廣雅》：「乙，軋也。」皆以聲爲訓。段玉裁曰：「軋軋皆乙乙之叚借。」〔註7〕朱珔曰：「軋皆爲乙之假借。」〔註8〕軋言車輾乙乙之聲，因又爲動詞輾壓之義。段玉裁曰：「軋從乙者，言其難乙乙也。」〔註9〕似未得之。「甲乙」之乙，本當音軋，後人分爲二音，誤也。《六書故》卷33即指出：「孫氏強分二音，非也。」黃生曰：「益悉、乙黠二切，本一聲之轉。《律曆志》云：『奮軋於乙。』

〔註5〕方以智《通雅》，收入《方以智全書》第1冊，上海古籍出版社1988年版，第363～364頁。

〔註6〕錢大昕曰：「晉、唐人書木旁字多作手旁。」錢大昕《潛研堂答問四》，收入《潛研堂集》卷7，上海古籍出版社1989年版，第99頁。另參見孔仲溫《玉篇俗字研究》，學生書局2000年印行，第84頁；又參見曾良《俗字及古籍文字通例研究》，百花洲文藝出版社2006年版，第89～91頁。這種情況在敦煌寫卷中尤爲常見。

〔註7〕段玉裁《說文解字注》，上海古籍出版社1981年版，第740頁。

〔註8〕朱珔《說文假借義證》，黃山書社1997年版，第791頁。

〔註9〕段玉裁《說文解字注》，上海古籍出版社1981年版，第728頁。

鄭玄注《月令》云：『乙之言軋。』則是甲乙之乙，亦可音軋也。」〔註10〕「軋軋」即「乙乙」，形容其長出之聲軋軋然，故爲「難出之貌」。梁・江革《贈何記室聯句不成》：「疇昔似翩翩，今辰何乙乙。」此例狀難飛之貌。皆爲方說佐證。字作「札札」、「扎扎」、「箚箚」者，皆「乙乙」之同音借字。俗字加義符「口」作「吃」，《集韻》：「吃，吃吃，聲也。」《玉篇》：「舣，音屹，船行。」《廣韻》：「舣，舟行。」狀舟行之聲也。

吳其昌曰：「『乙』字最初之本義爲刀……服虔曰：『軋，刀刻其面也。』」吳說非也，馬敘倫、李孝定已駁之〔註11〕，然二氏亦未得許義，文繁不錄。黃侃曰：「乙即履之初文。」〔註12〕亦非也。

《說文》又有個「乞」字，釋云：「乞，燕燕，玄鳥也，齊魯謂之乞，取其鳴自謼，象形也。鳦，乞或從鳥。」《繫傳》：「臣鍇按：《爾雅》：『燕燕，乞。』此與甲乙之乙相類，此音軋，其形舉首下曲，與甲乙字異也。」作爲鳥名，故俗加「鳥」旁作專字「鳦」以分別之。「燕乞」之「乞」，許氏云「取其鳴自謼」，即取其鳥鳴聲乙乙然而命名之也，與「艸木出乙乙」之「乙」正同一字，而許氏二分之。《廣韻》：「魥，魶魥，魚名。」「黃顙魚」又名「黃鱨魚」、「黃頰魚」、「魶魥」，《本草綱目》卷 44 釋其名曰：「顙、頰以形，鱨以味，魶軋以聲也。今人析而呼爲黃魶、黃軋，陸璣作黃楊，謬矣。」其魚群游，作聲軋軋，故名魶魥也。宋・羅願《新安志》卷 3：「黃魥，魶魥也。色黃，無鱗，搦之有聲，亦名黃顙。」明・屠本畯《閩中海錯疏》卷上：「魶魥似鮎而小，邊有刺，能螫人，其聲魶魥，《本草》名黃顙。」鳥鳴乙乙，故名爲「鳦」；魚聲軋軋，故名爲「魥」，其義一也。

《說文》：「乾，上出也，從乙。乙，物之達也。倝聲。」「乾」蓋謂濕氣上出乙乙然，乙乙正狀其難出之聲，故爲乾燥義。治《說文》諸家皆未得厥誼。

4. 《說文》：「閳，門聲也。」《玉篇》、《集韻》同。《廣韻》：「閳，乙鎋切，門扇聲。」胡吉宣《校釋》引《切韻》：「閳，門扉聲。」〔註13〕唐・

〔註10〕黃生《字詁》，黃生、黃承吉《字詁義府合按》，中華書局 1954 年版，第 38 頁。
〔註11〕吳其昌《金文名象疏證》，馬敘倫《說文解字六書疏證》，李孝定《甲骨文字集釋》，並轉引自李圃主編《古文字詁林》第 10 冊，上海教育出版社 2004 年版，第 943～945 頁。
〔註12〕黃侃《說文同文》，收入《說文箋識》，中華書局 2006 年版，第 104 頁。
〔註13〕胡吉宣《玉篇校釋》，上海古籍出版社 1989 年版，第 2186 頁。

韓愈《征蜀聯句》：「熱喋熇歊熺，抉門呀拗閶。」韓氏注：「拗閶，門聲。」〔註14〕敦煌寫卷 S.5437《漢將王陵變》：「馬門閶地開來，放出大軍。」「閶」即「軋」〔註15〕。王重民校作「霍地」，潘重規從之〔註16〕，非也。敦煌寫卷 P.2976《溫泉賦》：「天門閶開，路（露）神仙之輻（輻）塞。」〔註18〕今本唐·鄭綮《開天傳信記》作「乾開」，《說郛》卷 52 引同，《太平廣記》卷 250 引《開天傳信記》、《類說》卷 6 引《幸溫泉賦》作「軋開」。「乾」為「軋（軋）」形誤〔註19〕。

《玉篇》：「勖，勤力也。」《廣韻》：「勖，力作勖勖。」《集韻》：「勖，勖勖，用力聲。」胡吉宣曰：「本書『勘，用力也。』害、曷聲符相通，勖、勘當為一字。本書『勛，勤也。』重言『勖勖』，與『砣砣』、『仡仡』、『揩揩』注同。」〔註20〕字或作「偈偈」、「揭揭」、「傑傑」，並音之轉也。《莊子·天道篇》：「又何偈偈乎揭仁義，若擊鼓而求亡子焉？」又《天運篇》：「又奚傑〔傑〕然若負建鼓而求亡子者邪？」〔註21〕《路史》卷 9：「何揭揭然擊鼓而

〔註14〕轉引自宋魏仲舉《五百家注昌黎文集》卷 8，收入《四庫全書》第 1074 冊，臺灣商務印書館 1986 年初版，第 173 頁。

〔註15〕參見蔣禮鴻《敦煌變文字義通釋》，收入《蔣禮鴻集》卷 1，浙江教育出版社 2001 年版，第 368 頁。項楚《敦煌變文選注》，中華書局 2006 年版，第 154 頁。

〔註16〕王重民等《敦煌變文集》，人民文學出版社 1957 年版，第 38 頁。潘重規《敦煌變文集新書》，文津出版社有限公司中華民國 83 年初版，第 877 頁。

〔註18〕「閶」字 P.2976 作「閶」，P.5037 作「閶」，茲從黃征、趙紅校錄。伏俊璉、張錫厚錄作「閶」，非也。伏俊璉校曰：「閶，鄭本作『乾』。按：作『閶』是，作『乾』乃承『天』而以意致誤。『天門閶開』與『鑾輿劃出』對文，『閶』『劃』皆象聲詞，閶，讀他郎切（tāng），通『鼞』。《集韻》：『鼞，或作閶。』」張錫厚校曰：「閶，原作『閶』（引者按：兩字為同一字形，無區別），甲本（引者按：即 P.2976）作『閶』，皆「閶」之形訛。」「路」讀為「露」，今本唐·鄭綮《開天傳信記》作「露」，《類說》卷 6、《說郛》卷 52 引亦作「露」，《太平廣記》卷 250 引作「招」。伏俊璉曰：「露為音借字。」亦誤。黃征、張涌泉《敦煌變文校注》，中華書局 1997 年版，第 78 頁。趙紅《敦煌寫本漢字論考》，上海古籍出版社 2012 年版，第 200 頁。伏俊璉《敦煌賦校注》，甘肅人民出版社 1994 年版，第 189 頁。張錫厚《敦煌賦匯》，江蘇古籍出版社 1996 年版，第 233 頁。

〔註19〕參見蕭旭《〈敦煌賦〉校補》，收入《群書校補》，廣陵書社 2011 年版，第 822 頁。

〔註20〕胡吉宣《玉篇校釋》，上海古籍出版社 1989 年版，第 1600 頁。

〔註21〕《莊子闕誤》引張君房本、趙諫議本「傑」字並重，日本東京書道博物館藏敦煌寫本（即中村不折藏本）亦重，茲據補。日藏敦煌本據寺岡龍含《敦煌

求亡子乎？」《釋文》：「偈偈，用力之貌。」成玄英疏：「偈偈，勵力貌。」
又「傑然，用力貌。」林希逸注：「偈偈，勞力之貌。」《集韻》：「偈、傑：
偈偈，用力皃，或从桀。」〔註22〕劉師培曰：「『傑然』、『偈乎』，音義並符。」
〔註23〕馬敘倫曰：「偈，疑借為仇。《說文》：『仇，勇壯也。』」〔註24〕「仇」
亦音之轉也。諸說皆是也。方以智謂「偈偈」同「揭揭」，解為「疾驅也」
〔註25〕，未得。《莊子·讓王》：「子路扢然，執干而舞。」《呂氏春秋·慎人》：
「子路抗然，執干而舞。」《釋文》：「扢，李云：『奮舞貌。』司馬云：『喜貌。』」
司馬訓喜貌者，與《家語·困誓》作「子路悅」相合，則讀為忔（忥），《廣
雅》：「忔，喜也。」又「忥忥，喜也。」李頤訓奮舞貌者，王念孫曰：「扢與
仇通，《說文》：『仇，勇壯也。』」馬敘倫曰：「王說是。《書鈔》卷 123 引正
作『仇』。」陳奇猷曰：「抗讀高抗之抗。」〔註26〕王、馬說是，《書鈔》卷 107、
123、《御覽》卷 351 引並作「仇然」。「抗」為「扢」形誤。《書·秦誓》：「仇
仇勇夫。」孔傳：「仇仇，壯勇之夫。」《釋文》：「仇，馬本作『訖訖』，無所
省錄之貌。徐云：『強狀。』」徐說是。方以智引京山曰：「仇然，即慨然。」
〔註27〕亦未得。字或作「怕怕」、「喝喝」、「悒悒」、「唈唈」、「邑邑」，此「喝」
與呵聲之「喝」同形，而音義全殊，非一字也。《文選·子虛賦》：「榜人歌，
聲流喝。」郭璞注：「言悲嘶也。」李善、顏師古「喝」並音一介切。《論衡·
氣壽》：「兒生號啼之聲，鴻朗高暢者壽，嘶喝濕下者夭。」《文選·宋孝武宣
貴妃誄》：「鏘楚挽於槐風，喝邊簫於松霧。」李善注引《廣雅》：「喝，嘶喝
也。」「嘶喝」音轉亦作「嘶啞」、「嘶嗄」，皆謂用力之聲也。「嗄」字為楚音
之變，《老子》第 55 章：「終日號而不嗄。」《莊子·庚桑楚》：「兒子終日嗥
而嗌不嗄。」《釋文》：「嗄，於邁反，本又作嗳，徐音憂。司馬云：『楚人謂

本郭象注〈莊子南華真經〉校勘記》，福井漢文學會昭和三十六年（1961）版，
第 94 頁。
〔註22〕《玄應音義》卷 7：「裼，又作褉，同。」是其比。
〔註23〕劉師培《莊子斠補》，收入《劉申叔遺書》，江蘇古籍出版社 1997 年版，第
888 頁。
〔註24〕馬敘倫《莊子義證》卷 13，收入《民國叢書》第 5 編，據商務印書館 1930
年版影印，第 8 頁。
〔註25〕方以智《通雅》卷 9，收入《方以智全書》第 1 冊，上海古籍出版社 1988 年
版，第 349 頁。
〔註26〕諸說並見陳奇猷《呂氏春秋新校釋》，上海古籍出版社 2002 年版，第 820 頁。
〔註27〕方以智《通雅》卷 8，收入《方以智全書》第 1 冊，上海古籍出版社 1988 年
版，第 329 頁。

啼極無聲爲嗄。』崔本作喝，云：『噎也。』」「嗄」爲形訛，徐音憂者，據誤字而說也。馬王堆帛書《陰陽十一脈灸經》甲本：「怕怕如喘。」張家山漢簡《脈書》作「悒悒如亂」，《靈樞經‧經脈》、《鍼灸甲乙經》卷 2 作「喝喝而喘」。《素問‧刺瘧》：「數便，意恐懼，氣不足，腹中悒悒，刺足厥陰。」《黃帝內經太素》卷 25 作「邑邑」。《太素》卷 6：「不病喘喝。」楊上素注：「喝，喘聲。」是也。王冰注：「悒悒，不暢之貌。」其說非也。「悒悒」爲腸鳴之聲，專字從口作「唈唈」，《普濟方》卷 197 正作「腸唈唈」。《醫壘元戎》卷 5 作「腸中愧愧」，形之誤也。字或作「阶阶」，省作「介介」，《靈樞經‧雜病》：「喘息喝喝然。」《鍼灸甲乙經》卷 9：「喉中喝喝如梗狀。」舊注：「《素問》則『阶阶』。」今本《素問‧欬論》作「介介」，《太素》卷 29 同。楊上素注：「介介，喉中氣如哽也。」《靈樞經‧邪氣藏府病形》：「嗌中阶阶然數唾。」《太素》卷 11 同。《巢氏諸病源候總論》卷 15、《備急千金要方》卷 38 作「介介」。楊上素注：「阶阶，謂閡咽嗌之中如有物閡也。」楊注皆非。日人丹波元簡曰：「介、芥古通，乃芥蔕之芥。喉間有物，有防礙之謂。阶唯是介字從口者，必非有聲之義。」〔註28〕亦非是。《集韻》：「阶，居拜切，聲也。」「阶」音戒，即「怕」之俗字。《集韻》以「阶」爲擬聲字，得其義矣。沈澍農謂「阶阶」、「介介」借作「哽哽」、「耿耿」，狀物之梗塞〔註29〕，其說非也。范登脈謂「邑邑」、「悒悒」、「喝喝」、「介介」、「怕怕」並聲轉義同，是也；而范君云「其義則氣郁而不舒之貌也，王冰注不誤」〔註30〕，則未得也。字或作「偈偈」、「浥浥」、「挹挹」，《莊子‧天地》：「偈偈乎耕而不顧。」《釋文》：「偈偈，徐於執反，又直立反，李云：『耕貌。』一云：耕人行貌。又音秩，又於十反，《字林》云：『勇壯貌。』」林希逸注：「偈偈，低首而耕之狀。」「偈偈」即用力耕貌。《類聚》卷 36 引魏隸《高士傳》亦作「偈偈」；《御覽》卷 509 引嵇康《高士傳》作「偲偲」，形之誤也。朱起鳳曰：「偈、偈二字，聲近義通。『傑然』亦即『偈偈然』。」〔註31〕「偈偈」、「朅朅」、「偈偈」、「傑傑」即「勧勧」，其語源即「乙乙」也。《漆園指通》卷 2：「偈偈，猶邑邑也，徑行而直情也。」其說非也。宋‧陸游《感舊》：「廢壠荒陂浥浥耕，生無勳業死無名。」

〔註28〕 丹波元簡《靈樞識》卷 1，上海科學技術出版社 1957 年版，第 44 頁。

〔註29〕 沈澍農《中醫古籍用字研究》，南京師範大學 2004 年博士學位論文，第 185 頁。

〔註30〕 范登脈《〈黃帝內經素問〉疑難字詞校補》，廣州中醫藥大學 2007 年博士學位論文，第 184 頁。

〔註31〕 朱起鳳《辭通》，上海古籍出版社 1982 年版，第 2756 頁。

宋・蘇轍《太白山祈雨詩》：「田漫漫，耕挹挹。」二詩顯用《莊》典。字或作「札札」，唐・寒山《蹭蹬諸貧士》：「閒居好作詩，札札用心力。」「札札」即「勖勖」、「勛勛」。項楚曰：「札札，通『軋軋』、『乙乙』，難出之貌，這裏形容文思艱澀。」〔註32〕項氏解爲「難出貌」，猶隔一間。「札札」形容用心力，就是用力貌。

《家語・觀周》：「毫末不札，將尋斧柯。」王肅注：「札，拔也。」《廣韻》：「扎，扎拔也，出《家語》。」《治要》卷10引亦作「扎」。字亦作擖，《方言》卷3：「擖，拔也，東齊海岱之間曰擖。」郭璞注：「今呼拔草心爲擖。」《小爾雅》：「拔心曰擖。」《集韻》：「擖，《說文》：『拔也。』或作扎。」《家語》作「扎」，即古齊語也。《孟子・公孫丑上》：「宋人有閔其苗之不長而擖之者。」趙岐注：「擖，挺拔之，欲亟長也。」孟子亦用古齊語。《戰國策・魏策一》引《周書》：「毫毛不拔，將成斧柯。」則作通語「拔」。「擖」從「匽」得聲，與「勖」相通轉〔註33〕，「扎（札）」、「擖」之言用力拔也。馬敘倫曰：「擖音影紐，聲在元類，與擢、拔音聲並遠，然《玉篇》音烏拔切，《廣韻》烏黠切，則其聲轉入脂類，以此轉注邪？」〔註34〕馬氏疑之，而未得其解也。《玉篇》：「歟，大呼用力也。」「歟」言用力呼，故字改從「欠」。

《廣韻》：「圓，駱駝鳴也。」《集韻》：「圓，駝馳聲。」《埤雅》卷4引《義訓》：「牛之聲曰牟，駝之聲曰圓。」段玉裁曰：「駱駝鳴聲圓字當作閭。」〔註35〕段說是也，從口無理據。唐・韓愈《征蜀聯句》：「椎肥牛呼牟，載實駝鳴圓。」宋・王安石《送江寧彭給事赴闕》：「橐垂鈴棧駝鳴圓，節擁棠郊虎視耽。」

《廣韻》：「輵，車聲。」《文選・羽獵賦》：「皇車幽輵。」李善注：「幽輵，車聲也。」〔註36〕「輵」即「軋」俗字。唐・韓愈《岳陽樓別竇司直》：「聲音一何宏，轟輵車萬兩。」唐・盧仝《月蝕》：「御轡執索相爬鈎，推蕩

〔註32〕項楚《寒山詩注》，中華書局2000年版，第269頁。

〔註33〕《史記・蔡澤傳》：「先生曷鼻巨肩。」王念孫曰：「曷讀爲過。過鼻者，偃鼻也。偃、過一聲之轉。偃鼻之爲過鼻，猶偃豬之爲過豬，千金堰之爲千金過也。」是其比。王念孫《史記雜志》，收入《讀書雜志》卷2，中國書店1985年版，第106～107頁。

〔註34〕馬敘倫《說文解字六書疏證》卷23，上海書店1985年版，第89頁。

〔註35〕段玉裁《說文解字注》，上海古籍出版社1981年版，第589頁。

〔註36〕《漢書・東方朔傳》：「伊優亞者，辭未定也。」「幽輵」即「優亞」。「幽」、「優」二字俗作「嚘」或「呦」。

轟渴入汝喉。」一本「渴」作「訇」，皆「輵」字之譌。《唐詩紀事》卷35作「輵」。「輵」同「輵」，見《集韻》。唐·曹鄴《築城》：「嗚嗚啄人鴉，軋軋上城車。」《止觀輔行傳弘決》卷5：「點筆題簡，豈同眾聖結集？軋軋若抽，豈同圓音梵響？」自注：「軋軋，車聲，遲貌也。」「軋軋」形容難進，故解為遲貌也。

《廣韻》：「汍，汍汍，水流也。」《集韻》：「汍，汍汍，水流貌。」《篇海類編》：「汍，汍汍，水聲。」俗字亦作「汍」，《字彙補》：「汍，汍字之譌。」明·劉侗《帝京景物略·城東內外》：「過灘貿然，汍汍活活，水乃疾行。」「活活」亦水聲。

《集韻》：「虮，蟲聲。」又「叽，鳥聲。」《類篇》：「虮，蟲聲。」「虮」同「虯」。「虯」俗字亦作「蚻」，《詩·碩人》孔疏：「《釋蟲》云：『蚻，蜻蜻。』某氏曰：『鳴蚻蚻者。』」〔註37〕鄭樵注：「其鳴無韻，但札札然，蚻音札。」是「蚻蚻」即「札札」之加旁俗字。《六書故》卷20：「蚻，寒蟬也，亦因其聲以命之。」此與「虮」因其聲以命之正同一例。蟲鳴札札，故命名其蟲為蚻；鳥鳴札札，故命名其鳥為虮，其義一也。

汍（汍），水聲，故從水；虮（虯、蚻），蟲聲，故從虫；叽，鳥聲，故從口；閜，門聲，故從門；舫（舫），舟行之聲，故從舟；勣（勣），用力聲，故從力；軋（輵），車聲，故從車。諸字從「乚」，即「乙」之變體，並同源，各製義符以分別之也。「軋」雖是車聲之專字，《溫泉賦》則指門聲，亦用於他物之擬聲。《六書故》卷27：「軋，乙轄切，載重踋軋有聲也。」《正字通》：「軋，凡物聲交戛皆曰軋。」宋·周密《癸辛雜識》續集卷上：「忽大風怒作，急下釘鐵貓，折其三四桅幹，鐵稜軋軋有聲，欲折。」

5.「軋軋」音轉為「圣圣」（苦骨切），亦音轉為「仡仡」、「矻矻」、「劼劼」、「屹屹」、「兀兀」、「矹矹」、「揾揾」、「勆勆」、「榾榾」、「歇歇」、「嘈嘈」、「滑滑」、「骨骨」、「愲愲」、「詘詘」、「崛崛」、「窟窟」、「淈淈」、「昋昋」、「汨汨」、「淴淴」、「忽忽」、「唿唿」、「勿勿」、「習習」等形〔註38〕。

6.「軋軋」音轉則為「喔喔」、「哇哇」，《管子·戒》：「東郭有狗喔喔，旦暮欲齧，我猈（枒）而不使也。」《玄應音義》卷12：「哇喋：犬見齒也，哇哇然也。」

〔註37〕《爾雅翼》卷27引同。
〔註38〕參見蕭旭《〈世說新語〉「窟窟」正詁》。

又音轉爲「啞啞」，《淮南子·原道篇》：「烏之啞啞，鵲之唶唶。」《御覽》卷 736 引《風俗通論》：「烏鳴啞啞，引弓射，洞右腋。」〔註39〕古人爲鳥命名，多取其鳴叫聲，故《山海經》中常云「其名自咬」、「其名自呼」。《世說新語·輕詆》：「支道林入東，見王子猷兄弟。還，人問：『見諸王何如？』答曰：『見一群白頸烏，但聞喚啞啞聲。』」唐·于鵠《古詞》：「新長青絲髮，啞啞言語黠。」唐·劉言史《買花謠》：「澆紅溉綠千萬家，青絲玉轤聲啞啞。」《瑜伽論記》卷 4：「開口而笑名現齒，喉中出聲名啞啞。」

又音轉爲「牙牙」，唐·司空圖《障車文》：「二女則牙牙學語，五男則雁雁成行。」「學語牙牙」即「啞啞言語」也。

又音轉爲「呀呀」，唐·柳宗元《與楊誨之書》：「是無異盧狗之遇嗾，呀呀而走。」此例「呀呀」即「嗄嗄」。《水滸傳》第 37 回：「（武松）又呀呀地推門。」此例「呀呀」即「軋軋」、「閣閣」。

又音轉爲「鵶鵶」、「鴉鴉」，唐·柳宗元《跂烏詞》：「城上日出群烏飛，鵶鵶爭赴朝陽枝。」唐·李賀《有所思》：「鴉鴉向曉鳴森木，風過池塘響叢玉。」

方以智曰：「『嗄嗄』即『牙牙』，音義皆同。《曹爽傳》臺中三狗謠：『二狗崖柴不可當。』崖柴，音牙乂（又）。司空圖文：『女則牙牙學語，男則雁雁成行。』此『牙牙』猶『鴉鴉』，言其聲也。」〔註40〕方氏謂「『嗄嗄』即『牙牙』、『鴉鴉』，言其聲也」，皆是也；而引《三國志·曹爽傳》裴松之注引《魏略》「崖柴」，則未允。「崖柴」亦作「喍喍」、「嗺柴」、「嗺喍」、「啀齜」、「嗺齜」、「睚睞」、「睚睞」、「啀齜」、「齜齻」、「齜齜」、「齜齜」、「厓柴」等形，瞋目張口露齒貌〔註41〕。「嗄嗄」狀其聲，「崖柴」狀其貌，固有不同也。王念孫曰：「嗄，當作喍。《玉篇》：『喍，狗欲齧。』《廣韻》：『喍，犬鬬。』《集韻》：『喍或作嗄。』則所見《管子》本已誤。」〔註42〕「嗄」即「喍」俗字，不必以爲誤〔註43〕。《白帖》卷 98 引已作「嗄嗄」，非《集韻》獨然也。喍訓

〔註39〕《御覽》卷 920 引「烏鳴」誤作「烏烏」。

〔註40〕方以智《通雅》卷 10，收入《方以智全書》第 1 冊，上海古籍出版社 1988 年版，第 416 頁。

〔註41〕參見蔣禮鴻《敦煌變文字義通釋》，收入《蔣禮鴻集》卷 1，浙江教育出版社 2001 年版，第 304～305 頁。蕭旭《「齟齬」考》有詳考。

〔註42〕王念孫《管子雜志》，收入《讀書雜志》卷 7，中國書店 1985 年版，第 113 頁。

〔註43〕黎翔鳳曰：「齊李清《爲李希宗造象（像）記》『涯』作『濉』，則『嗄』即『喍』，乃隸之別體，非別有一字也。王不知而以爲誤。」黎翔鳳《管子校注》，中華

狗欲齧、犬鬭者，言其哩哩然吠叫欲相咬也。

又音轉爲「雅雅」，元・袁桷《酬周南翁子》：「健羨雲窗無限好，慈烏雅雅鵲槎槎。」「烏雅雅鵲槎槎」即《淮南子》之「烏之啞啞，鵲之唶唶」也。

又音轉爲「鵶軋」、「鴉軋」，唐・元稹《表夏》：「僮兒拂巾箱，鵶軋深林井。」唐・陸龜蒙《門》：「日暮鳥歸宮樹綠，不聞鴉軋閉春風。」

「軋」與「鵶」、「鴉」、「啞」古聲通。唐・李賀《美人梳頭歌》：「轆轤咿啞轉鳴玉，驚起芙蓉睡新足。」宋・陳與義《夙興》：「國事無功端未去，竹輿伊軋猶昨日。」宋・陸游《天竺曉行》：「筍輿咿軋水雲間，慚愧忙身得暫閒。」宋・魏了翁《寄龍鶴墳廬》：「浮驂徧八極，日暮猶伊鵶。」宋・陳與義《入城》：「竹輿聲咿啞，路轉登古原。」元・馬祖常《繰絲行》：「繰車軋伊繭抽絲，桑薪煮水急莫遲。」又音轉爲「伊吾」，吾、牙古亦聲通。宋・黃庭堅《戲作竹枝歌》：「南窗讀書聲伊吾，北窗見月歌竹枝。」也作「嬰婗」、「鷖彌」〔註44〕。

書局 2004 年版，第 525～526 頁。

〔註44〕參見蕭旭《「嬰兒」語源考》。

唐五代佛經音義書同源詞例考

一、「頗我」考

敦煌寫卷 S.2073《廬山遠公話》:「汝也莫生頗我之心,吾也不見汝過。」
又「卻道莫生頗我之心。」「頗我」共 2 見,舊有三種解釋:

(a) 閻崇璩曰:「『頗』是『傾』的訛字。『傾』的含義之一是傾軋、排
擠。」〔註1〕

(b) 蔣禮鴻曰:「『頗我』同『彼我』,是己非人,較量爭勝的意思……
《變文》的『頗我』,似也可以用慧琳說的『頗峨』來解釋,當作
侮慢不敬講。但據上面所引,則仍以解作『彼我』為較確切。這裏
姑且附錄慧琳義以另備一解。」〔註2〕潘重規曰:「『頗』當為『彼』。」
〔註3〕項楚從潘校,釋云:「彼我之心,爭勝之心。」〔註4〕虞萬里
亦說同蔣氏〔註5〕。

(c) 黃征、張涌泉曰:「(蔣禮鴻)二說不能並是,『彼我』即佛教所謂

〔註1〕 閻崇璩《敦煌變文詞語彙釋》,大東文化大學中國語大辭典編纂室資料單刊
VI,昭和 58 年版,第 226 頁。

〔註2〕 蔣禮鴻《敦煌變文字義通釋》,收入《蔣禮鴻集》卷 1,浙江教育出版社 2001
年版,第 321~323 頁。

〔註3〕 潘重規《敦煌變文集新書》,文津出版社有限公司中華民國 83 年初版,第 1076
頁。

〔註4〕 項楚《敦煌變文選注》,中華書局 2006 年版,第 1927 頁。

〔註5〕 虞萬里《尹灣漢簡〈神烏傳〉箋釋》,收入《訓詁論叢》第 3 輯,文史哲出版
社 1997 年版,第 839 頁。

　　　『分別相』，與『頗我』當爲二詞，故慧琳說爲長。」〔註6〕

　　要判斷三說是非，須系統考察「頗我」之異形同源詞。

　　《可洪音義》卷13：「頗我：上普跛反，下正作頗，五可反。」《正統道藏・太平部・道典論》卷之三《耽酒》：「醉便坐不自安，頗我低昂。」

　　或作「叵我」、「距跢」、「岠峨」、「砠硪」、「跛跢」、「佢俄」、「距哦」、「陂峨」、「陂哦」、「頗峨」、「巊峨」、「駊騀」、「破硪」，《玄應音義》卷3：「叵我：謂傾側搖動不安也。經文作距跢，或作岠峨，並未見字出處。」海山仙館叢書本、磧砂大藏經本、永樂南藏本「岠峨」並作「砠硪」。《玄應音義》卷8、12「叵我」條並訓搖動不安，謂經文作「距跢」、「岠峨」並非也。《玄應音義》卷8海山仙館叢書本、磧砂大藏經本、永樂南藏本並作「砠硪」〔註7〕。《慧琳音義》卷9、30、33、74「叵我」條亦並訓搖動不安，謂經文作「距跢」、「距哦」、「陂峨」、「陂哦」、「頗峨」並非也。《玄應》卷3、《慧琳》卷9爲《放光般若經》卷1《音義》，檢經文作「皆柔軟距跢踊沒」，宋、元、明、宮本作「跛跢」。《玄應》卷8、《慧琳》卷33爲《月光童子經》卷1《音義》，檢經文作「睥睨距跢，低仰如人跪禮之形」，宋本作「佢俄」，元、明本作「巊峨」，宮本作「叵我」。《慧琳》卷30爲《大樹緊那羅王所問經》卷1《音義》，檢經文作「諸山須彌頗峨涌沒，亦復如是」，宋、元、明、宮本作「岠峨」，「岠」爲「岠」形誤。《法苑珠林》卷36引《大樹緊那羅王所問經》作「駊騀」，宋、宮本「駊」作「頗」，元本「駊」作「巊」，明本「駊」作「陂」；宋、元、明、宮本「騀」作「峨」。《諸經要集》卷4引《大樹緊那羅王所問經》作「破硪」，宋、元、明、宮本誤作「嚩峨」。《玄應》卷12、《慧琳》卷74爲《賢愚經》卷3《音義》，檢經文作「六種震動，諸山大海，距跢踊沒」。《正法華經》卷3：「時大澍雨潤澤普洽，隨其種類各各茂盛，叵我低仰莫不得所，雨水一品周遍佛土，各各生長地等無二。」《伅眞陀羅所問如來三昧經》卷1：「其在會者，諸天龍鬼神一切，自於坐皆踊躍，陂峨其身，而欲起舞。」《菩薩本行經》卷1：「作是願已，應時三千大千世界爲大震動，諸天宮殿陂峨踊沒，時諸天人馳動惶憬。」〔註8〕《大乘悲分陀利經》卷5：「時三千大千耐提蘭佛刹，六

〔註6〕　黃征、張涌泉《敦煌變文校注》，中華書局1997年版，第292頁。

〔註7〕　《玄應音義》海山仙館叢書本收入《續修四庫全書》第198冊，上海古籍出版社2002年影印。磧砂大藏經本收入《大藏經》第97冊，上海古籍出版社1991年影印。永樂南藏本收入《中華大藏經》（漢文部分）第57冊，中華書局1993年版。

〔註8〕　宋、元、明、本「馳」作「騷」，是也。

種震動，極大震動。悉極傾搖，陂峨踊沒。」又「令此娑訶佛土六種震動，岠峨涌沒，乃至金輪際。」又卷 6：「十方佛刹微塵數佛土普極震動，岠峨踊沒悉極傾搖。」「岠」為「岠」形誤。《淨飯王般涅槃經》卷 1：「即時三千大千世界，六種震動。一切眾山，駊騀涌沒。」宋、元、明、宮本作「岠峨」，「岠」為「岠」形誤。《類聚》卷 19 晉・孫楚《笑賦》：「或中路背叛，更相毀賤，傾倚叵我，彫聲迄乎日晏，信天下之笑林，調謔之巨觀也。」此例「傾倚叵我」四字同義連文。明・盧枏《滑令張侯碑》：「興伏頗峨，發虹殊虺。」《可洪音義》卷 5：「叵我：上古經作『距踒』，傾貌。」又「頗峨：山高動貌，側也，正作巘峨。」又「岠峨：上普可反，下五可反。」又卷 9：「岠峨：傾侳貌也，俗。」又卷 23：「頗峨：傾側貌也。」鄭賢章曰：「巘峨、岠峨，聯緜詞，與『頗峨』、『叵我』同。」〔註9〕

字或作「岐峨」，《可洪音義》卷 5：「岐峨：上普果反，下五可反。」《釋迦氏譜》卷 1：「大千世界岐峨踊沒。」明本作「巘峨」。《四分律刪繁補闕行事鈔》卷 3：「山林岐峨踊沒。」《四分律行事鈔資持記》卷 3：「岐音頗，峨音我。謂傾動也。」

字或作「叵俄」、「叵峨」、「頗頪」、「頗俄」、「頗破」、「呃峨」，《可洪音義》卷 5：「叵峨：上普可反，下五可反。」又卷 9：「叵俄：上普火反，下五可反。」又「呃峨：傾侳兒也。俗。」《悲華經》卷 1：「爾時世尊釋迦牟尼說是解了一切陀羅尼法門時，三千大千世界六種震動，叵我踴沒。」宋本作「叵俄」，元、明本作「陂峨」。《樹提伽經》卷 1：「一時俱倒，手脚繚戾，尻髖婀婆，狀似醉容，捶頭頗頪，臥地不起。」又「人馬俱倒，手脚繚戾，腰髖婀婆，狀似醉容，頭腳跛踒，不復得起。」《諸經要集》卷 6 引《樹提伽經》作「狀似醉容，頭腦叵我，不復得起。」元、明本作「頗頪」。《法苑珠林》卷 56 引《樹提伽經》作「陂峨」，宋、元、明、宮本作「巨我」，「巨」為「叵」形誤。《諸經要集》卷 19 引《淨飯王泥洹經》：「即時三千大千世界六種震動，一切眾山頗俄涌沒，如水上船。」宋本作「岠峨」，元、明本作「陂峨」，宮本作「頗破」。《法苑珠林》卷 97 引《淨飯王泥洹經》作「駊騀」，宋本作「頗峨」，元、明本作「巘峨」，宮本作「頗俄」。《佛說方等般泥洹經》卷 1：「佛告阿難：『寧見此童子從西方來者不乎？舞其兩足，叵俄其身。地為二反大震動，見者肅然衣毛為豎。』」宋、元、明、宮本作「駊騀」。《七佛八菩薩所說

〔註 9〕 鄭賢章《〈新集藏經音義隨函錄〉研究》，湖南師範大學出版社 2007 年版，第606 頁。

大陀羅尼神咒經》卷 1：「此陀羅尼神力，能使三千大千世界六種震動，山河石壁頗峨涌沒。」宋、甲本作「叵峨」，元、明本作「巃峨」。《釋迦譜》卷 2：「即時三千大千世界，六種震動，一切眾生巃峨踊沒。」宋本作「頗俄」，宮本作「頗硪」。《阿育王息壞目因緣經》卷 1：「爾時天地，六變震動，山河石壁，巃峨踊沒。」宋、宮本作「頗硪」，元、明本作「砠硪」。

字或作「叵硪」，《陀羅尼雜集》卷 1：「山河石壁破硪踊沒。」宋本作「叵硪」，元、明本作「距跿」。諸例皆爲搖動之義。

字或作「駊騀」、「駈騀」、「叵哦」，《說文》：「駊，駊騀也。」敦煌寫卷 P.3906《碎金》：「駊騀：頗我。」P.2717《碎金》作「駊騀：博我反，下我。」朱鳳玉曰：「《玉篇》：『駊，駊騀，馬搖頭。騀，駊騀。』《切韻》：『駊，駊騀，馬行惡之貌。』」〔註 10〕《廣韻》：「駊，駊騀，馬惡行也。又音叵。」《慧琳音義》卷 74：「駊騀：《說文》：『駊騀，搖頭兒也。』傳作駈也。」《集韻》、《類篇》：「駊，馬行兒。《說文》：『駊，騀也。』或作駈。」《六書故》：「駊騀，馬行疾若頗俄也。當單作『頗俄』。」「駊騀」狀馬行疾速而馬頭搖動傾側也。《可洪音義》卷 10：「叵哦：正作頗頦，下亦作俄也。頗頦，醉貌。」唐・韓偓《入內廷後詩》：「酒蕩襟懷微叵我，春牽情緒更融怡。」一本作「駊騀」。宋・劉子翬《周元仲将出山》：「叵我三杯眞性適，咍臺一枕萬緣休。」〔註 11〕

字或作「巃嵯」、「巃峨」、「豈我」，《漢書・揚雄傳》《甘泉賦》：「崇丘陵之駊騀兮，深溝嶔巖而爲谷。」蘇林曰：「駊騀音叵我。」顏師古曰：「駊騀，高大狀也。」《文選》李善注：「駊騀，高大貌也。」桂馥曰：「駊騀言丘陵偏頗之狀。」〔註 12〕《廣韻》：「巃，巃嵯，山兒。」《可洪音義》卷 5：「頗峨：山高動貌，側也。正作『巃峨』。」《龍龕手鑑》：「豈、岠、嶇，三或作。巃，今。豈我，山兒。」

字或作「髮鬖」，唐・李商隱《日高》：「水精眠夢是何人，欄藥日高紅髮鬖。」清・朱鶴齡《集注》：「駊騀，高大貌。髮鬖當亦此意。」

今按本字爲「頗俄」，其餘字形並爲借字。「頗」、「俄」同義連文，傾側、傾衰之義。《說文》：「頗，頭偏也。」又「俄，行頃也。」又「我，施身自謂也。或說：我，頃頓也。」「我」訓頃頓，即「俄」借字。《廣雅》：「伿、陂、

〔註 10〕 朱鳳玉《敦煌寫本〈碎金〉研究》，臺北文津出版社 1997 年印行，第 258 頁。
〔註 11〕 「咍臺」同「咍噎」、「噫噎」，睡息聲。參見蕭旭《〈世說新語〉吳方言例釋》，收入《群書校補》，廣陵書社 2011 年版，第 1377～1378 頁。
〔註 12〕 桂馥《札樸》，中華書局 1992 年版，第 270 頁。

傾、俄、頗、顑，衺也。」「頃」、「傾」同，「俄」、「頾」同，《玉篇》：「頾，或爲俄。」《集韻》：「俄、顑，行頃也，或从頁。」王念孫曰：「伮、佊、陂，並字異而義同。俄、顑一字也。」〔註13〕《可洪音義》卷10即指出：「叵我：正作『頗顑』。」元·周伯琦《六書正譌》卷2：「頗俄，山高皃。俗作『駊騀』，竝非。」以「駊騀」爲非，則拘矣。

由本義傾側引申則爲搖動不安，「傾側」、「搖動」二義相因。《玄應》、《慧琳》所釋是也。《可洪音義》卷 22：「頗俄：山高搖動皃也。傾側皃也。」復引申爲山高大貌，蓋以傾搖欲墜也。又特指馬搖頭，專字作「駊騀」。復引申爲醉倒貌，蓋以醉者傾側搖動也。又引申爲倨傲侮慢不敬之皃。《慧琳音義》卷 30：「叵我：如醉人倨傲侮慢不敬之皃。經文有作『岠峨』，或作『頗峨』，皆不正也。蓋亦涉俗之言。」徐時儀謂「叵我」、「距跥」、「岠峨」「似爲佛經所用的一個記音連緜詞」〔註14〕，未晰。

《廬山遠公話》的「頗我」，當從《慧琳》卷 30 作倨傲侮慢不敬講。《漢語大詞典》：「〔頗我〕猶彼我。謂我是彼非。頗，通『彼』。」〔註15〕取蔣氏說，郭在貽等亦同〔註16〕。並失之。閻崇璩改字說之，尤爲未允。

二、「蠠沒」考

《爾雅》：「蠠沒，勉也。」郭璞注：「蠠沒，猶黽勉。」邢昺疏：「蠠沒猶黽勉者，以其聲相近，方俗語有輕重耳。」

又聲轉爲「黽勉」、「僶勉」、「僶俛」、「黽俛」、「沕沒」、「密勿」〔註17〕，錢大昕曰：「古音勿如沒，《爾雅》『蠠沒』即《詩》『密勿』也……古人『勿』

〔註13〕 王念孫《廣雅疏證》，收入徐復主編《廣雅詁林》，江蘇古籍出版社 1998 年版，第 181 頁。
〔註14〕 徐時儀《玄應〈眾經音義〉研究》，中華書局 2005 年版，第 411 頁。
〔註15〕 《漢語大詞典》（縮印本），漢語大詞典出版社 1997 年版，第 7268 頁。
〔註16〕 郭在貽《敦煌變文集校議》，收入《郭在貽文集》卷 2，中華書局 2002 年版，第 159 頁。
〔註17〕 《禮記·檀弓下》：「不沒其身。」《國語·晉語八》「沒」作「免」。此「沒」、「免（勉）」相通之證。《老子》第 13 章：「其上不皦，其下不昧。」昧，遂州龍興觀碑作「忽」，馬王堆帛書《老子》甲、乙本作「物」。《史記·孝武本紀》：「十一月辛巳朔旦冬至昒爽。」《漢書·郊祀志》作「昒爽」，顏師古注：「昒音忽。」《家語·論禮》：「物得其時。」《禮記·仲尼燕居》「物」作「味」。此「未」、「勿」相通之證。

重唇，故與『勉』、『摩』聲相轉。」〔註18〕敦煌寫卷 P.2011 王仁昫《刊謬補缺切韻》：「僶，僶俛。通俗作僶。」唐·張參《五經文字》卷上：「僶，僶勉之僶。」《可洪音義》卷10：「僶伆：上彌忍反，下明辯反。」「伆」同「勉」。《詩·雲漢》：「旱既大甚，黽勉畏去。」《詩·谷風》：「黽勉同心，不宜有怒。」《釋文》：「黽，本亦作僶。黽勉，猶勉勉也。」阜陽漢簡作「汋沒」，《白帖》卷24引作「黽俛」；《文選·爲宋公求加贈劉前軍表》李善註引《韓詩》作「密勿」，又云：「密勿，僶俛也。」《詩·十月之交》：「黽勉從事，不敢告勞。」《漢書·劉向傳》、《漢書·楚元王傳》、《後漢書·皇甫規傳》李賢注引作「密勿」，《漢紀》卷22引作「黽俛」，《文選·悼亡詩》、《贈五官中郎將》李善註、《白帖》卷41引作「僶俛」。考《漢書·劉向傳》向上封事諫曰：「勉彊以從王事，則反見憎毒讒愬，故其詩曰：『密勿從事，不敢告勞。』」顏師古注：「密勿，猶黽勉。」是劉向據《韓詩》作「密勿」，而解爲勉彊也。《賈子·勸學》：「然則舜僶俛而加志，我僴僈而弗省耳。」宋·范處義《詩補傳》卷18：「黽勉、猶豫，皆取諸物。黽，鼂屬也。鼂黽之行，勉強自力，故曰黽勉。猶，犬子也。犬子之行，往復不果，故曰猶豫。」宋·孫奕《示兒編》卷3：「黽，鼂屬也。……蛙黽之行，勉強自力，故曰黽勉。如猶之爲獸，其行趑趄，故曰猶豫。」此宋儒腐說，極盡穿鑿之能事，絕不可信。明·朱朝瑛《讀詩略記》卷3：「人之勉力，如黽之奮躍，故曰黽勉。」此明人無學，崇尚新異之過也。

又聲轉爲「僶未」、「勉勿」、「伆未」、「僶僈」〔註19〕，《玄應音義》卷4：「僶未：又作黽，同。僶俛，強爲之也。」《慧琳音義》卷43「未」誤作「末」〔註20〕。此條爲《華手經》卷9《音義》，檢經文作「命促難保信，僶未生厭心」。元、明本作「勉勿」，宮本作「伆未」。《玄應音義》卷15：「僶俛：謂自強爲之也。律文作僈，非也。」

又聲轉爲「閔免」、「閔勉」、「侔莫」、「劲莫」，《方言》卷7：「侔莫，強也。北燕之外郊，凡勞而相勉若言努力者，謂之侔莫。」《廣雅》：「劲莫，強

〔註18〕錢大昕《十駕齋養信錄》卷5《古無輕唇音》，收入《嘉定錢大昕全集（七）》，江蘇古籍出版社 1997 年版，第 132 頁。

〔註19〕《戰國策·趙策四》：「沒死以聞。」《戰國縱橫家書》、《史記·趙世家》「沒」作「昧」。此「未」、「沒」相通之證。

〔註20〕《可洪音義》卷8：「僶末：上彌忍反，俛強作也。」亦誤作「末」。

也。」《漢書・谷永傳》：「流湎媟嫚，溷殽無別，閔免遁樂，晝夜在路。」《漢書・五行志》作「閔勉」，顏師古注：「閔勉，猶黽勉，言不息也。」朱謀㙔曰：「閔免、侔莫、文莫、密勿、蠠沒，勸勉也。」〔註21〕方以智曰：「閔勉、閔免、僶俛，一也。轉爲『密勿』、『蠠沒』，又轉爲『侔莫』、『文莫』。……蓋古讀勿如末如昧如沒。」又曰：「漢人用閔免、密勿，即僶勉，即《爾雅》之蠠沒，《方言》之侔莫。」〔註22〕段玉裁曰：「按《毛詩》『黽勉』亦作『僶俛』，《韓詩》作『密勿』，《爾雅》作『蠠沒』。蠠本或作蠠，蠠即蜜，然則《韓詩》正作『蜜勿』，轉寫誤作密耳。《爾雅》《釋文》云：『勔本作僶，又作黽。』是則《說文》之悃爲正字，而作勔，作蠠，作蠠，作蜜，作密，作黽，作僶，皆其別字也。今則不知有悃字，而悃字廢矣。」〔註23〕

又聲轉「文莫」、「文農」，朱駿聲曰：「《論語》：『文莫，吾猶人也。』《廣雅》：『勅莫，強也。』猶《毛詩》之『黽勉』，《韓詩》之『密勿』，《爾雅・釋詁》之『蠠沒』，《釋訓》之『懋慔』，《封禪文》之『旼穆』，《大戴・五帝德》之『亹穆』，《漢書・谷永傳》之『閔免』，《方言》二篇之『紛毋』、七篇之『侔莫』也。」〔註24〕錢繹曰：「合言之則曰『侔莫』，轉言之則曰『文莫』……

〔註21〕朱謀㙔《駢雅》卷2，收入《叢書集成新編》第38冊，新文豐出版公司1985年版，第338頁。

〔註22〕方以智《通雅》卷7、36，收入《方以智全書》第1冊，上海古籍出版社1988年版，第274、1091頁。又參見姜亮夫《詩騷聯綿字考》，收入《姜亮夫全集》卷17，雲南人民出版社2002年版，第337～338頁。

〔註23〕段玉裁《說文解字注》，上海古籍出版社1981年版，第506頁。

〔註24〕朱駿聲《說文通訓定聲》，武漢市古籍書店1983年版，第416頁。《論語・述而》之「文莫」，明・楊慎《丹鉛總錄》卷15引晉・欒肇《論語駁》曰：「燕、齊謂勉強爲文莫。」又引陳騤《雜識》：「《方言》：『侔莫，強也。』凡勞而勉，若云努力者，謂之侔莫。」」劉台拱、劉寶楠叔侄並申證之。劉台拱《論語駢枝》，收入《續修四庫全書》第154冊，上海古籍出版社2002年版，第293頁。劉寶楠《論語正義》，中華書局1990年版，第281頁。朱駿聲曰：「文莫，按：猶忞慔。」朱駿聲《說文通訓定聲》，第777頁。阮元曰：「《方言》：『侔莫，強也。』『侔莫』即『黽勉』之轉音。《方言》之『侔莫』，即《論語》之『文莫』（『文莫』二字爲句，與『聽訟，吾猶人也』『聽訟』二字爲句同。）劉端臨曰：『文莫吾猶人也，猶曰黽勉吾猶人也。』後人不解孔子之語，讀『文』爲句，誤矣。」阮元《揅經室一集》卷1《釋門》，收入《續修四庫全書》第1478冊，上海古籍出版社2002年版，第546頁。諸說並是也。何晏《集解》：「莫，無也。文無者，猶俗言文不也。」皇侃疏：「文，文章也。莫，無也，無猶不也。」朱熹注：「莫，疑詞。」以「莫」屬下句。裴學海從朱注，謂「莫猶或也」，以訓「黽勉」未允，徐仁甫說同。裴學海《古書虛字集釋》，中華

文、侔聲之輕重耳。」〔註25〕孫德宣曰：「『文莫』即《爾雅》之『蠠沒』、《說文》之『忞慔』、《方言》之『侔莫』、《毛詩》之『黽勉』、《韓詩》之『密勿』、《洛誥》之『民農』，皆一聲之轉，強力任事之謂也。」〔註26〕《廣雅》：「文農，勉也。」王念孫曰：「農猶努也，語之轉耳。」〔註27〕姜亮夫曰：「『文莫』一聲之轉則爲『文農』。」〔註28〕

又聲轉爲「務輓」，《史記·貨殖傳》：「必用此爲務輓近世，塗民耳目，則幾無行矣。」《索隱》：「輓，音晚，古字通用。」王叔岷曰：「此當讀『必用此爲務輓近世』爲句，必猶如也，輓借爲晚，《索隱》說是。『輓近』複語，輓亦近也。此猶言『如用此爲近世之務』耳。」〔註29〕姜亮夫曰：「《索隱》輓字屬下讀，因以『近』連文，遂誤爲晚耳。其實『務輓』乃連文，輓即勉之借字，務讀亡無切，古無輕唇音，則當讀如懋，是『務輓』即『黽勉』矣。」〔註30〕茲從姜說。

又聲轉爲「亹穆」、「懋慔」、「旼睦」、「旼穆」、「紛毋」、「明農」，《書·洛誥》：「茲予其明農哉！」周秉鈞曰：「明，勉也。農亦勉也。」〔註31〕《大戴禮記·五帝德》：「亹亹穆穆，爲綱爲紀。」《史記·司馬相如傳》《封禪文》：

書局 1954 年版，第 865 頁。徐仁甫《廣釋詞》，四川人民出版社 1981 年版，第 545 頁。吳承仕謂「莫」猶言「大約」，亦從朱注。楊伯峻採吳說，楊伯峻《論語譯注》，中華書局 1980 年版，第 76 頁。俞正燮謂「莫」爲語詞，屬上句。俞正燮《癸巳存稿》卷 3，收入《叢書集成新編》第 14 冊，新文豐出版公司 1985 年版，第 18 頁。胡紹勳謂「莫」訓定，屬下句。胡紹勳《四書拾義》卷 1，《叢書集成續編》第 33 冊，新文豐出版公司 1988 年印行，第 682 頁。諸說皆非。王引之曰：「『莫』蓋『其』之誤。」王引之《經義述聞》卷 32，江蘇古籍出版社 1985 年版，第 779 頁。王氏改字，尤爲失之。定州漢簡本作「幕」，即「莫」借字，可證「莫」字不誤。

〔註25〕錢繹《方言箋疏》卷 7，上海古籍出版社 1984 年版，第 430 頁。

〔註26〕孫德宣《聯綿字淺說》，《輔仁學誌》11 卷 1、2 期合刊，1942 年出版。《說文》無「忞慔」連文之例，孫說蓋據朱駿聲「文莫猶忞慔」之說。

〔註27〕王念孫《廣雅疏證》，收入徐復主編《廣雅詁林》，江蘇古籍出版社 1998 年版，第 217 頁。

〔註28〕姜亮夫《詩騷聯綿字考》，收入《姜亮夫全集》卷 17，雲南人民出版社 2002 年版，第 338 頁。

〔註29〕王叔岷《史記斠證》，「中央」研究院歷史語言研究所專刊之七十八，中華民國 72 年版，第 3426 頁。

〔註30〕姜亮夫《詩騷聯綿字考》，收入《姜亮夫全集》卷 17，雲南人民出版社 2002 年版，第 338 頁。

〔註31〕周秉鈞《尚書易解》，嶽麓書社 1984 年版，第 215 頁。

「旼旼睦睦，君子之能。」《漢書》作「旼旼穆穆，君子之態」。

又聲轉爲「謀面」、「侔免」，《尚書・立政》：「謀面用丕訓德。」于省吾曰：「按『謀』，金文作『誨』或『每』或『某』。英倫隸古定本『謀』作『惎』。『面』即『勔』。『謀面』即《爾雅》之『蠠沒』，《詩・十月之交》之『黽勉』，《漢書・劉向傳》之『密勿』，皆同聲叚字也。」〔註32〕顧頡剛、劉起釪從之〔註33〕。《管子・宙合》：「知道之不可行，則沈抑以辟罰，靜默以侔免。」舊注：「侔，取也。」失之。

又聲轉爲「薄努」，《方言》卷1：「釗、薄，勉也。秦晉曰釗，或曰薄，故其鄙語曰薄努，猶勉努也。南楚之外曰薄努。」《廣雅》：「薄努，勉也。」姜亮夫曰：「『文農』雙聲之轉則爲『薄努』。」〔註34〕

又聲轉爲「黽敏」，敏、勉一聲之轉。宋・黃裳《題楊氏聚義軒》：「黽敏愼所交，高攀古人風。」宋・周必大《湯中丞啓》：「黽敏歲周，摧頹人後。」

西周中期彝銘習語「蔑曆」。阮元謂「蔑曆」當爲「蔑曆」，阮氏云：「按其文皆勉力之義，是『蔑曆』即《爾雅》所謂『蠠沒』，後轉爲『密勿』，又轉爲『黽勉』。」〔註35〕《陝西新出土古代璽印》著錄「槀糜無」〔註36〕，《古璽彙編》著錄「糜亡」〔註37〕，皆爲成語印。蕭毅指出「『糜無』當是『糜亡』這個聯綿字的又一種寫法」〔註38〕。

倒言則作「悗密」，《韓子・忠孝》：「古者黔首悗密蠢愚。」舊注：「悗，忘情貌。」失之。姜亮夫曰：「『悗密』即『黽勉』之倒言。」〔註39〕日本學

〔註32〕于省吾《尚書新證》卷4，《雙劍誃群經新證》，上海書店1999年版，第119頁。

〔註33〕顧頡剛、劉起釪《尚書校釋譯論》，中華書局2005年版，第1668頁。

〔註34〕姜亮夫《詩騷聯綿字考》，收入《姜亮夫全集》卷17，雲南人民出版社2002年版，第338頁。

〔註35〕阮元《積古齋鐘鼎彝器款識》卷5，收入《續修四庫全書》第901冊，上海古籍出版社2002年版，第621頁。關於「蔑曆」的討論，還可看以下文獻：于省吾《釋「蔑曆」》，《吉林大學學報》1956年第2期。趙光賢《釋「蔑曆」》，《歷史研究》1956年第11期。唐蘭《「蔑曆」新詁》，《文物》1979年第5期。邱德修《商周金文「蔑曆」初探》，五南圖書出版公司，1987年版。張光裕：《新見曶鼎銘文對金文研究的意義》，《文物》2000年第6期。晁福林《金文「蔑曆」與西周勉勵制度》，《歷史研究》2008年1期。

〔註36〕伏海翔《陝西新出土古代璽印》，上海書店出版社2005年版，第151頁1130號。

〔註37〕羅福頤《古璽彙編》，文物出版社1981年版，第62頁0360號。

〔註38〕蕭毅《「糜亡」印釋》，《中國文字》新26期，2002年。

〔註39〕姜亮夫《詩騷聯綿字考》，收入《姜亮夫全集》卷17，雲南人民出版社2002

者物雙松曰：「『悗密』、『黽勉』、『密勿』、『文莫』，皆同。」〔註40〕朱起鳳以「悗密」與「黽勉」、「僶俛」、「侔莫」、「劼莫」、「文莫」、「旼穆」、「密勿」、「蠠沒」等詞同〔註41〕。陳奇猷曰：「『悗密』是雙聲謰語，亦作『密密』、『密勿』、『黽勉』等。」〔註42〕

倒言又作「穆忞」、「漠閔」，《淮南子・原道篇》：「穆忞隱閔。」又《精神篇》：「芒芠漠閔。」錢繹曰：「（文莫）倒言之則曰『莫文』，『穆忞』與『莫文』亦同。」〔註43〕朱起鳳謂「穆忞」即「漠閔」〔註44〕。

倒言又作「茂明」，《漢書・董仲舒傳》：「子大夫其茂明之。」顏注：「茂，勉也。」朱起鳳曰：「『茂明』乃『黽勉』之倒文。」〔註45〕

倒言又作「俛僶」，唐・白居易《即事詩》：「從容就中道，俛僶來保釐。」《文苑英華》卷362唐・陳黯《代河湟父老奏》：「時未可謀，則俛僶偷生。」

重言則作「勉勉」、「莫莫」、「亹亹」、「旼旼」、「穆穆」、「勿勿」、「懋懋」、「慔慔」〔註46〕。又作「密密」，《韓子・說林下》：「曰：『我笑勾踐也，爲人之如是其易也，己獨何爲密密十年難乎？』」劉師培曰：「密、勉一聲之轉。『密密』猶《詩》『密勿』。」〔註47〕

附記：（1）佛經中有「俛仰」一詞，爲勉強之義。《維摩詰所說經》卷1：「魔以畏故，俛仰而與。」《佛說維摩詰經》卷1作「魔以畏故，強與玉女」。此爲顯證。《玄應音義》卷5、12：「俛仰：無辯反。俛，低頭也，言閔默不已也。」又卷8：「俛仰：無辯反。謂自強爲之也。《說文》：『俛，此俗頪字，謂低頭也。』仰謂舉首也。」玄應注音是，釋義非也。「俛」音無辯反，即《廣

年版，第338頁。

〔註40〕 物雙松《讀韓非子》，轉引自張覺《韓非子全譯》，貴州人民出版社1992年版，第1097頁。

〔註41〕 朱起鳳《辭通》，上海古籍出版社1982年版，第1407～1408頁。朱氏又謂《抱朴子外篇・勗學》：「是以聖賢罔莫孜孜而勤之，夙夜以勉之」之「罔莫」亦同，云：「『罔莫』亦即『文莫』，文、罔聲之轉。」蕭毅從之。蕭毅《「麇亡」印釋》，《中國文字》新26期，2002年。此說未是。盧本「罔莫」作「罔不」，義同。

〔註42〕 陳奇猷《韓非子新校注》，上海古籍出版社2000年版，第501、1160頁。

〔註43〕 錢繹《方言箋疏》卷7，上海古籍出版社1984年版，第430頁。

〔註44〕 朱起鳳《辭通》，上海古籍出版社1982年版，第1357頁。

〔註45〕 朱起鳳《辭通》，上海古籍出版社1982年版，第1408頁。

〔註46〕 參見姜亮夫《詩騷聯綿字考》，收入《姜亮夫全集》卷17，雲南人民出版社2002年版，第338頁。

〔註47〕 劉師培《韓非子斠補》，收入《劉申叔遺書》，江蘇古籍出版社1997年版，第1183頁。

韻》之亡辨切（miǎn）也，當與「勉」同。《賢愚經》卷 2：「更無力能，俛仰而坐。」宋、元本「俛」作「勉」，此亦爲顯證。玄應謂俛爲頻俗字，訓低頭；仰訓舉首，則失之。「仰」疑當爲「僶」缺誤。訓勉強義的「俛仰」，當作「俛僶」。「俛僶」爲「僶俛」之倒文。《大智度論》卷 11：「不知我今能與論不，僶俛而來。」《法苑珠林》卷 53 引作「俛仰而來」。《高僧傳》卷 3：「商人相視失色，僶俛而止。」《出三藏記集》卷 15、《開元釋教錄》卷 3、《貞元新定釋教目錄》卷 5 並同。《法苑珠林》卷 25 作「俛仰而止」。此「僶俛」誤作「俛仰」之證。《玄應音義》卷 9、13、15「僶俛」條訓自強爲之也，並指出「俛」音無辯反。唐・窺基《說無垢稱經疏》卷 4：「俛者俯也，仰者仰也。厄不得已，故言俛仰。魔怖惱亂，俯仰與之，非其本心，故言俛仰。」唐・道掖《淨名經關中釋抄》卷 2：「俛仰者，低頭也。仰者，舉首也。言閔默不已，強自與之。」宋・智圓《維摩經略疏垂裕記》卷 7：「俛仰者，謂低頭。仰，舉首也，謂自強爲之也。」則唐代已不知「仰」爲「僶」之誤矣。耿銘採取玄應、窺基之說，從而爲之辭，曰：「根據『低頭、抬頭』動作所隱含的內在的心理特徵進行，引申出……『勉強、只好』，同時也在詞性和語法方面發生了變化。」殊爲牽強。耿君也承認：「關於『俛仰』，還有許多問題需要討論，如『俛』爲什麼玄應兩次讀爲『無辯反』，『俛』、『俯』、『頻』三個字的聯繫與區別，等等。」〔註 48〕其實如果認爲「俛仰」爲「俛僶」之誤，一切問題皆迎刃而解矣。

訓低頭抬頭之「俛仰」，「俛」音匪父切（fǔ），別爲一詞。

（2）《禮記・曲禮上》：「國中以策彗卹勿驅，塵不出軌。」鄭注：「卹勿，搔摩也。」吳澄曰：「彗卹，謂埽拂之。勿驅，謂勿以策策馬令疾行也。」〔註 49〕馬瑞辰曰：「『黽勉』、『密勿』、『蠠沒』、『閔免』，並字異而音義同也。『閔免』又轉爲『文莫』。『卹勿』亦『蠠沒』之轉。」〔註 50〕朱起鳳曰：「滅拂即埽除之義。卹、滅音近古通。《淮南子・道應訓》：『相天下之馬者，若滅若失。』《莊子・徐無鬼篇》作『若卹若失』，是其證也。勿、拂同音通用。」〔註 51〕按：鄭注是也。《莊子釋文》：「卹，音恤。」《白帖》卷 96 引《莊子》

〔註 48〕耿銘《佛經中「俛仰」一詞音義考》，收入徐時儀、陳五雲、梁曉虹編《佛經
音義研究論文集——首屆佛經音義研究國際學術研討會論文集》，上海古籍出
版社 2006 年版，第 129、130 頁。

〔註 49〕轉引自孫希旦《禮記集解》，中華書局 1989 年版，第 102 頁。

〔註 50〕馬瑞辰《毛詩傳箋通釋》，中華書局 1989 年版，第 130～131 頁。

〔註 51〕朱起鳳《辭通》，上海古籍出版社 1982 年版，第 2360 頁。

「卹」作「恤」，成疏訓「憂虞」，失之。卹，朱氏得其義，未得其字，卹、恤當讀爲戌。《釋名》：「戌，恤也，物當收斂，矜恤之也。」《史記・司馬相如傳》《子虛賦》：「揚袘卹削。」《漢書》、《文選》、《事類賦注》卷 12 作「戌削」。《史記・司馬相如傳》《上林賦》：「眇閻易以戌削。」《漢書》作「恤削」，《文選》作「卹削」。此卹、恤讀爲戌之證。《說文》：「戌，滅也。」《淮南子・天文篇》、《白虎通義・五行》並云：「戌者，滅也。」《史記・律書》：「戌者，言萬物盡滅，故曰戌。」字或作洫，《莊子・則陽》：「與世偕行而不替，所行之備而不洫。」《釋文》：「洫，濫也。王云：『壞敗也。』」林希逸注：「洫者泥着而滔溺之意也。」又《齊物論》：「其厭也如緘，以言其老洫也。」林希逸注：「洫者，謂其如墜於溝壑也。」此洫字亦當讀爲戌，林注並非。劉師培曰：「卹、恤二誼，並由血義引申，《詩・魯頌》：『閟宮有侐。』毛傳云：『清靜也。』《說文》訓侐爲靜。」〔註 52〕錢穆從劉說〔註 53〕。劉文典曰：「卹字無義，疑滅之誤。」〔註 54〕馬敘倫曰：「卹、滅並借爲忽，聲同脂類。」〔註 55〕鍾泰曰：「卹，憂也。」〔註 56〕楊柳橋曰：「卹，當借爲颭，疊韻通借字。」〔註 57〕諸說並未得。

三、「團欒」考

《玄應音義》卷 4：「團欒：團圓也。圓匝也。」《慧琳音義》卷 43 作「團圓周匝也」。《玄應音義》卷 19、《慧琳》卷 56：「團欒：猶團圓也，圓市也。」《慧琳音義》卷 35：「團欒：俗語也，即團圓也。」

本作「團圞」，《玉篇》：「圞，團圞也。」《廣韻》：「圞，團圞，圓也。」《可洪音義》卷 8：「團欒：圓也，正作圞。」又卷 14、22：「團欒：正作圞。」「團圞」當爲同義連文，《說文》：「團，圓也。」《類篇》：「圞，圓也。」《希麟音義》卷 5：「團圞：上徒官反，《切韻》：『團圓也。』下落官反，《切韻》：

〔註 52〕劉師培《莊子斠補》，收入《劉申叔遺書》，江蘇古籍出版社 1997 年版，第 889 頁。

〔註 53〕錢穆《莊子纂箋》，臺灣東大圖書股份有限公司 1985 年第 5 版，第 200 頁。

〔註 54〕劉文典《莊子補正》，收入《劉文典全集（2）》，安徽大學出版社、雲南大學出版社 1999 年版，第 658 頁。

〔註 55〕馬敘倫《莊子義證》卷 24，收入《民國叢書》第 5 編，據商務印書館中華民國 19 年版影印，第 2 頁。

〔註 56〕鍾泰《莊子發微》，上海古籍出版社 2002 年版，第 553 頁。

〔註 57〕楊柳橋《莊子譯詁》，上海古籍出版社 1991 年版，第 488 頁。

『團圞也。』《字書》:『圝亦團也。』」《龍龕手鑑》:「圝,團圓也。」《集古今佛道論衡》卷 4:「解義亦團欒。」宋、元、明、宮本作「團圝」。《菩提場所說一字頂輪王經》卷 1:「身相圓滿,不太肥,不太瘦,亦不乾悴,爪如赤銅,踝骨平滿,身形長大,肌膚潔白,不太團圝,齒不疎黑,眼目不睞,亦不黃綠。」宋、元、明、乙本作「團欒」。

或作「團圞」,唐・杜荀鶴《亂後山中作》:「兄弟團圞樂,羇孤遠近歸。」《太平廣記》卷 255 引《御史臺記》:「飄風忽起團圞旋,倒地還如著腳䭔。」宋・釋覺範《石門文字禪》卷 4:「心如旋磨驢,日夜團圞轉。」

或作「團巒」,宋・周必大《文忠集》卷 166《閒居錄》:「北行望一山,團巒與眾峰不同,土人謂之聖嶺。」明・李賢《明一統志》卷 35:「團巒山,在兩當縣境,山峰聳秀。」

或作「團變」,明・劉麟《與喬白巖》:「夫以凡下細人,如此而歸,將與西溪南原東橋藥物團變,丘園順適,死則同情,生無愧也。」

或作「團亂」,宋・郭茂倩《樂府詩集》卷 53《舞曲歌辭》解題云:「開元中,又有涼州綠腰、蘇合香、屈柘枝、團亂旋,甘州回波樂,蘭陵王春鶯囀,半社渠借席烏夜啼之屬,謂之軟舞。」明・胡震亨《唐音癸籤》卷 14:「舞曲:團亂旋。」自注:「一作團圓旋。」

或作「團擘」,《何典》第 2 回:「自然生副搓得團擘捏得扁的糯米心腸。」

或謂「團欒」合音為「團」,此說失之。《六書故》:「欒,又借為團欒,俗語。團欒、突欒,皆合之為團也。」「突欒」、「剽欒」則為「團」之分音,《六書故》:「團,今人謂之突欒,突欒之合為團。」宋・宋祁《宋景文筆記》卷上《釋俗》:「孫炎作反切語,本出於俚俗,常言尚數百種,故謂……團曰突欒……不可勝舉……國朝林逋詩云:『團欒空遶百千回』,是不曉俚人反語,逋雖變突為團,亦其謬也。」明・焦竑《俗書刊誤》卷 5《略記字義》:「古語有二聲合為一字者,此切字之始也。如……剽欒為團,皆里巷常談,不可勝舉。林和靖詩云『團欒空繞百千回』,是不知反切,改剽為團,失其旨矣。」

〔註58〕明・徐伯齡《蟫精雋》卷 3「世語」條:「世語中有切母成音,若今所謂綺談市語者,人自不覺,習久而不以為異耳。如教籃蓋即盤字切音……團

〔註58〕 宋・胡仔《漁隱叢話》前集卷 27、宋・吳箕《常談》、宋・孫奕《示兒編》卷 22、宋・朱輔《溪蠻叢笑》、宋・洪邁《容齋三筆》卷 16、宋・魏了翁《經外雜抄》卷 2、明・李翊《戒菴老人漫筆》卷 5《今古方言大略》、明・田汝成《西湖遊覽志餘》卷 25《委巷叢談》並謂「突欒為團」。

曰突圞，今作團圞，是疊牀上之牀也。」

或作「突圞」，音衍爲「踢突圞」、「剔突圞」，《禪宗頌古聯珠通集》卷36：「巨靈擡手擘不破，始信從前踢突圞。」考《續古尊宿語要》卷3：「以兩手，畫一圓相，擘開，捺膝云：『渾崙擘不破。』」「踢突圞」即狀渾崙之相也。《雪峰義存禪師語錄》卷2：「冬瓜長儱侗，葫蘆剔突圞。」范寅曰：「所謂『梁上梁下』、『柏上柏下』、『埋上埋下』者，形如摺扇張面，接塘之沙猶窄，濱海之漲，突圞轉也。」〔註59〕翟灝曰：「今之俚俗有所謂『突圞轉』，猶循于古。」〔註60〕

四、「俾倪」考

1. 「俾倪」有四義，一爲傾側不正、邪視；二爲女牆；三爲側擊聲；四爲車名或車具名。

1.1. 義爲傾側不正、邪視。

《史記・信陵君傳》：「俾倪，故久立。」《正義》：「俾倪，不正視也。」《集韻》：「俾、睥：俾倪，邪視，或从目。」

字或作「睥睨」，《廣韻》：「睨，睥睨。」《增韻》：「睥睨，邪視。」上引《史記》例，《白帖》卷44、《通鑑》卷5、《通志》卷94作「睥睨」，胡三省註：「睥睨，不正視也。」

字或作「辟倪」、「辟睨」、「僻倪」、「辟睨」，《史記・魏其武安侯傳》：「辟倪兩宮間。」《索隱》引《埤倉》：「睥睨，邪視也。」《漢書・灌夫傳》作「辟睨」，顏師古註：「辟睨，傍視也。本作『睥睨』。」宋・婁機《班馬字類》卷4引作「僻倪」。宋・呂祖謙《大事記解題》卷12引作「辟睨」，《記纂淵海》卷50引作「睥睨」。「辟」、「僻」爲「睥」借音字。「睨」爲「睨」借音字〔註61〕。

字或作「睥睨」、「俾睨」、「睥睨」，《集韻》：「睥，睥睨，視也，或作俾、睥、辟。」《宋書・劉湛傳》：「睥睨兩宮。」又《周朗傳》：「尙方今造一物，小民明已睥睨；宮中朝制一衣，庶家晚已裁學。」《通鑑》卷127、《通鑑總類》

〔註59〕范寅《越諺》卷下（侯友蘭等點注），人民出版社2006年版，第333頁。

〔註60〕翟灝《通俗編》卷34，收入《續修四庫全書》第194冊，上海古籍出版社2002年版，第615頁。

〔註61〕魏・嵇康《琴賦》：「邪睨崑崙，俯闞海湄。」《文選》作「睨」。

卷 9 並作「瞥眲」，胡三省註：「瞥與睥同。」

字或作「瞥盼」，《類聚》卷 9 宋・謝惠連《汎南湖至石帆詩》：「登陟苦跋涉，瞥盼樂心耳。」〔註 62〕《廣韻》「盼」、「眲」並讀五計切，同音通假〔註 63〕。

字或作「睥睨」，唐・李德裕《幽州紀聖功碑銘》：「其来也，瀰漫陰山，睥睨高闕。」《文苑英華》卷 871 作「瞥睨」，注：「二本作『俾倪』。」《唐文粹》卷 59 作「睥睨」。唐・張彥遠《法書要錄》卷 9：「曾不睥睨競巧。」明・梁寅《公莫舞》：「使一夫睥睨而相攻。」

字或作「聉睨」，《周禮・龜人》鄭注：「左倪靁，右倪若。」唐・賈公彥疏：「……故不能長前後而頭向左相聉睨然……故亦不長前後而頭向右聉睨然。」明・王介之《春秋四傳質》卷下：「聉睨中國，欲剪滅之。」「聉」爲「睥」借音字。

字或作「聀睨」，宋・李心傳《建炎以來繫年要錄》卷 146：「前此獨無敢聀睨者。」宋・蒲宗孟《老蘇先生祭文》：「談笑聀睨兮，若無巧匠。」《古今合璧事類備要》別集卷 79 引王延壽《王孫賦》：「時遼落以蕭索，乍聀睨以容與。」《初學記》卷 29、《古文苑》卷 6 引並作「睥睨」。明・李先芳《宜春臺》：「春臺獨上俯千家，聀睨風高起曙鴉。」明・黃道周《緇衣集傳》卷 4：「有太廟齋郎方軫者，上書言蔡京聀睨社稷，內懷不道。」

字或作「卑耳」、「辟耳」、「辟咡」，《國語・齊語》：「縣車束馬，踰大行與辟耳之谿。」《管子・封禪》、《史記・封禪書》、《漢書・郊祀志》並作「卑耳之山」《集解》引韋昭曰：「卑耳即《齊語》所謂辟耳。」《索隱》：「辟音僻。」宋・宋庠《國語補音》：「卑、辟聲近，二音並通。」《禮記・曲禮上》：「負劍辟咡詔之。」鄭注：「辟咡詔之，謂傾頭與語。口旁曰咡。」又《少儀》：「有問焉，則辟咡而對。」朱駿聲曰：「按：猶俾倪，近視也。」〔註 64〕辟咡猶言傾側也。

方以智曰：「辟倪，通作『俾倪』、『陴陣』、『睥睨』、『墇坭』。」〔註 65〕

〔註 62〕《會稽志》卷 20、《古詩紀》卷 59 誤作「瞥盼」，《漢魏六朝百三家集》卷 71 誤作「瞥晒」。

〔註 63〕《戰國策・韓策二》：「韓挾齊魏以盼楚。」鮑彪注：「盼，睥睨也。」吳師道《補正》：「盼，恨視也。」鮑說是，盼讀爲眲。吳以本字說之，未得。《史記・韓世家》「盼」作「圉」，別一義。

〔註 64〕朱駿聲《說文通訓定聲》，武漢市古籍書店 1983 年版，第 536 頁。

〔註 65〕方以智《通雅》卷 7，收入《方以智全書》第 1 冊，上海古籍出版社 1988 年

朱謀㙔曰：「辟倪、睥睨、瞵睨，側目也。」〔註66〕

1.2. 義爲女牆。

《墨子・備城門》：「俾倪廣三尺，高二尺五寸。」

字或作「埤堄」，《墨子・號令》：「其兩旁高丈爲埤堄。」畢沅曰：「堄當爲倪。」〔註67〕岑仲勉曰：「『埤堄』同『俾倪』。」〔註68〕

字或作「僻倪」、「睥睨」，《左傳・宣公十二年》：「陴者皆哭。」杜注：「陴，城上僻倪。」孔疏：「僻倪者，看視之名。」《御覽》卷 317 引作「陴，城上睥睨」。

字或作「埤堄」，《廣雅》：「埤堄，女牆也。」王念孫曰：「埤堄，字或作俾倪，或作睥睨，或作僻倪。」〔註69〕《玄應音義》卷 2、3、17 三引《廣雅》並作「俾倪」。《尊勝菩薩所問一切諸法入無量門陀羅尼經》卷 1：「因集多舍巷陌樓閣埤堄却敵，園林池塹，名之爲城。」宋本作「俾倪」。《阿毗達磨大毗婆沙論》卷 188：「其牆堅厚，却敵樓櫓，埤堄寮窓，並皆嚴備。」宋、元、明、宮本作「睥睨」。《大方廣佛華嚴經》卷 13：「閻浮檀金種種眾寶，而爲埤堄。」和本作「睥睨」。

字或作「陴倪」，《左傳・宣公十二年》孔疏引《廣雅》：「陴倪，女墻也。」

字或作「僻堄」、「頓頠」、「僻脫」，獅谷本《慧苑音義》卷上：「僻堄：《廣雅》：『僻堄，女墻也。』按賈注《國語》僻字作埤，杜注《左傳》作陴，《廣雅》作僻，籀文作䀈。今經本作俾倪字者。又有頓頠及瞵睨之字，並是左右傾首邪視也。或云車中傾視於外也，謂蓋竿也。」《麗》、《金》本「瞵睨」作「僻脫」〔註70〕。《龍龕手鑑》：「僻，僻堄，女墻也。與埤、陴、䀈四同。」《可洪音義》卷 25：「俾倪：上步米反，下五禮反。僻堄，同上。」「頠」、「脫」

版，第 279 頁。「陴僻」疑當作「陴阮」、「僻阮」。

〔註66〕朱謀㙔《駢雅》卷 2，收入《叢書集成新編》第 38 冊，新文豐出版公司 1985 年版，第 338 頁。

〔註67〕轉引自孫詒讓《墨子閒詁》，中華書局 1986 年版，第 570 頁。

〔註68〕岑仲勉《墨子城守各篇簡注》，中華書局 1958 年版，第 136 頁。

〔註69〕王念孫《廣雅疏證》，收入徐復主編《廣雅詁林》，江蘇古籍出版社 1998 年版，第 537 頁。

〔註70〕慧苑《大方廣佛華嚴經音義》高麗藏本、金藏廣勝寺本並收入《中華大藏經》（漢文部分）第 59 冊，中華書局 1993 年版。簡稱爲《麗》、《金》。《慧琳音義》卷 21 同，所據《慧琳音義》爲高麗藏本，收入《中華大藏經》（漢文部分）第 57～59 冊，中華書局 1993 年版。下同。

當爲「睨（覞）」或體，《可洪音義》卷 27「魚睨」，亦作此形。「臂」涉「睨」類化。

字或作「頼倪」、「敤坭」、「頼兒」、「臂睨」、「鼽坭」，《玄應音義》卷 2、18「俾倪」條並云：「《三蒼》作頼倪，又作敤坭二形，同。」〔註71〕又卷 8「俾倪」云：「或作頼倪兩字，又作敤坭二形，《字林》同。俾倪，傾側不正也。」頼倪，《永》、《海》、《磧》、《慧琳音義》卷 33 作「頼兒」〔註72〕；敤坭，《慧琳》作「鼽坭」。又卷 17：「俾倪：又作敤坭，二形同。」《玄應》卷 8 爲《月光童子經》卷 1《音義》，檢經文作「睥睨距跋，低仰如人跪禮之形」，宮本作「俾倪」，明本「臂睨」。《慧琳音義》卷 73：「俾倪：又作鼽坭二形，《三蒼》作頼倪二形，同。」「敤」、「鼽」爲「睥」借音字，「坭」爲「睨」借音字。

字或作「壁坭」，《慧琳音義》卷 38：「俾倪：《考聲》云：『俾倪，城上女牆也。』正從土作『壁坭』，或從目作『睥睨』，音義並同也。」《集韻》：「壁，壁坭，陴也。」又「壁，壁坭，城上垣，或作埤。」又「坭，壁坭，城上垣。」

字或作「陴阢」，《說文》：「陴，城上女牆俾倪也。」俾倪，《繫傳》作「睥睨」，《六書故》引作「陴阢」，又云「別作埤」。《阿毘曇毘婆沙論》卷 46：「所有樓觀却敵睥睨，種種窓牖皆悉毀壞。」元、明、宮本作「埤坭」。《阿毘達磨大毘婆沙論》卷 105 作「埤坭」，宋、宮本作「陴阢」，元、明本作「睥睨」。《頂生王故事經》卷 1：「爾時大王頂生遙見城郭樓櫓埤坭。」宋本作「陴阢」。《放光般若經》卷 20：「譬如天錦城上臺觀樓閣陴阢皆七寶作。」宋、元、明本作「埤坭」，宮、聖本作「俾倪」。《續高僧傳》卷 4：「上如陴坭皆甄爲之。」宋本作「埤坭」。

字或作「辟阢」、「睥睨」，《希麟音義》卷 2：「俾倪：《說文》作『壁坭』又作『辟阢』，經本或作『睥睨』，非也。《大般涅槃經》卷 2：「具足種種功德珍寶戒定智慧以爲牆塹埤坭。」宮本作「睥睨」。《佛說立世阿毘曇論》卷 4、

〔註71〕所據《玄應音義》爲高麗藏本，收入《中華大藏經》（漢文部分）第 57 冊，中華書局 1993 年版。下同。

〔註72〕《玄應音義》永樂南藏本收入《中華大藏經》（漢文部分）第 57 冊，中華書局 1993 年版。海山仙館叢書本收入《續修四庫全書》第 198 冊，上海古籍出版社 2002 年影印。磧砂大藏經本收入《大藏經》第 97 冊，上海古籍出版社 1991 年影印。分別簡稱爲《永》、《海》、《磧》。

5：「埤堄高半由旬。」宮本作「陴睨」。《法苑珠林》卷 3 引同，宋、宮本作「脾睨」。

字或作「墸蜺」，《六書故》：「睥睨，斜目詹相也。古通作『俾倪』，亦作『辟倪』。城上女牆可蔽以貼敵者，因名睥睨。別作墸蜺。」

1.3. 義爲側擊聲。

字或作「鼓攱」、「敓攱」，《玉篇》：「鼓，鼓攱。攱，鼓攱。」《廣韻》：「攱，鼓攱，擊聲。」又「攱，敓攱兒。」〔註 73〕又「鼓，鼓攱，毀也。」《集韻》：「攱，鼓攱，毀也。」《龍龕手鑑》：「攱，鼓攱，擊聲也。」清·薛傳均曰：「在人部爲俾倪，在支部爲鼓攱，皆與睥睨義同。」〔註 74〕「鼓攱」、「俾倪」同源，則當爲側擊聲。

1.4. 義爲車名或車具名。

《急就篇》卷 3：「蓋繚俾倪柅縛棠。」顏師古注：「俾倪，持蓋之杠，在軾中央，環爲之，所以止蓋弓之前卻也。」《慧苑音義》卷上「今經本作俾倪字者，按《聲類》乃是軾中環持蓋杠者也。」車中之杠可以持以左右邪視，故指持蓋之杠。

字或作「轊輗」、「轛輗」、「睥睨」，《釋名》：「轊輗，猶祕齧也，在車軸上，正輪之祕齒前却也。」孫詒讓校曰：「『軸』當作『軾』，『輪』當作『轑』，『轑』與『橑』同。」〔註 75〕《集韻》：「轊，轊輗，車名。」又「輗，轊輗，車名。」《宋書·五行志》：「桓玄出遊大航南，飄風飛其轊輗蓋。」〔註 76〕晉·崔豹《古今注》卷上：「曲蓋，太公所作也。武王伐紂，大風折蓋，太公因折蓋之形而製曲蓋焉。戰國常以賜將帥，自漢朝乘輿用四，謂爲轊輗蓋，有軍號者賜其一也。」《玉海》卷 91 引之，有注：「唐大駕鹵簿有俾倪十二，今作睥睨。」《御覽》卷 702、《天中記》卷 49 引《古今注》並作「睥睨」。《新唐書·儀衛志》：「大駕鹵簿……睥睨十二。」《大唐開元禮》卷 2、《通典》卷 107：「大駕鹵簿……俾倪十二。」《宋史·儀衛志》：「睥睨，如華蓋而小。」諸名

〔註 73〕 余迺永《校堪記》：「元本、明本兒字作『毀』。棟亭本作『毀也』。」余迺永《新校互注宋本廣韻》，上海辭書出版社 2000 年版，第 604 頁。

〔註 74〕 薛傳均《說文答問疏證》，收入丁福保《說文解字詁林》，中華書局 1988 年版，第 8661 頁。

〔註 75〕 孫詒讓《札迻》，齊魯書社 1989 年版，第 66 頁。又見孫詒讓《周禮正義》，中華書局 1987 年版，第 3180 頁。

〔註 76〕 《晉書·五行志》同。

蓋皆取義於邪視也。專字從車作「轉輗」、「轛輗」。朱起鳳曰：「『轉輗』作『俾倪』，同音通假也。」〔註77〕關於其形制，汪少華指出：「『轉輗（俾倪）』與『傾斜』有關……因而就用『轉輗（俾倪）』來指稱處於被環持括約狀態表現爲略微曲斜的蓋杠，也指稱這種在車軾中央或車輿某處用以括約固定蓋杠的環或環形構件。」〔註78〕

2.1. 考《說文》：「頧，傾首也。睨，衺視也。覞，旁視也。」〔註79〕《玄應音義》卷8：「頧面：《說文》：『傾頭也。』《蒼頡篇》：『不正也。』《廣雅》：『頧，衺也。』」段玉裁曰：「（覞、睨）二字音義皆同。」〔註80〕朱駿聲曰：「按（覞）當爲睨之或體。」〔註81〕二說並是。《楚辭・離騷》朱子《集註》：「睨，旁視也。」《莊子・天下》《釋文》：「李云：『睨，側視也。』」今閩語猶謂斜視爲睨〔註82〕。朱珔曰：「覞可爲睨之通假。」〔註83〕猶隔一間。

「俾倪」本字當作「頧睨（覞）」，謂傾首衺視也。專字從目作「睥睨」，《廣雅》：「睥睨，視也。」《淮南子・修務篇》：「則布衣韋帶之人過者，莫不左右睥睨而掩鼻。」《玄應音義》卷8「俾倪」條、「頧面」條二引《淮南子》並作「左頧右倪」，《慧琳音義》卷53「睥睨」條引《淮南子》作「左睥右睨也」。《玉篇》：「睥，左睥右睨。」亦當爲暗引《淮南子》。宋・賈昌朝《群經音辨》卷3：「倪，顧視也。」可證字從目、從人、從頁一也。

段玉裁曰：「俾倪疊韻字，或作『睥睨』，或作『埤堄』，皆俗字。城上爲小牆，作孔穴可以窺外，謂之俾倪。」〔註84〕城上小牆可依以候望、窺視，故謂女墻爲「俾倪」，專字從土，或從自。《釋名》：「城上垣曰睥睨，言於其孔中睥睨非常也。亦曰陴。陴，裨也，言裨助城之高也。」《左傳・宣公十二年》孔疏引上句作「城上垣曰陴，言於其孔中俾倪非常也」。上說「睥睨非常」是也，下說「裨助城高」則失之。《慧琳音義》卷25：「俾倪：《玉

〔註77〕 朱起鳳《辭通》，上海古籍出版社1982年版，第1860頁。
〔註78〕 汪少華《「轉輗」考》，《語言研究》2002年第4期；收入《中國古車輿名物考辨》，商務印書館2005年版，第41頁。
〔註79〕 《繫傳》作「覞，內視也」，誤。《集韻》、《類篇》引《說文》及《玉篇》並作「旁視」。
〔註80〕 段玉裁《說文解字注》，上海古籍出版社1981年版，第407頁。
〔註81〕 朱駿聲《說文通訓定聲》，武漢市古籍書店1983年版，第522頁。
〔註82〕 參見許寶華・宮田一郎《漢語方言大詞典》，中華書局1999年版，第6533頁。
〔註83〕 朱珔《說文假借義證》，黃山書社1997年版，第488頁。
〔註84〕 段玉裁《說文解字注》，上海古籍出版社1981年版，第736頁。

篇》又作『𡷈坥』……今詳此字有其二種，一者伺候，二者垣墻。垣墻不合從人，伺候豈宜從土。若是垣墻，應爲『埤坥』；若取伺候，應作『俾倪』。兩文二義，不失諸宗故也。」又卷 74：「睥睨：經從人作『俾倪』，非之也。」慧琳知有二義，而不知二義之間的聯繫，必以「俾倪」爲非，則未達一間也。

2.2. 考《說文》：「倪，俾也。俾，益也。」「倪俾」之俾當假借爲頓，「俾益」之俾當假借爲奰，《說文》：「奰，益也。」「倪」本義當訓傾側，特指衺視。《廣雅》：「頓、倪，衺也。」《篆隸萬象名義》：「倪，倪也，衺也。」〔註85〕《爾雅》：「龜左倪不類，右倪不若。」《釋文》：「倪，本作睨。」郭注：「左倪，行頭左庳，今江東所謂左食者。右倪，行頭右庳，爲右食。」邢昺疏：「案賈公彥說《周禮》以倪爲睥睨，則左倪右倪是左顧右顧也。郭氏以庳解倪，及云今江東所謂左食者，皆以時驗而言也。」段玉裁曰：「俾亦作庳，皆非是。其字正當作頓。」〔註86〕庳假借爲頓，郭氏倪訓庳，正可印證《說文》「倪，俾也」之訓。《莊子·馬蹄》：「馬知介倪。」《釋文》：「李云：『介倪，猶睥睨也。』」王念孫曰：「是凡言頓、倪者，皆衺之義也。」又曰：「俾之言庳也，倪亦庳也。」〔註87〕桂馥曰：「俾也者，謂俾倪也。本書：『陴，城上女牆俾倪也。』」〔註88〕錢坫曰：「應是俾倪也。」〔註89〕黃侃曰：「倪同睨、覷。」又曰：「睨同倪、覷。覷同倪、睨。」〔註90〕斯爲得之。

《集韻》：「倪，俾益也。」段玉裁曰：「然則倪亦訓益也。」〔註91〕《集韻》、段氏以爲「倪、俾」二字互訓，誤矣。段氏「頓」字條知「俾」、「庳」當作「頓」，而於「倪」字條則昧而不知。信矣！古書之難讀也。遍稽群書，「倪」無「俾益」之訓。徐灝曰：「段訓倪爲益，大繆。《孟子》之『旄倪』

〔註85〕呂浩曰：「『倪也』與字頭同，疑爲『俾也』之誤。」呂浩《篆隸萬象名義校釋》，學林出版社 2007 年版，第 736 頁。「倪也」也可能是「睨也」之誤。
〔註86〕段玉裁《說文解字注》，上海古籍出版社 1981 年版，第 421 頁。
〔註87〕王念孫《廣雅疏證》，收入徐復主編《廣雅詁林》，江蘇古籍出版社 1998 年版，第 181、536 頁。
〔註88〕桂馥《說文解字義證》，齊魯書社 1987 年版，第 696 頁。
〔註89〕錢坫《說文解字斠詮》，收入丁福保《說文解字詁林》，中華書局 1988 年版，第 8109 頁。
〔註90〕黃侃《說文同文》，收入《說文箋識》，中華書局 2006 年版，第 21、52、57 頁。
〔註91〕段玉裁《說文解字注》，上海古籍出版社 1981 年版，第 376 頁。

即此字，本字與『嬰婗』之婗字異義同。」〔註92〕吳楚曰：「段注謂倪亦訓
益，此大不然。倪字從人兒，猶俾從人卑，與僮字意並同，是倪亦訓使也，
故俾、倪二字互訓。」〔註93〕二氏謂段注誤，得之；而謂即「婗」字，「小
僮」之義，則亦未是。王筠曰：「小徐本俾、倪二篆不連，《玉篇》亦遠隔。
其說倪字曰：『《莊子》云：「和之以天倪。」倪，自然之分也。』《廣韻》同。
恐本注『俾也』是傳譌，當闕之。」〔註94〕王氏知「倪」無「俾益」之訓，
因疑《說文》字誤，故闕之。朱駿聲曰：「按：『俾』下云：『益也。一曰門
侍人。』《莊子·齊物論》：『和之以天倪。』李注：『分也。』似與益義爲近。
按：俾倪者疊韻連語。猶袤視之爲睥睨，女墻之爲埤堄，本無正字。未審許
意何屬也。疑頤指氣使之意。」〔註95〕朱氏謂《莊子》「天倪」與「益」義
爲近，未得；又疑頤指氣使之意，亦爲無據。

（此篇收入《佛經音義研究——第二屆佛經音義研究國際學術研討會論文
集》，鳳凰出版社 2011 年出版，此爲修訂稿）

〔註92〕 徐灝《說文解字注箋》，收入丁福保《說文解字詁林》，中華書局 1988 年版，
第 8108 頁。
〔註93〕 吳楚《說文染指》，收入丁福保《說文解字詁林》，中華書局 1988 年版，第 17211
頁。
〔註94〕 王筠《說文解字句讀》，中華書局 1988 年版，第 299 頁。
〔註95〕 朱駿聲《說文通訓定聲》，武漢市古籍書店 1983 年版，第 522 頁。

漢譯佛經語詞語源例考

一、「懭悢」語源考

1. 「懭悢」最早見載於《玉篇》：「懭，懭悢。」又「悢，懭悢，多惡。」
其後韻書、字書亦加收錄。《廣韻》：「懭，懭悢，不調。」又「悢，懭悢，
多惡。」《龍龕手鑑》：「懭，懭悢，不調也。」又「悢，懭悢，拙惡也。」

1.1. 「懭悢」的用例大量出現在內典中，也寫作「懭戾」、「儱戾」、「儱
侯」：

(1) 吳康僧會譯《六度集經》卷2：「專愚懭悢。」宋本作「懭戾」。

(2) 西晉竺法護譯《生經》卷5：「懭悢而自用，不從尊師教。」

(3) 西晉竺法護譯《正法華經》卷6：「假使有人儱戾自用，性不修調。」
宋、宮本作「儱侯」，元、明本作「懭悢」。

(4) 西晉竺法護譯《正法華經》卷7：「諸子不隨顛倒懭悢想者。」宋、
宮本作「儱戾」。

(5) 西晉竺法護譯《佛說無言童子經》卷1：「供養於此懭悢蛇蚖，因由
邪行。」宋本作「儱侯」。

(6) 西晉竺法護譯《大哀經》卷5：「一日懭悢，二日瞋恚，三日觸忌，
四日愚癡。」宋、元、明、宮本作「懭戾」。

(7) 東晉跋陀羅譯《大方廣佛華嚴經》卷58：「發寶馬心，離懭悢心不
調故。」宋、宮本作「懭戾」。

1.2. 也寫作「懭侯」、「攏悢」、「攏捩」、「儱悢」、「攏麗」：

(8) 吳支謙譯《佛說維摩詰經》卷2：「譬如象馬懭悢不調，著之羈絆，

加諸杖痛，然後調良。」唐懷素《四分律開宗記》卷 1 引作「儱悷」，敦煌寫卷 S.516《歷代法寶記》作「攏悷」，敦煌寫卷 P.2125、P.3717《歷代法寶記》並作「攏麗」〔註1〕。

（9）唐澄觀《華嚴經行願品疏》卷 6：「儱悷難制，佛能伏之。」宋竺道生《法華經疏》卷 1 作「儱悷」。

（10）日本名古屋七寺所藏卷子本《清淨法行經》：「人民攏捩，多不信罪，知而故犯。」

1.3. 又寫作「籠戾」、「龍戾」、「曨戾」、「聾戾」：

（11）唐普光《俱舍論記》卷 23：「復次有身見等剛強難伏，如狩（獸）龍戾，故說名生。」正中二年寫東大寺藏本、元祿十五年本並作「曨戾」。唐法寶《俱舍論疏》卷 23 作「儱悷」，正中二年寫東大寺藏本、元祿十五年本並作「籠戾」，唐圓測《解深密經疏》卷 7 亦作「籠戾」。唐遁麟《俱舍論頌疏記》卷 23、唐玄奘《阿毘達磨大毘婆沙論》卷 3 並作「儱悷」。

（12）宋妙源《虛堂和尚語錄》卷 6：「舌貫鼻端，牛行虎視。祇者形模，轉增聾戾。」

按：「儱」、「儱」、「攏」、「籠」、「曨」、「龍」、「聾」並同音。「悷」、「悷」為「戾」增旁俗字，「麗」則為「戾」的同音借字。中土文獻唐段成式《酉陽雜俎》續集卷 5：「唪啄同時，儱悷調伏。」其實亦是用的內典。

2. 在佛經音義書中，收錄「儱悷」、「儱戾」、「籠戾」三詞，對這三詞的解釋是：

（1）唐湛然《止觀輔行傳弘決》卷9：「儱悷者，不調之貌，出《字書》。」

（2）唐釋道世《法苑珠林》卷101《音釋》：「儱，儱戾，多惡不調也。」宋懷遠《楞嚴經集註》卷8：「悷者，儱戾，性不調也。」

（3）《玄應音義》卷8：「儱戾：諸經有作籠，同。下《三蒼》作悷，同。很戾也。謂很戾剛強也。」《玄應音義》卷22「很」作「佷」，又卷24「悷」作「悷」，「很」作「佷」，其餘解釋皆相同。《玄應音義》

〔註1〕S.516 收入《英藏敦煌文獻》第 1 冊，四川人民出版社 1990 年版，第 235 頁。郝春文主編《英藏敦煌社會歷史文獻釋錄（第一卷）》誤錄作「攏捩」，科學出版社 2001 年版，第 506 頁。P.2125、P.3717 分別收入《法藏敦煌西域文獻》第 6、27 冊，上海古籍出版社 1998、2002 年版，第 156、90 頁。

卷 23：「懭戾：謂佷戾剛強也。」《慧琳音義》卷 28「佷」作「恨」。恨，讀爲佷〔註2〕，不從也。《慧琳音義》卷 48「佷」作「戾」，「佷」作「佷」，其餘解釋亦相同。佷、佷，正、俗字。

按：《玄應音義》卷 8 此條爲姚秦鳩摩羅什譯《維摩詰所說經》卷 3《音義》，檢經文作「譬如象馬懭悷不調，加諸楚毒，乃至徹骨，然後調伏」。唐玄奘譯《說無垢稱經》卷 5 同，聖本作「懭戾」。唐澄觀《大方廣佛華嚴經隨疏演義鈔》卷 34 亦作「懭戾」。玄應指出「懭，諸經有作籠，同」，是玄應所見有作「籠戾」者。

（4）《慧琳音義》卷 14：「懭悷：上祿董反，諸字書中並無從人作者〔註3〕，應是譯經者以意作之，相傳音也。唯《綦（纂）韻》中從心作懭〔註4〕。下音麗。《義說》云：『懭戾者，掘強咈戾，難調伏也。』並從心，經從人非也。」又卷 45：「懭悷：懭悷者，剛強不伏也。字書並無從心作者，經文以意爲之。」又卷 66：「懭悷：此二字諸字書中先無綴文，學士以意書出，相傳音之。案：懭悷者，是剛強難調伏也，大意如此，故無別釋，亦形聲字也。」

（5）《慧琳音義》卷 68：「籠戾：案：籠戾，剛強難調伏也。撿字書並無本字，論作籠，假借用也。諸經論中亦有作懭悷，並從心。《韓詩》曰：『戾，不善也。』鄭箋《詩》云：『戾，莪（乖）也。』〔註5〕《廣雅》云：『疾（戾），佷也。』〔註6〕毛《詩》云：『暴戾無親也。』《文字典說》：『戾，曲也。』」

〔註2〕 《爾雅》：「閱，恨也。」《釋文》：「恨，孫炎作佷，云：『相佷戾也。』」《漢書·楚元王傳》：「忤恨者誅傷。」王念孫曰：「恨，讀爲佷。」王念孫《漢書雜志》，收入《讀書雜志》卷 5，中國書店 1985 年版，第 41～42 頁。王氏舉例極多，茲不備錄。

〔註3〕 這一條的詞頭應該是「懭悷」，所以慧琳說字書中無從人作「懭」者。徐時儀《一切經音義三種校本合刊》失校，上海古籍出版社 2008 年版，第 745 頁。

〔註4〕 徐時儀曰：「綦，據文意當作纂。」徐說是，《慧琳音義》共引「《纂韻》」12 次。徐時儀《一切經音義三種校本合刊》，上海古籍出版社 2008 年版，第 751 頁。

〔註5〕 徐時儀曰：「莪，據文意似作乖。」徐說是，《詩·節南山》鄭箋正作「戾，乖也」。徐時儀《一切經音義三種校本合刊》，上海古籍出版社 2008 年版，第 1712 頁。

〔註6〕 「疾」當作「戾」，字之誤也。今本《廣雅》作「戾，佷也」。徐時儀失校，以「疾佷也」連文，非也。徐時儀《一切經音義三種校本合刊》，上海古籍出版社 2008 年版，第 1699 頁。

諸書釋「懪悢」爲「很戾剛強」、「剛強不調伏」，釋義是對的。慧琳認爲「字書並無從心作者」，則是失檢《玉篇》；慧琳又認爲「懪悢」是「譯經者以意作之，相傳音也」、「學士以意書出，相傳音之」，則是臆測，未能得其實也。梁曉虹據《音義》書，謂「懪悢」等詞「有聲無字」〔註7〕，則亦失考。

3. 「懪悢」爲「狼戾」之音轉。懪、狼二字來母雙聲，韻則東、陽旁轉。「龍鍾」又作「隴種」、「籠東」等形，音轉則爲「郎當」〔註8〕；「襱（襱）」音轉爲「稂（蓈）」〔註9〕，此皆懪、狼音轉之例。東、陽旁轉，古音學者江有誥、高本漢皆從押韻的角度作過論證〔註10〕，茲舉例以見之。上舉相轉二例，是其證一。周《卯敦銘》：「旁人不盂，孚（俘）我家窒。」阮元曰：「此銘篆文極古，詞如典誥，定爲周初之器。字多借聲，如邦作旁，室作窒。」〔註11〕旁，陽部字；邦，東部字。此其證二。字或省作「方」，《書・多方》：「告爾四國多方。」楊樹達曰：「方者，殷周稱邦國之辭。故干寶云：『方，國也。』」〔註12〕「方」即「邦」借字，楊說猶未盡。方，陽部字；邦，東部字。此其證三。《大戴禮記・勸學》：「南方有鳥，名曰蒙鳩。」《荀子》作「蒙鳩」。蝱從妄得聲，當是陽部字；蒙，東部字。此其證四。《上樂床鼎》

〔註7〕 梁曉虹《從名古屋七寺的兩部古逸經資料探討疑僞經在漢語史研究中的作用》，臺灣《普門學報》第17輯，2003年9月出版；又收入《佛教與漢語史研究——以日本資料爲中心》，上海古籍出版社2008年版，第27頁。

〔註8〕 黃生曰：「『郎當』之轉口即『籠東』。」郝懿行曰：「『籠東』與『郎當』聲相近。」郭在貽亦謂「隴種」、「龍鍾」音轉爲「郎當」。我另作《郎當》考詳細論之，參見《中國語學研究・開篇》第29卷，2010年9月日本株式會社好文出版，第59～64頁。黃生、黃承吉《字詁義府合按》，中華書局1954年版，第71頁。郝懿行《證俗文》卷6，收入《續修四庫全書》第192冊，上海古籍出版社2002年版，第494頁。郭在貽《〈荀子〉札記》、《魏晉南北朝史書語詞瑣記》、《唐詩與俗語詞》，並收入《郭在貽文集》卷3，第8～9、26、70頁。

〔註9〕 參見蕭旭《〈越絕書〉古吳越語例釋》。

〔註10〕 江有誥《先秦韻讀》，收入《叢書集成三編》第29冊，新文豐出版公司1997年印行，第39～42、48等頁。高本漢《老子韻考》論述「東、陽通韻」的意見是正確的，可以參看董同龢《與高本漢先生商榷「自由押韻」說兼論上古楚方音特色》，《歷史語言研究所集刊》第七本第四分，1936年版，第538～540頁。又參見李方桂《上古音研究》，商務印書館2001年版，第73頁。

〔註11〕 阮元《積古齋鐘鼎彝器款識》卷6，收入《叢書集成新編》第50冊，新文豐出版公司1985年版，第108頁。

〔註12〕 楊樹達《釋〈尚書〉「多方」》，收入《積微居小學述林》，中華書局1983年版，第215～216頁。

銘文：「上樂床（廚），膚厽（三）分。」王輝曰：「膚即容。膚不見於字書，字從肉，庚聲，庚屬陽部，東陽旁轉。」〔註13〕此其證五。《史記·司馬相如傳》：「邛筰冄駹者近蜀，道亦易通。」《漢書·枚乘傳》：「北備榆中之關，南距羌筰之塞。」「邛筰」即「羌筰」。羌，陽部字；邛，東部字。此其證六。《古文苑》卷4揚雄《蜀都賦》：「邙連盧池。」章樵註：「邙即邛字。」邙，陽部字；邛，東部字。此其證七。《書·堯典》：「靜言庸違。」惠棟曰：「《楚辭·天問》曰：『康回馮怒。』……《楚辭》所謂『康回』者，即《書》所云『靜言庸違』也……古庸字或作康，故《楚辭》言康回，秦《詛楚文》云：『今楚王熊相，康回無道。』董逌釋康為庸，是也。」〔註14〕《左傳·文公十八年》：「靖譖庸回。」《論衡·恢國》：「靖言庸回。」「康回」即「庸違」，亦即「庸回」。康，陽部字；庸，東部字。此其證八。《書·康誥》：「無康好逸豫。」《史記·三王世家》作「毋侗好佚」，《漢書·武五子傳》作「毋桐好逸」。康，陽部字；侗、桐，皆東部字〔註15〕。此其證九。《史記·樂書》：「太一貢兮天馬下。」《索隱》：「按《禮樂志》貢作況，況與貢意亦通。」《漢書·禮樂志》作「況」，《類聚》卷93引漢《天馬歌》作「貺」，《御覽》卷570引《史記》、又卷894引《漢書》並作「貺」。況、貺，皆陽部字；貢，東部字。此其證十。《韓子·十過》：「然則公子開方何如？」《御覽》卷459引《荀子》作「開封」。《管子·小匡》：「徐（衛）開封處衛。」王念孫曰：「『開封』當為『開方』，聲之誤也。《大匡篇》曰：『游公子開方于衛。』」〔註16〕方，陽部字；封，東部字。此其證十一。《論衡·順鼓》：「月中之獸，兔、蟾蜍也，其類在地，螺與蚄也。月毀於天，螺蚄舀缺，同類明矣。」〔註17〕《字彙補》：「蚄疑即蚌字。」吳承仕曰：「諸子傳記說此義者，通作『螺蚌』，唯此作

〔註13〕王輝《古文字通假字典》，中華書局2008年版，第476頁。
〔註14〕惠棟《九經古義》卷3《尚書古義》，收入《叢書集成新編》第10冊，新文豐出版公司1985年版，第170頁。
〔註15〕當以「康」為正字。康，荒也。顏師古曰：「桐，輕脫之貌也。」王念孫讀桐為侗，訓長；朱駿聲讀桐為詞，訓誇誕；李慈銘讀桐為童，童心。我舊作申王說，皆非也。王念孫《漢書雜志》，收入《讀書雜志》卷6，中國書店1985年版，第9頁。朱駿聲《說文通訓定聲》，武漢市古籍書店1983年版，第35頁。李慈銘《漢書札記》，轉引自王先謙《漢書補注》，中華書局1983年版，第1248頁。蕭旭《漢書校補》，收入《群書校補》，廣陵書社2011年版，第307頁。
〔註16〕王念孫《管子雜志》，收入《讀書雜志》卷7，中國書店1985年版，第100頁。
〔註17〕「舀」為「臽」、「陷」之誤，說見劉盼遂《論衡集解》，中華書局1990年版，第685頁；又參見馬宗霍《論衡校讀箋識》，中華書局2010年版，第213頁。

『蚄』。蚄者，蚌之異文。東旁轉陽，故字亦作蚄。而『蚌』字相承亦有並梗一切。」〔註18〕此其證十二。「蚄」字或省作「方」，《淮南子·天文篇》：「方諸見月則津而爲水。」高誘注：「方諸，陰燧，大蛤也。熟摩拭令熱，月盛時以向月下，則水生，以銅盤受之，下水數滴。」錢塘曰：「依本注，方諸爲蚌。《符子》曰：『鏡以曜明故鑒人，蚌以含珠故內照。』曜明故能取火，含珠故能下水。義可知也。方諸一名蚌鏡，故古謂之鑒。」〔註19〕「方」即「蚄」之省借，亦即「蚌」之音轉，「諸」即「珠」之借音字。此則錢氏所未及。此其證十三。《老子》第12章：「五色令人目盲，五音令人耳聾，五味令人口爽，馳騁田獵令人心發狂，難得之貨令人行妨。是故聖人爲腹不爲目，故去彼取此。」《淮南子·說林篇》：「設鼠者機動，釣魚者泛杭，任動者車鳴也。」劉殿爵曰：「動，東部字。杭、鳴，陽部字。此文東、陽合韻，〔王念孫〕改杭作扤則失韻矣。」〔註20〕《鹽鐵論·非鞅》：「商鞅之開塞，非不行也；蒙恬卻胡千里，非無功也；威震天下，非不強也；諸侯隨風西面，非不從也，然而皆秦之所以亡也。」楊樹達曰：「行、強、亡，古音屬陽部；功、從，古音屬東部。此以陽、東二部相間爲韻。」〔註21〕《吳越春秋·越王無余外傳》亦引《塗山之歌》：「綏綏白狐，九尾厖厖；我家嘉夷，來賓爲王；成家成室，我造彼昌；天人之際，於茲則行。」《唐開元占經》卷116引《呂氏春秋》引《塗山人歌》：「綏綏白狐，九尾龐龐。成家成室，我都彼昌。」〔註22〕《漢書·王莽傳》晉灼注：「帝令祝融，以教夔龍；庶疫剛癉，莫我敢當。」由六例韻腳，可知東、陽旁轉，此其證十四〔註23〕。《初學記》卷30引《元命苞》：「龍之言萌也，陰中之陽，故言龍舉而雲興。」〔註24〕

〔註18〕吳承仕《論衡校釋》，北京師範大學出版社1986年版，第95頁。
〔註19〕錢塘《〈淮南·天文訓〉補注》，收入《叢書集成新編》第42冊，新文豐出版公司1985年版，第257頁。錢說與惠士奇說略同，蓋即襲自惠氏。惠說見《禮說》卷13，收入《叢書集成三編》第24冊，新文豐出版公司1997年版，第438頁。《符子》見《御覽》卷717引。
〔註20〕劉殿爵《讀淮南鴻烈札記》，香港《聯合書院學報》第6期，1967年出版，第180頁。
〔註21〕楊樹達《鹽鐵論要釋》，上海古籍出版社2006年版，第11頁。
〔註22〕《書鈔》卷106、《御覽》卷571引同。《類聚》卷99引《呂氏春秋》《塗山歌》作「綏綏白狐，九尾龐龐；成于家室，我都悠昌。」
〔註23〕《老子》、《占經》、《漢書》晉灼注三例由孟蓬生先生檢示，謹致謝忱。
〔註24〕《白帖》卷95、《御覽》卷929引同。

龍、萌爲聲訓，亦可知東、陽旁轉，此其證十五〔註25〕。《白虎通義・德論》：「風者何謂也？風之爲言萌也，〔以〕養物成功。」《御覽》卷9引《春秋考異郵》：「風之爲言萌也，其立字，虫動於几中者爲風。」《玉篇》：「風，風以動萬物也。風者，萌也，以養物成功也。」風，侵部字；萌，陽部字。上古侵、冬極近，戰國後多分出東部。此其證十六。《新方言》卷2：「《方言》：『黨，知也。』今謂瞭解爲黨，音如董，俗作懂，非也。」〔註26〕黨，陽部；懂，東部。此其證十七。蔡哲茂讀秦簡「龍忌」爲「良忌」，亦舉有數例押韻之證〔註27〕。此其證十八。龐光華在論證「賡」、「唐」二字相通時說：「『賡』是『續』的古文……『續』上古音爲邪母屋部，『唐』的上古音爲定母陽部。屋部的陽聲爲東部，東部與陽部古音很近，完全可通假。」〔註28〕此其證十九。

《廣雅・釋詁三》：「狼、戾，很也。」又《釋詁四》：「狼、很，盭也。」《戰國策・燕策一》：「趙王狼戾無親。」《漢書・嚴助傳》：「今閩越王狼戾不仁。」《文選・長笛賦》：「氣噴勃以布覆兮，乍跱蹠以狼戾。」李善註：「狼戾，乖背也。」呂向注：「狼戾，壯勇也。」《文選・洞簫賦》：「狼戾者聞之而不懟。」呂向注：「狼戾，惡性也。」「狼」、「戾」同義連文。王念孫指出「狼亦戾也……狼與戾同義……狼戾乃雙聲之字，不可分爲二義」。〔註29〕

然「狼」實無「戾」義，「狼」是「狼」的形譌，「狼」是「很」的俗字〔註30〕，其誤在二漢前已產生，故魏張輯《廣雅》「狼」訓「很盭」，此習非成是者也。「儱悷」的最早用例，檢得出於吳支謙譯的《佛說維摩詰經》、吳康僧會譯的《六度集經》。「儱悷」大量出現在二晉、梁代的漢譯佛經中，故梁顧野王收錄於《玉篇》中，此則岐之又岐者也。而其語源，至唐代已不明了，慧琳便目之爲譯經者據相傳音的自造字。胡吉宣《玉篇校釋》、趙少咸《廣韻疏證》

〔註25〕此例亦由孟蓬生先生檢示，謹致謝忱。

〔註26〕章太炎《新方言》卷2，收入《章太炎全集（7）》，上海人民出版社1999年版，第46頁。

〔註27〕蔡哲茂《讀〈睡虎地秦墓竹簡〉札記二則》，《訓詁論叢》第2輯，文史哲出版社1997年版，第148～149頁。

〔註28〕龐光華《論漢語上古音無複輔音聲母》，中國文史出版社2005年版，第280頁。

〔註29〕王念孫《漢書雜志》，收入《讀書雜志》卷7，中國書店1985年版，第35頁。

〔註30〕胡三省、錢大昭、張文虎、瀧川資言、鄭良樹諸家皆有校說，我另作《〈廣雅〉「狼，很也、盭也」補正》詳細論之。

則引《廣韻》、《慧琳音義》、《龍龕手鑑》以互證〔註31〕，皆未能揭其語源。

二、「摩何」語源考

1. 漢譯佛經中有個疑難詞語「摩何」，也寫作「磨何」、「摩訶」，用例如下：

（1）後漢支婁迦讖譯《佛說遺日摩尼寶經》卷 1：「是五百守禪比丘，聞深經不解不信，摩訶而去。」宋、元、明、宮、聖本作「摩何」。

（2）西晉竺法護譯《正法華經》卷 1：「收屏蓋藏、衣服、臥具，摩何而去。」

（3）《廣弘明集》卷 26 梁武帝《斷酒肉文》：「身既有瑕，不能伏物，便復摩何，直爾止住。」唐懷信《釋門自鏡錄》卷 2 作「摩訶」。

（4）北京圖書館 8300 號敦煌寫卷《佛說孝順子修行成佛經》卷 1：「爾時太子見母頭戴石五升麥，來向磨坊中。太子不忍認母，二人眼中泣淚。手捉馬鞭，拔（拂）母頭上，麥幡（翻）著地，磨何而去。」〔註32〕

（5）姚秦竺佛念譯《出曜經》卷 24：「爾時難陀脫三法衣，更被白服，磨何而去。」宋、元、明本作「摩何」。

（6）後秦竺佛念譯《中陰經》卷 1：「即從坐起收攝衣服，摩訶而去。」

（7）梁寶唱《經律異相》卷 29：「其王告曰：『我今處世，變易不停，興者必衰，會合有離，難可常保。更改形容，如乞士法。』摩何自退，往適深山。思惟道德，可以自娛。」姚秦竺佛念譯《出曜經》卷 23 作「磨何」，宋、元、明本作「摩何」。

日本學者辛島靜志指出：「梵本中沒有與這一疊韻詞『摩何（móhé）』對應的詞，所以我們無法確定這個詞的意思。」辛島氏根據上舉（2）、（3）、（4）

〔註31〕胡吉宣《玉篇校釋》，上海古籍出版社 1989 年版，第 1676 頁。趙少咸《廣韻疏證》，巴蜀書社 2010 年版，第 1493 頁。

〔註32〕方廣錩校「幡」爲「翻」，「拔」爲「撥」。方氏後說未必確。「拔」讀爲拂。《戰國策·楚策四》：「君獨無意溿拔僕也？」《文選·廣絕交論》：「至於顧盼增其倍價，翦拂使其長鳴。」李善註引《策》，又云：「溿拔、翦拂，音義同也。」黃丕烈曰：「拂、拔同字。」方廣錩《藏外佛教文獻》，宗教文化出版社 1996 年版，第 334 頁。黃丕烈《戰國策札記》卷中，收入《叢書集成新編》第 109 冊，新文豐出版公司 1985 年印行，第 776 頁。

三例，歸納說：「從以上三例來看，我們可以推定這個詞（摩何）的意思爲『若無其事地』。」〔註33〕

辛島這裏犯了一個邏輯錯誤。「摩何」是個古漢語詞，梵文中沒有它的對應詞，並不妨礙我們確定這個詞的意思。確定古漢語詞的詞義，當從漢語研究本身出發。核查梵文中的對應詞形式，只起印證的作用。一味地倚重與外典的對比，並不十分可靠。辛島氏歸納其詞義爲「若無其事地」，也只是臆測。辛島猜測錯了。

2.「摩何」還有一個形式，寫作「無何」，一音之轉也〔註34〕。摩、無明母雙聲，其韻則歌、魚通轉。例證如下：

(8) 西晉竺法護譯《佛說無希望經》卷1：「六十比丘適聞此言，益懷憂感，意不歡悅，甚不欽樂講是經義，即從座起，無何而去。」

(9) 姚秦竺佛念譯《最勝問菩薩十住除垢斷結經》卷10：「爾時坐上七百比丘，密從座起，收攝衣鉢，無何而去。」

按：比較此二例與例（6），顯然「無何」即「摩訶」。

(10) 梁釋慧皎撰《高僧傳》卷6：「婆羅門心愧悔伏，頂禮融足，數日之中，無何而去。」隋費長房《歷代三寶紀》卷8、唐道世《法苑珠林》卷55、唐智昇《開元釋教錄》卷4、唐圓照《貞元新定釋教目錄》卷6並同。

(11) 唐道世《法苑珠林》卷6引《感應緣》：「二僧答云：『貧道本住此寺，往日不憶與君相識。』（王）胡復說嵩高之遇。此僧云：『君謬耳，豈有此耶？』至明日，二僧無何而去。」

(12) 唐道宣《續高僧傳》卷9：「重粢繼接他詞，慧發鋒挺，從午至夕，無何而退。」又卷11：「並從容辭讓，無何而退。」又卷15：「所有魔事，無何而退。」

(13) 唐道宣《集古今佛道論衡》卷3：「（慧乘）爾時獨據詞鋒，舉朝矚目。致使異宗，無何而退。」

〔註33〕 辛島靜志《漢譯佛典的語言研究（一）》，收入遇笑容等編《漢語史中的語言接觸問題研究》，語文出版社2010年版，第139頁。

〔註34〕《續高僧傳》卷16：「生來不至僧廚，忽無何而到。」又卷20：「忽感書生無何而至。」宋、元、明、宮本作「無爲」。又卷25：「以隋大業八年，無何而來居住雒邑。」《華嚴經傳記》卷5：「又有青衣梵童子，無何而至。」這幾例「無何」是無緣無故的意思，與此文「無何」同形異詞。

3. 比堪諸文，「摩訶」〔註35〕、「摩何」、「磨何」、「無何」是慚愧、難爲情、不好意思的意思，吳方言謂之「沒意思郎當」。也寫作「憴憴」、「懡憴」：

（14）《建中靖國續燈錄》卷 13：「上堂云：『鶯啼嶺上，花發岩前，漁舟放溜，牧笛高吹，達磨無成，憴憴西歸。」

（15）《聯燈會要》卷 16：「師一日造方丈，未及語。被祖听罵，憴憴而退。」

（16）宋蘊聞《大慧普覺禪師語錄》卷 7：「於鼓山面前納一場敗闕，懡憴而歸。」

（17）宋道謙《大慧普覺禪師宗門武庫》卷 1：「師再三搖手云：『爾去不是不是？』僧懡憴而退。」

在傳世的字書、韻書中，寫作「䟼䟼」、「懡憴」、「䠗䟼」，《玉篇》：「䟼，眉可切，〔䟼䟼〕，面青（赤）兒。䟼，力可切，䟼䟼。」〔註36〕《廣韻》：「憴，懡憴，人慙。」《集韻》：「懡，懡憴，慙也。或作䠗、䟼、䟼。」又「憴、䟼，懡憴，慙也。或從面。」《龍龕手鑑》：「懡憴：上忙果反，下郎可反，懡憴，面慙也。」又「䠗、䟼、䟼，上二莫可反，下一勒可反，面慙貌。」宋善卿《祖庭事苑》卷 1：「懡憴：上忙果切，下郎可切，慚也。」宋林希逸指出「懡憴」爲「鄉邦俗語，即方言也」〔註37〕。

（18）唐王轂《紅薔薇歌》：「公子亭臺香觸人，百花懡憴無精神。」

（19）唐和凝《宮詞》：「貢橘香勻䟼䟼容，星光初滿小金籠。」

（20）宋王明清《揮麈後錄》卷 9：「世修以札子具陳其事，張澂不納，世修懡憴而退。」

按：與例（7）比較，是「憴憴」、「懡憴」即「摩何」也。《大藏經》中宋代以後的文獻中，「懡憴」用例極多。

（21）宋楊萬里《和太守霍和卿韻》：「走馬看山眞懡憴，忙中拾得片時閒。」

在敦煌寫卷中，又寫作「磨攞」、「麼攞」、「麼攞」，S.619V《碎金》：

〔註35〕宋法雲《翻譯名義集》卷 5：「摩訶，此含三義，謂大、多、勝。」宋智圓《阿彌陀經疏》卷 1：「大者梵云摩訶，而含三義，大義、多義、勝義。」與此文「摩訶」亦同形異詞。

〔註36〕胡吉宣曰：「今依疊韻字通例，補『䟼䟼』二字，改青爲赤……義既爲慙，因改面青爲面赤。人怒則面青，慙則面赤。『䠗』下云：『面慙，赤也。』」胡吉宣《玉篇校釋》，上海古籍出版社 1989 年版，第 765 頁。

〔註37〕林希逸《竹溪鬳齋十一藁》續集卷 28，收入景印文淵閣《四庫全書》第 1185 冊，臺灣商務印書館 1986 年初版，第 847 頁。

「面磨攞：莫我反，力我〔反〕。」P.3906、S.6204《碎金》：「面麼攞：莫我反，力我〔反〕。」P.2717《碎金》：「面麽攞：莫我反，力我反。」朱鳳玉曰：「『麽攞』當是『懱懰』取音假借。」〔註38〕或作「磨邏」，S.5752《醜婦賦》：「仡（扢）脂磨邏之面，惡努胮肛之髻。」〔註39〕S.2073《廬山遠公話》：「於是道安被數，**䁈㦬**非常，恥見相公，羞看四眾。」「**䁈㦬**」當即「矖㦬」之誤〔註40〕。倒言則作「㦬懱」、「矖矖」，《廣韻》：「㦬，㦬懱，憨也。《玉篇》又作『矖矖』。」鉅宋本「懱」作「懰」〔註41〕。周祖謨曰：「㦬懱當作懱㦬。」〔註42〕趙少咸曰：「此注作『㦬懱』，誤倒。又本書懱原誤懱，今依各本及《集韻》、《手鑑》、《玉篇》正。」〔註43〕二氏改作，皆無必要。「懱」、「懰」通用，省旁則作「磨」、「麼」；疊韻之字，固可倒作，安可執彼以改此？

4. 「懱懰」又音轉爲「磨羅」、「沒羅」、「魔羅」、「波羅」：

（22）金董解元《西廂記諸宮調》卷3：「酒來後，滿盞家沒命飲，面磨羅地甚情緒。」

（23）元關漢卿《詐妮子調風月》第2折：「面沒羅，呆答孩，死堆灰。」

（24）元關漢卿《關張雙赴西蜀夢》第3折：「今日臥蠶眉皺定面沒羅。」

（25）元楊顯之《酷寒亭》劇三：「心驚的我面沒羅。」

（26）元尚仲賢《漢高皇濯足氣英布》第1折：「諕的喒面沒羅，口搭合。」

（27）元佚名《小張屠焚兒救母》第2折：「我心恍惚，面沒羅，是誰人撒在驚覺我？」

（28）明佚名《雷澤遇仙》第4折：「撒的我嘴孤獨，面魔羅，呆答孩，死沒騰，危樓獨倚頻頻望。」

〔註38〕朱鳳玉《敦煌寫本〈碎金〉研究》，文津出版有限公司1997年版，第239頁。
〔註39〕「仡」讀爲扢，磨拭也。伏俊璉曰：「仡，高聳。《說文通訓定聲》：『仡，假借爲屹。』」非也。參見蕭旭《敦煌賦校補》，收入《群書校補》，廣陵書社2011年版，第838頁。
〔註40〕參見蔣禮鴻《敦煌變文字義通釋》，收入《蔣禮鴻集》卷1，浙江教育出版社2001年版，第314頁。
〔註41〕此節參見蕭旭《敦煌寫卷〈碎金〉補箋》，收入《群書校補》，廣陵書社2011年版，第1329頁。蕭旭在《敦煌賦校補》中說：「磨邏，即『磨羅』，『磨合羅』（也作『磨喝樂』）的略語，爲佛教八部眾神之一的摩睺羅神。」大誤，亟當訂正。亦收入《群書校補》，第838頁。
〔註42〕周祖謨《廣韻校勘記》，《廣韻校本（下）》，中華書局2004年版，第302頁。
〔註43〕趙少咸《廣韻疏證》，巴蜀書社2010年版，第2111頁。

（29）元李愛山《集賢賓・春日傷別》套曲：「嘴古都釵頭玉燕，面波羅鏡裏青鸞，畫不盡春山宛轉。」

張相釋云：「面沒羅，發怔或發呆之義。『沒』亦作『磨』。」〔註44〕王鍈指出：「『沒羅』應即『懱憷』，爲『慚愧』義之引申。」〔註45〕

5.「摩何」與「䣛䣛」、「懱憷」、「䣛䣛」，韻部相同，P.3821《定風波》以「何」、「憷」協韻，是其例也；下字聲部相隔較遠，其何以有此音變，頗疑譯經者漢語不純正所致，存疑待考。

6.《廣韻》：「曚，曚曨，日無色。」《集韻》：「曚，曚曨，日無光。」日無光爲曚曨，故字從日；面無光爲䣛䣛，故字從面；心慚愧爲懱憷，故字從心；其義一也〔註46〕。借音則作「摩訶」、「摩何」、「磨何」、「無何」、「磨擺」、「麼擺」、「䣛擺」等形，其義遂晦。不求之於音，而拘之於形，宜乎不得其解也。宋楊萬里《小溪至新曲》：「人煙懱憷不成村，溪水微茫劣半分。」此例「懱憷」不訓「面憨」，當訓光色不明，用同「曚曨」。要之爲同源詞，故其義得相會通也。

三、「卓朔」語源考

1.「卓朔」一詞，較早用例見於敦煌文獻，有多種寫法。

1.1. 字作「卓朔」，在佛教典籍中大量出現，多用以描寫精神、耳、眼目、頭、毛髮：

（1）敦煌寫卷 P.3468《驅儺二首》：「過（遇）箭之鬼，精神卓朔。」〔註47〕

（2）宋蘇軾《題王靄畫如來出山相贊》：『頭鬜鬐，耳卓朔，適從何處來，碧色眼有角。』

（3）宋方岳《效演雅》「山麑見人頭卓朔，野鴟得鼠腹彭亨。」

（4）《五燈會元》卷17：「頭鬇鬆，耳卓朔，箇箇男兒大丈夫。」

〔註44〕張相《詩詞曲語辭匯釋》，中華書局1979年版，第570頁。

〔註45〕王鍈《唐宋筆記語辭匯釋》，中華書局2001年版，第264頁。

〔註46〕參見蔣禮鴻《敦煌變文字義通釋》，收入《蔣禮鴻集》卷1，浙江教育出版社2001年版，第314頁；又參見姜亮夫《詩騷聯綿字考》，收入《姜亮夫全集》卷17，雲南人民出版社2002年版，第314頁。

〔註47〕敦煌寫卷 P.3468《驅儺二首》，收入《法藏敦煌西域文獻》第24冊，上海古籍出版社2002年版，第284頁。

（5）《古尊宿語錄》卷 38：「頭鬅鬙，耳卓朔。」
（6）《圓悟佛果禪師語錄》卷 13：「動著則眼目卓朔，無有不明底事。」
（7）《大慧普覺禪師語錄》卷 12：「兩耳卓朔口門窄，兩眼皮薄鼻露竅。」
（8）《大慧普覺禪師語錄》卷 30：「巖頭每云：『向未屙已前一覷，便眼卓朔地。」
（9）《佛果圜悟禪師碧巖錄》卷 8：「當時若不是這僧卓朔地，也不奈他何。」
（10）《佛果圜悟禪師碧巖錄》卷 10：「淨裸裸赤灑灑，露地白牛。眼卓朔，耳卓朔，金毛獅子。」
（11）《續古尊宿語要》卷 1：「若是伶俐底，抖擻精神，眼目卓朔。」
（12）《續古尊宿語要》卷 3：「不西不東，觸處相逢。耳輪卓朔，頭髮鬅鬆。仰天大笑，手拍虛空。」
（13）《建中靖國續燈錄》卷 29：「淨地上死屍橫路著，邪魔外道頭卓朔。」
1.2. 字或作「卓槊」〔註 48〕：
（14）《文苑英華》卷 345 唐陸龜蒙《水鳥歌》：「精神卓槊背人飛，合抱簾葭宿煙月。」注：「槊，一作犖。合，集作冷。」
（15）宋李流謙《行就舉南宮》：「朝來次第出示我，兩耳卓槊驚咸濩。」
1.3. 字或作「厇愬」：
（16）宋釋重顯《頌藥山師子話送僧》：「厇愬金毛師子子，旃檀林下青莎裏。」
（17）《建中靖國續燈錄》卷 25：「且饒有一箇半箇眼厇朔地跳得出來，若到衲僧門下，不消一札，喝一喝，下座。」
（18）《聯燈會要》卷 23：「瑞巖雖然威獰厇愬，爭奈夾山水清不容。」
1.4. 字或作「卓削」〔註 49〕：
（19）《能改齋漫錄》卷 8 引宋韓子蒼《草堂和尚善清眞贊》：「蓬鬆頭，卓削耳，一生說法牙無水。」又引東坡詩，亦作「卓削」。
（20）元戴表元《一大菴賦》：「東海之鸛則不然，神清氣迥，欲鮮味薄，蕭森亢爽，摧攣卓削，饑餐沆瀣，倦倚遼廓。」

〔註 48〕 唐釋貫休《古塞下曲》：「旗插蒸沙堡，槍擔卓槊泉。」此同形異詞。
〔註 49〕 以上「卓朔」、「卓槊」、「卓削」略見蕭旭、趙鑫曄《〈兒郎偉〉校補》，收入蕭旭《群書校補》，廣陵書社 2011 年版，第 1073 頁。

1.5. 字或作「擢削」：

（21）唐陸龜蒙《再酬襲美先輩見和》：「嶽淨秀擢削，海寒光陸離。」

2. 至其詞義，《漢語大詞典》釋云：「卓朔，謂直豎。」〔註50〕未明其語源。至其語源，有三說：

2.1. 宋善卿《祖庭事苑》卷 1：「厖，當作猲，陟革切。愬，色責切。猲愬，犬張耳貌。故云耳猲愬。或音卓朔，非義。」又卷 3：「厖當作猲，陟革切。愬。色責切。猲愬，張耳貌。或音卓朔，非義。」善卿認爲當作「猲愬」，訓犬張耳貌。上引《古尊宿語錄》卷 38，《祖庭事苑》卷 2 即作「頭髯鬐（鬢），耳傷（猲）愬」。以「猲」爲本字，顯然與描寫精神、眼目、頭、毛髮皆不合，且「愬」字亦無法解釋。

2.2. 袁賓曰：「卓朔，向兩旁張開。或作『觰沙』、『觰沙』、『奓沙』、『扎煞』。」〔註51〕曾良謂袁說甚是，「卓」的語源是「挓」、「磔」、「厖（厖）」，故訓張開〔註52〕。

按「觰沙」等詞俗音又轉爲「吒沙」、「吒呀」、「查沙」、「鬙髟」、「把髻」、「渣沙」〔註53〕：

（21）《古尊宿語錄》卷 19：「一喝一卓，眼生八角，鼻孔吒沙，眉毛卓朔。」

（22）《圓悟佛果禪師語錄》卷 8：「吒呀卓朔能哮吼，即是金毛師子兒。」

（23）《續古尊宿語要》卷 4：「木人眼卓朔，石女頭把髻。」

（24）《續古尊宿語要》卷 6：「如生師子，卓朔查沙。」

（25）元朱庭玉《青杏子·歸隱》：「拈衰髯短髮鬙髟。」

〔註50〕《漢語大詞典》（縮印本），漢語大詞典出版社 1997 年版，第 360 頁。

〔註51〕袁賓《禪宗著作詞語匯釋》，江蘇古籍出版社 1990 年版，第 258～259 頁。

〔註52〕曾良《佛經字詞考校五則》，《文史》2011 年第 3 期，第 250～251 頁。

〔註53〕《說文》：「奢，張也。奓，篆文。」《玉篇》：「觰，角上長（張）也，或作奓。觰，同上。」《集韻》：「觰、觰、觰，角上張，亦從奢、從奓。」「觰」、「觰」、「觰」即「奓（奢）」的後出分別專字。「扎」、「查（鬙）」、「把」、「吒」是「奓（奢）」的音轉字。「沙（髟）」、「煞」、「呀」、「髻」亦音轉字。《六書故》：「今俗謂披張爲觰沙。」「奓沙」即「齟齬」、「齰齖」之音轉，俗又作「杈枒」等形，另詳蕭旭《「齟齬」考》。《法演禪師語錄》卷 1：「如今箇箇口吒呀，問著烏龜喚作鼈。」《虛堂和尚語錄》卷 8：「上堂，吒吒呀呀，如獅子兒。」《祖庭事苑》卷 6：「吒呀：上知加切，叱怒也。下虐牙切，唅呀。張口貌也。」《圓悟佛果禪師語錄》卷 5：「師云：『吒吒沙沙，歷歷落落。』」

（26）明馮惟敏《僧尼共犯》第 1 折：「八金剛怒髮渣沙。」

顯然與「卓朔」不是一詞，袁說不可從也。

2.3. 項楚曰：「『卓朔』即『卓豎』之聲轉。」〔註 54〕

3.1. 卓當讀爲擢〔註 55〕，長（cháng）出、高聳也。《廣雅》：「擢，出也。」《山海經・海內經》：「韓流擢首。」郭璞注：「擢首，長咽。」《文選・西京賦》：「徑百常而莖擢。」薛綜注：「擢，獨出貌也。」從翟之字有高長之義。《說文》：「翟，山雉尾長者。」又「嬥，直好貌。」又「趯，踊也。」又「藋，釐艸也。」《爾雅》：「鸐，山雉。」郭注：「尾長者。」《廣韻》引《聲類》：「嬥，細腰貌。」「鸐」爲「翟」分別字，指尾長之山雉；「趯」謂高躍，「藋」謂草之高者。「嬥」謂腰細長。

3.2. 朔當讀爲揱〔註 56〕，《說文》：「揱，人臂貌。《周禮》曰：『輻欲其揱。』」徐鍇《繫傳》曰：「人臂捎長纖好也。」《玉篇》：「揱，長也，又長臂貌。」字或作橚、槊、梢，《說文》：「橚，長木貌。」《集韻》：「橚、槊：長木貌，或作梢。」《類篇》：「槊、橚，木長貌。」木長爲橚、槊、梢，故字從木；手長爲揱、捎，故字從手。二字同源。從肖之字多有細長之義。《方言》卷 12：「娋，孟姊也。」《玉篇》：「嫂，姊也。」《集韻》：「莦，藕根細者。」又「梢，梢槊，木無枝柯長而殺者，或作莦、莦。」又「玅，玅玅，體長皃。」又「嫂，長姊謂之嫂。」又「篍，竹枝長。」又「莦，艸長貌。」又「髾，毛髮長。」皆取長義。《集韻》：「觪，牛角開貌。」又「觪、觕，角銳上，或从牛。」牛角細銳而上舉，故爲開貌，亦取細長之義。《龍龕手鑒》：「髚，髮毛〔長〕也。」「髚」當即「髾」俗字，釋文「髮毛」下脫「長」字。重言則爲「蠨蛸」、「瀟箾」、「梢梢」，《爾雅》：「蠨蛸，長踦。」郭注：「小鼅鼄，長腳者，俗呼爲喜

〔註 54〕項楚《敦煌變文選注》，中華書局 2006 年版，第 753 頁。

〔註 55〕《集韻》：「鸐、翟、鶙、雉：鳥名，或作翟、鶙。」《淮南子・原道篇》：「目觀掉羽武象之樂。」又《本經篇》：「掉羽武象，不知樂也。」高注：「掉羽，羽舞也。」又《修務篇》：「被衣修擢。」高注：「修擢舞。」「掉」、「擢」、「鸐」、「翟」、「鶙」、「雉」並聲近通借。是其例也。

〔註 56〕《左傳・襄公二十九年》《釋文》：「箾，徐音朔。」《周禮・考工記・輪人》《釋文》：「揱，又音朔。」又「揱參：上劉音朔。」《爾雅》《釋文》：「梢，郭音朔。」《史記・吳太伯世家》《索隱》、《文選・西京賦》李善注並曰：「箾音朔。」《玉篇》：「槊，音朔。」《廣韻》：「箾，又音朔。」《廣韻》「揱」、「朔」同音所角切，又「稍」同「槊」；《集韻》「渭」同「溯」，同音色角切。《通典》卷 153、193 注：「稍，音朔。」《玄應音義》卷 2：「稍，經文有作梢，或作槊，北人俗字也。」皆其證也。

子。」《文選・西京賦》：「飛罕潚箭。」薛綜注：「潚箭，罕形也。」「潚箭」謂網形長也。《文選・酬王晉安》：「梢梢枝早勁，塗塗露晚晞。」呂向注：「梢梢，樹枝勁彊無葉之貌。」

3.3.「卓朔」之語源當爲「擢挈」，同義連文，獨出貌，直上貌。省形則作「擢削」。

3.4.「擢挈」倒言之則曰「梢擢」、「梢櫂」，《爾雅》：「梢，梢擢。」郭注：「謂木無枝柯，梢擢，長而殺者。」《釋文》：「梢，郭音朔。擢，直角反，《方言》云：『拔也。』《蒼頡篇》云：『抽也。』《廣雅》云：『出也。』」邢昺疏本作「梢櫂」，《文選・酬王晉安》李善注、《慧琳音義》卷 58、《集韻》、《類篇》引並作「梢櫂」。宋鄭樵注：「梢擢，音朔濯。」《集韻》：「擢，梢櫂，木直上貌。」〔註 57〕《六書故》：「櫂，直角切，梢櫂，木無枝柯貌。」又「梢，色角切，梢櫂，無枝柯也。」郭氏梢音朔，甚可注意，「梢櫂」即「卓朔」之倒文。後世作「卓朔」、「卓削」者，記其音也。「削」音朔，韻書雖失載其音，可據理推求也。郝懿行曰：「按《說文》：『擢，引也。』是擢有引長之義。梢讀如《輪人》『挈爾纖』之挈，鄭注：『挈，纖殺，小貌也。』然則梢之言挈，擢言其長而翹出也。此蓋謂木喬竦無旁枝者謂之梢，亦謂之梢擢。」〔註 58〕倒言之又曰「蒴藋」、「蒴藋」，《玉篇》：「蒴，蒴藋，有五葉。藋，蒴藋。」《廣韻》：「蒴，蒴藋，藥也。」《集韻》：「藋，蒴藋，藥艸，或作藋。」《肘後備急方》卷 3、4、5 有「蒴藋」。《通志》卷 76：「蒴藋曰陸英，葉似火杴，莖有節，節間分枝，弱植，高丈許，芹爲水英，接骨爲木英，蒴藋爲陸英，謂之三英。」謂高長之藥艸也。

考查同源詞，是探究古漢語疑難詞語的一條有效但又很艱險的路子，比對對甲本乙本、查查字書韻書，自然難走多了。

（此文提交「佛教文獻研究暨第六屆佛經語言學國際學術研討會」論文，韓國・忠州 2012；刊於《東亞文獻研究》總第 11 輯，2013 年 6 月出版）

〔註 57〕《五音集韻》同。

〔註 58〕郝懿行《爾雅義疏》，上海古籍出版社 1983 年版，第 1111 頁。

「首鼠兩端」解詁

1.《史記・灌夫傳》：「何爲首鼠兩端？」《漢書・灌夫傳》同。又作「首施」，《後漢書・鄧訓傳》、《西羌傳》並有「首施兩端」之語。舊說如下：

(1)《史記集解》引《漢書音義》：「首鼠，一前一却也。」《索隱》引服虔說同。

(2)《漢書》顏師古注引服虔說，并云「服說是也」。

(3)《後漢書》二文，李賢注并曰：「首施，猶首鼠也。」《通鑑》卷 50 胡三省注從其說。

(4)宋・袁文曰：「首鼠，猶言進退耳。《唐書・郭子儀傳》云『孽寇首鼠』是矣。一士人與朋舊書云『滯留上國，首鼠六年』，乃作首尾解，則非進退之謂也。」〔註1〕

(5)宋・陸佃曰：「舊說鼠性疑，出穴多不果，故持兩端者謂之首鼠。《韓子》曰：『狐鼠進退。』」〔註3〕

(6)明・方以智曰：「鼠有施聲。《史記・灌夫傳》：『首鼠兩端。』《後漢・鄧訓傳》：『首施兩端。』注：『猶首鼠也。』《西羌傳》亦云：『首施兩端。』按古已呼鼠爲施矣，今吳中呼水爲矢，建昌人呼水爲暑，即此可推古鼠、施之通聲。」方氏又曰：「《灌夫傳》：『首鼠兩端。』《西羌傳》、《鄧訓傳》皆用『首施兩端』。注：『猶首鼠

〔註1〕 袁文《甕牖閒評》卷 2，收入《叢書集成初編》第 286 冊，中華書局 1985 年影印，第 21 頁。

〔註3〕 陸佃《埤雅》卷 11，收入《叢書集成新編》第 38 冊，新文豐出版公司 1985 年版，第 306 頁。

也。』則今之吳語也。」〔註4〕

（7）明・朱謀㙔曰：「首施、首鼠，遲疑也。」〔註5〕

（8）黃生曰：「古魚、模亦與支、齊通，如鼠爲施（上聲，《史記》：『首鼠兩端。』《後漢・鄧訓傳》作『首施』，蓋音轉。），諸爲之，母叶屺（《詩・魏風》），居讀基（《檀弓》），是『與』亦可音『以』也。」〔註6〕

（9）王念孫曰：「施讀如『施于中谷』之施。首施，猶首尾也。首尾兩端，即今人所云進退無據也。春秋魯公子尾字施父，是施與尾同意。服虔注《漢書》曰：『首鼠，一前一却也。』則首鼠亦即首尾之意。」〔註7〕

（10）朱玙曰：「施爲鼠之假借。施音弛，與鼠音轉」〔註8〕

（11）章太炎曰：「施，尾也。《後漢書・鄧訓傳》曰：『首施兩端。』施之言柂也。」〔註9〕章氏又曰：「『也』之本義，古多借『施』爲之。《後漢書・鄧訓傳》曰：『首施兩端。』又魯公子尾字施父，則名逐於尾矣。」〔註10〕

（12）黃侃曰：「首鼠兩端之首鼠，謂首尾也。以鼠尾長，故古人稱尾曰鼠。」〔註11〕

（13）朱起鳳曰：「施字讀如《周南》『施于中谷』之施，音與尾近，其義亦互通。春秋魯公子尾字施父，此爲施、尾同義之證。《左・定四年》：『施氏。』《潛夫論・志氏姓篇》引作『荼』字。荼古讀如舒，『首施』通作『首鼠』，亦猶施氏叚爲荼氏也。」〔註12〕

（14）劉大白曰：「其實『首鼠兩端』和『首施兩端』，大約是漢魏六朝

〔註4〕　方以智《通雅》卷2、50，收入《方以智全書》第1冊，上海古籍出版社1988年版，第136、1498頁。

〔註5〕　朱謀㙔《駢雅》卷2，收入《叢書集成新編》第38冊，新文豐出版公司1985年版，第338頁。

〔註6〕　黃生《字詁》，《字詁義府合按》，中華書局1954年版，第55頁。

〔註7〕　王念孫《讀書雜志》卷16《餘編上》，中國書店1985年版，第3頁。

〔註8〕　朱玙《說文假借義證》，黃山書社1997年版，第563頁。

〔註9〕　章太炎《新方言》卷4，收入《章太炎全集（7）》，上海人民出版社1999年版，第94頁。

〔註10〕章太炎《文始》卷1，浙江圖書館校刊本。

〔註11〕黃侃《說文段注小箋》，收入《說文箋識》，中華書局2006年版，第210頁。

〔註12〕朱起鳳《辭通》卷13，上海古籍出版社1982年版，第1220頁。

時代的一句成語。『首鼠』和『首施』都是雙聲謰語，由鼠轉施，
也是雙聲相轉……『躊躇』再以疊韻轉變，就變為『首鼠』，『首
鼠』再以疊韻轉變，就變為『猶豫』或『猶與』或『遊豫』。這都
是上下兩字同變的，如果是下面一字單變，便是『首鼠』變為『首
施』或者『遊豫』變為『遊移』。」並認為前人之說皆「皆望文生
義」〔註13〕。

（15）王樹功曰：「處、鼠、癙三字相通借，互訓為病，為憂。『首鼠』即
　　　首處、首憂……與『首施』、『首尾』也不是同一概念。」〔註14〕

（16）王雲路曰：「『首鼠』、『首施』是『持』字的緩讀或長言。」〔註15〕

2. 要之，有六說：

（1）陸佃的「鼠性疑」說。此說確為望文生義，《辭源》、王伯祥《史記
　　　選》從其說〔註16〕，斯為失之。朱珔以「鼠」為本字，而無解說，
　　　不知是否亦取此說。

（2）袁文的「進退」說。此說從服虔及《漢書音義》的解釋「首鼠，一
　　　前一却也」而來。「一前一却」猶言一進一退，指進退之兩端，應
　　　當是「首鼠兩端」的解釋語，而不是「首鼠」的釋義。釋語中「首
　　　鼠」二字宜衍。

（3）王念孫的「首尾」說。此說亦從「一前一却也」而來。今本唐・杜
　　　佑《通典》卷 189 引《後漢書・西羌傳》之文，注：「首施，猶言
　　　首尾也。」〔註17〕唐・道宣《集古今佛道論衡》卷 3：「何為追逐其
　　　短，首鼠兩端？廣引形似之言，備陳不遜之喻。」唐・彥悰《集沙
　　　門不應拜俗等事》卷 5：「此乃首鼠兩端，苟要時譽。」二文宋、宮
　　　本「鼠」作「尾」。是唐宋人亦作此理解，先於王念孫、章太炎、
　　　朱起鳳也。「首鼠（施）」何以有「首尾」義，又有二說，王念孫、

〔註13〕劉大白《〈辭通〉序》，朱起鳳《辭通》，上海古籍出版社 1982 年版，第 7～8
　　　　頁。
〔註14〕王樹功《「首鼠兩端」試釋》，《四川師院學報》1982 年第 4 期，第 93 頁。
〔註15〕王雲路《望文生訓舉例與探源》，《古漢語研究》1990 年第 2 期，第 22 頁；又
　　　　收入《詞匯訓詁論稿》，北京語言文化大學出版社 2002 年版，第 161 頁。說
　　　　又見王雲路《中古漢語詞匯史》，商務印書館 2010 年出版，第 1005 頁。
〔註16〕《辭源》（縮印本），商務印書館 1988 年版，第 1817 頁。王伯祥《史記選》，
　　　　人民文學出版社 1982 年版，第 424 頁。
〔註17〕杜佑《通典》卷 189，嘉靖十八年西樵方獻夫刊本，第 15 頁。

章太炎、朱起鳳皆以「施」爲本字，此一說也。黃侃以「鼠尾長」說之，此又一說也。黃說亦望文生義。

（4）朱謀㙔、劉大白解爲「遲疑」或「躊躇」。王叔岷、劉潔修取此說〔註18〕；《漢語大詞典》兼取王念孫、劉大白說〔註19〕，誠可謂「持兩端」矣。王毅曰：「『鼫鼠』是『首鼠』、『蹢躅』的轉語詞。又轉之爲『躊躇』。」〔註20〕其說「鼫鼠」是「首鼠」音轉，臆說也；其後說則皆從劉說而來，而不提劉氏。

（5）王樹枬的「首憂」說。以上四說，古籍無此等說法，實在可疑。

（6）王雲路的「緩讀或長言」說。此說解爲「持兩端」，得其義，可備一通；但「緩讀」云云尚需確證支持。

3. 方以智謂「鼠有施聲」，朱珔謂「施音弛」，皆是。魚部與之部、支部韻皆可旁轉，方以智、章太炎有論述〔註21〕。黃生、朱起鳳舉的例證也足以說明這種情況。羅常培、周祖謨列舉了兩漢魚部與之部押韻的例子〔註22〕，羅常培列舉了敦煌寫卷 P.2578《開蒙要訓》「綺」注直音去、「竿」注直音志、「痍」注直音餘、「鋸」注直音己、「翅」注直音鼠等直音材料〔註23〕，邵榮芬舉了唐代西北方言中 i 與 u 常相通假的例子〔註24〕，皆可以參考。下面我們補舉文獻中的異文材料，這種音轉關係，上自先秦，一直到唐宋時代大量存在。《詩·角弓》：「民胥傚矣。」《潛夫論·班祿》引「胥」作「斯」。斯，支部；胥，魚部。《荀子·勸學》：「行衢道者不至。」《大戴禮記·勸學》作「行跂塗者不至」，「跂」同「歧」。朱駿聲曰：「衢，叚借爲岐。」〔註25〕朱

〔註18〕王叔岷《史記斠證》，中華書局 2007 年版，第 2938 頁。劉潔修《漢語成語考釋詞典》，商務印書館 1989 年版，第 1017 頁。

〔註19〕《漢語大詞典》（縮印本），漢語大詞典出版社 1997 年版，第 7401 頁。

〔註20〕王毅《〈周易〉晉卦「鼫鼠」新證》，《周易研究》2011 年第 6 期，第 73～75 頁。

〔註21〕方以智《通雅》卷首一《音韻通別不紊說》有「魚支之通」說，收入《方以智全書》第 1 冊，上海古籍出版社 1988 年版，第 24 頁。章太炎《國故論衡》卷上《成均圖》，上海中西書局 1924 年版，第 13 頁。

〔註22〕羅常培、周祖謨《漢魏晉南北朝韻部演變研究（第一分冊）》，科學出版社 1958 年版，第 81 頁。

〔註23〕羅常培《唐五代西北方音》，商務印書館 1933 年版，第 102 頁。

〔註24〕邵榮芬《敦煌俗文學中的別字異文和唐五代西北方音》，《中國》語文 1963 年第 3 期；又收入項楚、張涌泉主編《中國敦煌學百年文庫·語言文學卷（一）》，甘肅文化出版社 1999 年版，第 138～139 頁。

〔註25〕朱駿聲《說文通訓定聲》，武漢市古籍書店 1983 年版，第 430 頁。

起鳳曰：「衢、逵，古文讀岐。」〔註26〕衢，魚部；跂（歧），支部。《爾雅》：
「東方之美者有醫無閭之珣玗琪焉。」《淮南子·地形篇》「醫無閭」作「醫
母閭」。《楚辭·遠遊》：「夕始臨乎於微閭。」王逸注引《爾雅》，謂「於微
閭」即「醫無閭」。醫，之部；於，魚部。《漢書·楚元王傳》：「時時與賓客
過其丘嫂食。」《史記·楚元王世家》「丘」作「巨」。丘，之部；巨，魚部。
《易·繫辭下》：「則居可知矣。」《釋文》：「居，鄭、王肅音基。」《禮記·
檀弓上》：「何居？我未之前聞也。」鄭注：「居，讀爲姬姓之姬，齊魯之間
語助也。」敦煌文獻中「於－依」、「與－異」通借，例多不勝舉證。敦煌寫
卷 P.3350《下女夫詞》：「琉璃爲四壁，磨玉作基階。」P.3893、P.3909 同，
S.5515「基」作「居」。S.5437《漢將王陵變》：「號令三軍，怨寡人者，任居
上殿，摽寡人首，送與西霸楚王。」郭在貽等讀「居」爲「其」，蔣冀騁申
之〔註27〕。中村藏本、P.5545《搜神記》：「郭巨字文氣。」P.2621《孝子傳》
「氣」作「舉」。P.3883《孔子項託相問書》：「二小兒作喜。」S.1392、S.2941、
S.5529「喜」作「戲」，P.3833「喜」作「虛」。S.1073：「舉身遍體皆紅爛。」
S.4301「舉」作「奇」〔註28〕。P.2807：「散枝大將。」P.2915「枝」作「支」，
S.4537 作「諸」。P.3545：「見火宅之相煎，早求解脫；諸仏乘之可託，預建
津梁。」P.3494「諸」作「知」。敦煌寫卷中「去」與「起」、「氣」、「豈」互
借〔註29〕，音理皆相同。

4. 我舊說曰：「首讀爲守，鼠讀爲處，皆執持之義。施讀爲攝，引持也。」
〔註30〕「首」讀爲「守」，今仍取之。改讀「鼠」、「施」爲「持」。《開蒙要
訓》「翅」注直音鼠，是唐代「翅」仍讀「鼠」音也。「首鼠（施）兩端」就
是「守持兩端」。「首鼠（施）」偶爲雙聲詞，既不是雙聲謰語，亦不是合音
詞。「守持」是漢代人習語。《漢書·杜延年傳》：「又丞相素無所守持。」顏
師古注：「言非故有所執持。」《後漢書·竇融傳》：「守持一隅。」《白虎通

〔註26〕 朱起鳳《辭通》，上海古籍出版社 1982 年版，第 1754 頁。
〔註27〕 郭在貽等《敦煌變文集校議》，收入《郭在貽文集》卷 2，中華書局 2002 年版，
　　　　第 53 頁。蔣冀騁《敦煌文獻研究》，湖南師範大學出版社 2005 年版，第 147
　　　　～148 頁。
〔註28〕 此例引自于淑健《〈大正藏〉第 85 卷（敦煌卷）研究》，南京師範大學 2006
　　　　年博士學位論文。
〔註29〕 參見鄧文寬《敦煌文獻中的「去」字》，《中國文化》第 9 期，1994 年出版，
　　　　第 166～168 頁。
〔註30〕 蕭旭《漢書校補》，收入《群書校補》，廣陵書社 2011 年版，第 285～286 頁。

義・號》：「守持大道。」「守持」同義連文，《詩・鳧鷖》序：「太平之君子，能持盈守成。」孔穎達疏：「《易》注云：『持一不惑曰守。』是守亦持也。」《莊子・外物》成玄英疏：「守，執也。」

4.1.「首鼠（施）」也作「首攝」，《鹽鐵論・利議》：「以其首攝多端，迂時而不要也。」黃侃曰：「攝與鼠、施聲轉。」〔註31〕楊樹達曰：「『首攝』與『首鼠』、『首施』同。」〔註32〕「攝」亦執持之義，不必改讀。《說文》：「攝，引持也。」《文選・喻巴蜀檄》：「皆攝弓而弛。」李善注：「攝，謂張弓注矢而持之。」此例正足以證明「鼠（施）」是「攝持」義。

4.2. 亦可省略作「持兩端」，是秦漢人習語。《戰國策・東周策》：「西周之欲入寶，持二端。」《新語・懷慮》：「懷異慮者不可以立計，持兩端者不可以定威。」《史記・鄭世家》：「其來持兩端，故遲。」「持兩端」即是「懷異慮」，指懷有二心。

4.3.「持兩端」的說法，在文獻中還有同義的表述方式。或作「懷兩端」，《三國志・鍾繇傳》裴松之注引司馬彪《戰略》：「陰懷兩端。」或作「挾兩端」，《晉書・王浚傳》：「浚擁眾挾兩端。」《宋書・二凶傳》：「此姥由來挾兩端。」或合言作「懷持兩端」，《後漢書・何敞傳》：「公卿懷持兩端，不肯極言。」又《袁紹傳》：「懷持二端，優遊顧望。」

5.「首鼠兩端」省言則作「首鼠」，《後漢書・烏桓鮮卑傳》：「二虜首施，鯁我北垂。道暢則馴，時薄先離。」後人不知「鼠」的意義，在後代文獻中用錯了的情況時有發生。《宋史・錢若水傳》：「持首鼠之兩端。」甚為不詞。

〔註31〕黃說轉引自王利器《鹽鐵論校注》，中華書局 1992 年版，第 331 頁。
〔註32〕楊樹達《鹽鐵論要釋》，上海古籍出版社 2006 年版，第 48 頁。

釋「寄彊」

《外臺秘要方》卷 17 引《素女經》：「腰脊疼痛，頭項寄彊。」又「頭項寄彊，不得迴展。」《傷寒論・辨太陽病脉證并治法上第五》：「太陽之爲病，脉浮，頭項強痛而惡寒。」

按：沈澍農認爲「寄彊」即「彊」，是蔣禮鴻所說的「嬴縮同源詞」，他解釋說：「彊，當讀爲『倔彊』之『彊』。寄，沒有彊直不舒或疼痛酸楚等義，不能與『彊』組成並列結構，不能用作程度副詞，故亦無修飾之意。只是因爲《素女經》以四字句式爲主，在『彊』之前需加字以補足音節，因而選取了『寄』字，而『寄』（見紐）字與『彊』（群紐）字爲準雙聲關係。」〔註 1〕沈說「『彊』讀爲『倔彊』之『彊』」是對的，但說「寄」字補足音節，牽就於蔣禮鴻所說的「嬴縮同源詞」，則非也。考明人朱橚《普濟方》卷 222 改「寄彊」作「急彊」，以音近易之。《巢氏諸病源候總論》卷 2：「骨筋急強。」又「頸骨急強。」《外臺秘要方》卷 15：「發即頭項脈掣動急強。」又「項筋急強。」《銅人鍼灸經》卷 6：「頭項急，不可傾側。」疑「寄」即「急」的音誤字。又疑「寄」是「擠」的記音字，讀去聲。《說文》「擠」、「排」互訓。「擠」指向反方向用力、反轉、扭捩。吳語有「擠奶」、「擠瘡」之語，指用手逼物出汁也。字或作䴗、沛，亦省作齊。《廣雅》：「清、䴗，盏也。」王念孫曰：「《周禮・酒正》：『一曰清。』鄭注云：『清，謂醴之沛者。』《內則》鄭注云：『清，沛也。』䴗與沛同，亦通作齊。鄒陽《酒賦》

〔註 1〕 沈澍農《中醫古籍用字研究》，南京師範大學 2004 年博士學位論文，第 58 頁。

云：『且筐且漉，載茜載齊。』齏之言擠也。《玉篇》：『齏，手出其汁也。』《廣韻》云：『手搦酒也。』」〔註2〕鄒陽《酒賦》見《西京雜記》卷4所引，作「載篘載齊」，《初學記》卷4引「齊」作「清」，是同義替換。莊履豐、莊鼎鉉謂「齊」同「劑」〔註3〕，蓋以為「調劑」義，非也。《玉篇》、《廣韻》並指出：「齏，亦作擠。」《玄應音義》卷15：「時齏：又作沛，同。《廣雅》：『齏，漉也。』謂齏出其汁也，律文作擠，排也，擠非此義也。」又卷18「齏搦」條同，《慧琳音義》卷58、73襲之。玄應、慧琳不知「齏」訓漉，即取義於「擠」，是用作「過濾」義的專字。《玄應》卷15為《十誦律》卷53《音義》，檢經文作「非時壓非時漉非時受」，宮本「壓」作「押」，《薩婆多部毗尼摩得勒伽》卷9亦作「壓」，為同義詞。《玄應》卷18為《成實論》卷3《音義》，檢經文作「或從擠搦生強濯識」。《玄應音義》卷22：「齏搦：又作沛。同。《廣雅》：『齏，漉也。』謂手搦出汁也。」《慧琳音義》卷48襲之。《正理論》卷31：「如大癰腫，熱晞酸疼，更相劇齏，臭膿涌出，爭共取食，少得充飢。」字亦作濟，《初學記》卷26引鄒陽《酒賦》作「濟」字。《廣弘明集》卷24梁・劉孝標《東陽金華山栖志》：「濁醪初齏，醇清新熟。」宮本作「濟」。《齊民要術・笨麴餅酒》：「作白醪酒法……凡三酘，濟令清。」繆啓愉曰：「濟，古文作『沛』，也寫作『齏』。」繆說甚確，後修訂版刪去「也寫作『齏』」四字〔註4〕，不知何故？石聲漢釋「酘濟」為「酘完」〔註5〕，非也。今吳語、江淮官話謂左手曰「擠手」、「寄手」、「濟手」、「濟左」、「繼手」，左腳曰「濟腳」，左邊曰「寄面」、「濟面」、「濟邊」，左肩曰「濟肩胛」〔註6〕；又謂手腳不利索曰「濟手濟腳」、「劑手劑腳」〔註7〕，亦謂之「濟手

〔註2〕 王念孫《廣雅疏證》，收入徐復主編《廣雅詁林》，江蘇古籍出版社1992年版，第177頁。

〔註3〕 莊履豐、莊鼎鉉《古音駢字續編》卷4，收入景印文淵閣《四庫全書》第228冊，臺灣商務印書館1986年版，第503頁。

〔註4〕 繆啓愉《齊民要術校釋》，農業出版社出版1982、1998年版，第405、523頁。

〔註5〕 石聲漢《齊民要術今釋》，科學出版社1958年版，第506頁。

〔註6〕 參見許寶華、宮田一郎《漢語方言大詞典》，中華書局1999年版，第4406、4407、5243、5798頁。

〔註7〕 參見許寶華、宮田一郎《漢語方言大詞典》，中華書局1999年版，第3554、

別（彆）腳」、「濟手折腳」〔註8〕。「繼」、「寄」、「劑」、「濟」皆是「擠」
的記音字，讀去聲，取其扭捩、不順之義；今吳語又謂左手曰「擠別
（彆）子」，謂口、面、頸、腰、手、足之扭曲爲「擠絞」〔註9〕，亦
同。《淮南子・俶眞篇》：「飛鳥鎩翼，走獸擠脚。」高注：「走獸毀腳。」
又《覽冥篇》：「飛鳥鎩翼，走獸廢腳。」高注：「廢腳，跛蹇也。」「擠
腳」爲古吳楚方言，指足扭傷，今語亦然；作「毀腳」、「廢腳」，則爲
通語也。《素女經》的「寄彊」，是同義連文。「寄」正彊直不舒之義，
與「彊」組成並列結構。《素女經》云「頭項寄彊」，「寄」就是《淮南
子》「擠腳」的「擠」。《巢氏諸病源候總論》卷45：「或脊背強直，或
頭項反折。」「寄」也就是「反折」之誼。沈氏云「寄」無彊直不舒義，
亦專輒失考矣。「擠」字音轉，用於腰扭傷的專字，則作「臀」，亦作
「肐」、「氣」，俗謂之「閃腰」。《玉篇》：「臀，公對切，腰痛也。」敦
煌寫卷 P.2717《碎金》：「人臀要（腰）：孤外反。」《集韻》：「臀，臀
要（腰）者，忽轉動而跂，或作肐，亦書作氣。」《六書故》：「臀，古
外、居代二切，轉動而要（腰）跂痛也。」晉・葛洪《肘後備急方》
卷 4：「臀腰者，猶如反腰，忽轉而俛（跂）之。」字亦作概，《巢氏
諸病源候總論》卷5：「四曰臀腰，墜墮傷腰，是以痛。」日人丹波康
賴《醫心方》卷 6 引作「概腰」。《廣韻》「概」、「溉」、「偧」三字音古
代切，《集韻》「概」、「溉」、「摡」、「墍」四字音居代切，皆從既得聲，
是其比也。

4407 頁。
〔註8〕「折」音「折本」之「折」，又有「折腳拐子」語。
〔註9〕「絞」讀去聲（gào）。

－2259－

「活潑」小考

1. 「活潑」一詞，指富有生氣和活力、氣氛活躍熱烈、充滿生機，我們都理解，尤習見於近現代的著作、口語中。但「活潑」何以有此義呢？還是需要考察一番，才能回答的。

1.1. 「活潑」最早始見於宋代文獻，寫作「活潑潑」，如：

（1）參禪學詩無兩法，死蛇解弄活潑潑（宋·葛天民《寄楊誠齋》）

（2）此頌人人分上活潑潑地皆有作用（宋·本嵩《註華嚴經題法界觀門頌》卷 2）

（3）向活潑潑處，更向爾道（宋·重顯頌古《佛果圜悟禪師碧巖錄》卷 3）

（4）恁地便活潑潑地（宋·朱熹《朱子語類》卷 6）

（5）但覺一字疑情於心中活潑潑地，如珠走盤縱橫無礙（元·智徹《禪宗決疑集》卷 1）

1.2. 也寫作「活潑剌」、「活扑剌」，如：

（6）則見錦鱗魚活潑剌波心跳，銀腳蟹亂扒沙在岸上藏（元·李好古《張生煮海》第 3 折）

（7）活潑剌鮮魚米換來，則除了茶都是買（元·曹德《沉醉東風》）

（8）磣可查荊棘排，活扑剌蛇蠍挨（明·馮惟敏《正宮端正好》）

清·翟灝《通俗編》卷 34：「《歸潛志》李屏山晚愛楊萬里詩曰：『活潑剌底人難及也。』『潑剌』猶言潑潑。」〔註1〕

〔註1〕 翟灝《通俗編》，影印清乾隆十六年翟氏無不宜齋刻本，收入《續修四庫全書》

1.3. 在早些及同期的文獻中，也寫作「活撥撥」，如：

（9）爾若欲得生死去住脫著自由，即今識取聽法底人，無形無相，無根無本，無住處。活撥撥地，應是萬種施設用處，祗是無處（唐・慧然《鎮州臨濟慧照禪師語錄》卷 1）

按：明刊本「撥撥」作「潑潑」。

（10）活撥撥地，祗是沒根株。擁不聚，撥不散。求著即轉遠，不求還在目前（宋・怡明《聯燈會要》卷 9）

（11）魚也，你也難回淵浪，自損你那殘生。你若是做小伏低，我著你活撥撥的遠趁江湖；你若是弄巧呈乖，我著你須臾間除鱗切尾（元・朱凱《黃鶴樓》第 3 折）

1.4. 也重言作「活活潑潑」，如：

（12）撒開網去，打出三尺錦鱗，還活活潑潑的亂跳（元・關漢卿《望江亭中秋切鱠》）

（13）嵯嵯峨峨的山勢，突突兀兀的峰巒，活活潑潑的青龍，端端正正的白虎，圓圓淨淨的護沙，灣灣環環的朝水（明・馮夢龍《警世通言》卷 40）

（14）恨不得囫圇吞行者，活活潑潑擒住小沙僧（明・吳承恩《西遊記》第 90 回）

1.5. 也寫作「活鱍鱍」，如：

（15）不流不注，不沉不浮，活鱍鱍（S.0516《歷代法寶記》）

（16）無爲無相，活鱍鱍平常自在（宋・釋普濟《五燈會元》卷 2）

（17）深處有嘉魚，活鱍鱍，跳不脫（宋・釋普濟《五燈會元》卷 20）

1.6. 考察以上文獻，我們知道，「活潑」同「活撥」、「活鱍」。撥，指魚尾轉動、擺動，《字彙》：「撥，轉也。」字或作鮁，《荀子・榮辱》：「鯈鮁者浮陽之魚也。」楊注：「鮁字蓋當爲鮁，鯈魚一名鯈鮁。」〔註2〕專字作「鱍」，《廣韻》：「鱍，魚掉尾，又音撥。」《龍龕手鑑》：「鱍，魚掉尾也。」「掉」即搖動之義，《左傳・昭公十一年》：「末大必折，尾大不掉。」《說文》：「掉，搖也。《春秋傳》曰：『尾大不掉。』」《廣韻》：「掉，搖尾，又動也。」考《六

第 194 冊，上海古籍出版社 1995 年版，第 618 頁。

〔註2〕朱駿聲曰：「按鮁字疑皆鮁之誤。」朱駿聲《說文通訓定聲》，武漢市古籍書店 1983 年版，第 683 頁。

書故》：「掉，縣捭也。捭，左右揮捭也，又作擺。」《集韻》：「擺，撥也。」「撥」、「擺（捭）」、「掉」同義互訓。清‧翟灝《通俗編》卷34：「活潑潑，《中庸章句》引程子語……按釋家語云『活鱍鱍』，皆從魚，與程子亦小別。」〔註3〕翟氏猶未明「潑」、「鱍」二字之關係。

（18）買肉血淊淊；買魚跳鱍鱍（唐《寒山詩》）

按：此例「鱍鱍」正狀魚跳動之貌。

2.「撥剌」狀魚跳動之聲，「剌」為助詞。

2.1. 或作「拔剌」、「潑剌」、「跋剌」、「蹳剌」，胡文英《吳下方言考》卷11：「拔剌，音跋拉。岑參詩：『拔剌飛鵝鶬。』案：拔剌，鳥飛翼作聲也。吳中形鳥飛聲曰拔剌。」又「潑剌：王起《漢武帝遊昆明池見魚銜珠賦》：『先是潑剌巨鱗。』案：潑剌，魚戲水聲。吳中謂魚戲水聲曰潑剌。」〔註4〕又如：

（19）彎威弧之撥剌兮，射蟠塚之封狼。（《後漢書》張衡《思玄賦》）

按：李賢注：「撥剌，張弓貌也。」《文選》作「拔剌」，舊注：「拔剌，彎弓貌。」當指張弓之聲〔註5〕。明‧方以智《通雅》卷7：「跋剌即撥剌，皆言其聲，何必分箭與魚邪？」〔註6〕清‧吳玉搢《別雅》卷5說同。

（20）池塘魚拔剌，竹逕鳥綿蠻（唐‧劉禹錫《奉和裴令公新成綠野堂即書》）

（21）雪羽灘褷立倒影，金鱗撥剌跳晴空（唐‧溫庭筠《谿上行》）

按：撥，一作「拔」。

（22）沙頭宿鷺聯拳靜，船尾跳魚撥剌鳴（唐‧杜甫《漫成》）

按：撥，一作「潑」，一作「跋」。宋‧黃希《補注杜詩》卷27引王洙曰：「撥剌，躍而有聲也。」清‧胡文英《吳下方言考》卷11：「王起《漢武帝遊昆明池見魚銜珠賦》：『先是潑剌巨鱗。』案：潑剌，魚戲水聲，

〔註3〕 翟灝《通俗編》，影印清乾隆十六年翟氏無不宜齋刻本，收入《續修四庫全書》第194冊，上海古籍出版社1995年版，第618頁。
〔註4〕 胡文英《吳下方言考》卷11，乾隆四十八年留芝堂刻本，第12、13頁。
〔註5〕 胡文英曰：「撥剌：《淮南子》：『琴戒撥剌。』案：撥剌，琴弦壓軫迍不成聲也，今吳諺謂琴瑟不成聲曰撥剌。」考《淮南子‧脩務篇》：「琴或撥剌枉橈。」高誘注：「撥剌，不正也。」此「撥剌」別為一詞，胡氏所引非也。胡文英《吳下方言考》卷11，乾隆四十八年留芝堂刻本，第12頁。
〔註6〕 方以智《通雅》，收入《方以智全書》第1冊，上海古籍出版社1988年版，第278頁。

吳中謂魚戲水聲曰潑剌。」〔註7〕

（23）雙鰓呀呷鰭鬣張，跋剌銀盤欲飛去（唐·李白《酬中都小吏攜斗酒雙魚於逆旅見贈》）

按：跋，一作「蹳」一作「撥」。宋·王楙《野客叢書》卷16：「李以『撥』爲『跋』，所謂『撥剌』者，劃烈震激之聲。」〔註8〕《正字通》：「撥剌、跋剌，聲也。」胡式鈺曰：「跋剌，響著實也。」〔註9〕

（24）海鱗方潑剌，雲翼暫徘徊（唐·盧綸《書情上大尹十兄》）

（25）怒濤奔放，驚鱗跋剌（元·吳師道《西園記》）

2.2. 又音轉爲「撲剌」、「扑剌」，作象聲詞，由魚跳動之聲而引申，如：

（26）元來是撲剌剌宿鳥飛騰（元·王實甫《西廂記》第1本第3折）

（27）宿鳥扑剌，村犬殷聲（明·王世貞《汎太湖遊洞庭兩山記》）

（28）王道思如驚弋宿鳥，扑剌遒迅，殊愧幽閒之狀（明·王世貞《藝苑卮言五》）

2.3. 重言則爲「扑剌剌」，如：

（29）卻元來是扑剌剌風動轅門這一幅繡旗的影（元·尙仲賢《漢高皇濯足氣英布》第2折）

（30）原來是扑剌剌宿鳥飛騰，顫巍巍花梢弄影（元·王實甫《崔鶯鶯待月西廂記》第3折）

（31）忙煞垂楊啼杜鵑，扑剌剌兩翅扇（元·無名氏《金水橋陳琳抱妝盒》第1折）

（32）不許你扑剌剌驚破他一枕晨雞，只要你四人呵，美甘甘迷著他南柯夢兒裏（元·吳昌齡《花間四友東坡夢》）

2.4. 也寫作「潑剌剌」、「潑喇喇」，如：

（33）潑剌剌透網金鱗（明·徐渭《翠鄉夢》第1齣）

（34）楊志在馬上把腰只一縱，略將腳一拍，那馬潑喇喇的便趕（明·施耐庵《水滸傳》第13回）

〔註7〕 胡文英《吳下方言考》卷11，乾隆四十八年留芝堂刻本，第13頁。
〔註8〕 王楙《野客叢書》，收入《叢書集成新編》第12冊，新文豐出版公司1985年版，第141頁。
〔註9〕 胡式鈺《實存》卷4《語實》，收入《叢書集成續編》第23冊，新文豐出版公司1988年版，第785頁。

按：明·沈榜《宛署雜記·民風二·方言》：「錯亂曰撲剌。」〔註10〕「錯亂」
　　義當由魚尾擺動義引申而來。

　　2.5.「潑潑」也作象聲詞，如：

（35）小雨初收風潑潑，亂飛叢竹送歡聲（明·文徵明《畫鵲》）

　　2.6. 在早期的文獻中，「鱍鱍」、「潑潑」、「撥撥」寫作「發發」、「鲅鲅」。

（36）施罛濊濊，鱣鮪發發（《詩·碩人》）

按：毛傳：「發發，盛貌。」《釋文》：「馬云：『魚著網，尾發發然。』《韓
　　詩》作『鱍』。」《說文》引《詩》作「鲅鲅」，《呂氏春秋·季春紀》
　　漢·高誘注引《詩》作「潑潑」，《唐石經》元刻作「潑潑」，後改作
　　「發發」。宋·嚴粲《詩緝》卷 6：「《說文》曰：『魚著網，尾撥撥
　　然。』」當即《釋文》所引馬融語，嚴氏誤記。《集韻》：「鲅、發、
　　鱍，《說文》：『鱣鮪鲅鲅。』或作發，亦從魚。」又「鱍、鰦、鲅，
　　魚游貌。或省，亦作鲅。」清·馬瑞辰曰：「『發發』蓋『鱍鱍』之
　　省……『鲅鲅』即《韓詩》『鱍鱍』之異文。」〔註11〕清·王先謙
　　曰：「鱍、鲅字同，以『鲅』爲正。馬融云『魚著網，尾發發然』，
　　讀『發』爲『鱍』也。」〔註12〕

　　2.7. 據《說文》，「鲅」爲本字，「鱍」、「發」、「潑」、「撥」、「蹳」、「跋」、
「拔」、「扑」皆借音字。「活潑」一詞，正取譬於魚之擺尾跳動。

　　今東北官話謂起勁、有精神爲「潑潑」，湘語謂形容開水沸騰翻滾爲「潑
潑裏」〔註13〕，亦由魚尾擺動義引申而來。

　　今吳語所云「活卜卜」、「活剝剝」、「活剝鮮跳」、「活卜鮮跳」，晉語所云
「活拍子」、「活卜爛爛兒」，冀魯官話所云「活不拉」、「活扑剌」〔註14〕，所
記皆爲借音字，皆當作「活潑」或「活鱍」。

　　3. 近代漢語形容兇悍、有魄力爲「潑辣」，當即「潑剌」，亦由魚尾擺動
義引申而來。如：

〔註10〕沈榜《宛署雜記》卷 17《民風二·方言》，北京古籍出版社 1980 版，第 194
　　　　頁。
〔註11〕馬瑞辰《毛詩傳箋通釋》，中華書局 1989 年版，第 209 頁。
〔註12〕王先謙《詩三家義集疏》，中華書局 1987 年版，第 289 頁。
〔註13〕許寶華、宮田一郎《漢語方言大詞典》，中華書局 1999 年版，第 3668～3669
　　　　頁。
〔註14〕參見許寶華、宮田一郎《漢語方言大詞典》，中華書局 1999 年版，第 4397～
　　　　4402 頁。

（37）昨日說了他幾句，就待告訴他爹娘去，恁般心性潑剌（明・馮夢龍《初刻拍案驚奇》卷2）

（38）如夏金桂這種人，偏叫他有錢，嬌養得這般潑辣（清・曹雪芹《紅樓夢》第90回）

「潑辣」也單稱「潑」，不用助詞「辣（剌）」，如「潑貨」、「潑皮」、「潑婦」、「潑賊」、「潑婆娘」等。蔣禮鴻曰：「今謂處事迅敏勁截爲潑辣，又蕩悍無檢亦曰潑辣。其蕩悍義即㦬賴也，處事敏勁曰潑辣，則即霹靂之音轉耳。」〔註15〕張舜徽曰：「嫳之言嫳，謂其性急嫳易動氣也……湖湘間稱女之性悍多怒者爲潑婦，當以嫳爲本字，語稍轉耳。」〔註16〕恐皆未確。

4. 有幾處舊說需要辨正。

4.1. 黃生《字詁》曰：「杜詩：『船尾跳魚潑剌鳴。』此狀魚尾左右擲掉之意，則『潑剌』亦『拂戾』之轉。」〔註17〕黃生釋爲「狀魚尾左右擲掉」近是，但以爲「潑剌」是「拂戾」之聲轉，則錯了。

4.2. 胡文英《吳下方言考》卷10：「百，跳躍聲也。吳諺有『活百跳』、『百百跳』之說。」〔註18〕跳躍聲的字當作「潑」。

4.3. 元劇中「活支剌」、「活支沙」可能是「活扑剌」之誤。

（39）活支剌娘兒雙拆散，生各札夫婦兩分離（元・關漢卿《包待制智斬魯齋郎》第2折）

（40）閃的他活支沙三不歸，強教俺生各扎兩分張（元・關漢卿《閨怨佳人拜月亭》第2折）

按：二例中「活支剌」、「活支沙」之「支」當作「攴」，形近而誤。「攴」同「扑」，《廣韻》二字同音普木切。「活攴剌」、「活攴沙」即「活扑剌」，亦即「活潑剌」。

4.4. 又有「薄支辣」一詞，形容薄，當即「薄不剌」之誤。

（41）瘦伶仃腿似蛛絲，薄支辣翅如葦煤，快棱憎嘴似鋼錐（元・宋方壺《一枝花》）

〔註15〕蔣禮鴻《義府續貂》，收入《蔣禮鴻集》卷2，浙江教育出版社2001年版，第130頁。

〔註16〕張舜徽《説文解字約注》卷24，中州書畫社1983年版，第34頁。

〔註17〕黃生、黃承吉《字詁義府合按》，中華書局1954年版，第38頁。

〔註18〕胡文英《吳下方言考》卷10，收入《續修四庫全書》第195冊，上海古籍出版社2002年版，第86～87頁。

按：「攴辣」亦當作「攴辣」，今北京官話有「薄不刺」之語〔註19〕，「攴辣」
即「不刺」音轉，作助詞〔註20〕。此例雖與象聲詞「扑剌」無涉，但致
誤原因相同，可以例比。

〔註19〕許寶華、宮田一郎《漢語方言大詞典》，中華書局 1999 年版，第 7205 頁。
〔註20〕明・閔遇五《五劇箋疑》：「不刺，北方語語助詞，不音餔，剌音辣，去聲。」
轉引自顧學頡、王學奇《元曲釋詞（一）》，中國社會科學出版社 1983 年版，
第 166 頁。

「賺」字「欺騙」義小考

1. 「賺」字在唐代及以後的文獻中，有「欺騙」、「哄騙」、「誑騙」義。在早期的唐代文獻中，檢得以下 5 個用例：

（1）敦煌寫卷 P.3697《捉季布傳文》：「分明出敕千金詔，賺到朝門卻殺臣。」

（2）敦煌寫卷 S.5437《漢將王陵變》：「兩盈不知，賺下落馬。」

（3）敦煌寫卷 S.5437《漢將王陵變》：「被漢將詐宣我王有敕，賺臣落馬受口敕之次，決鞭走過。」

（4）唐·佚名《朝士戲任戩》詩：「從此見山須合眼，被山相賺已多時。」

（5）唐·吳融《王母廟》詩：「賺得武皇心力盡，忍看煙草茂陵秋。」

（6）唐·李商隱《宮中曲》：「賺得羊車來，低扇遮黃子。」

唐以後，用例漸多，如：

（7）元·關漢卿《竇娥冤》第 1 折：「誰想他賺我到無人去處，要勒死我。」

（8）元·佚名《賺蒯通》第 3 折：「則除是你走一遭去，若賺得此人來，聖人自有加官賜賞。」

在舊小說中，例子更多。今北方各地官話中仍有這種說法〔註1〕。

2. 「賺」還與其他字組成聯合詞，也是「欺騙」、「哄騙」、「誑騙」義。

2.1. 或作「賺哄」，同義連文。如：

（9）明·施耐庵《水滸傳》第 33 回：「昨夜引人馬來打城子，把許多好百姓殺了，又把許多房屋燒了，今日兀自又來賺哄城門。」

〔註1〕 參見許寶華、宮田一郎《漢語方言大詞典》，中華書局 1999 年版，第 6822 頁。

（10）明·吳承恩《西遊記》第 5 回：「那赤腳大仙覿面撞見大聖，大聖低頭定計，賺哄眞仙。」

《西遊記》中「賺哄」凡 5 見。

倒言則作「哄賺」，如：

（11）明·吳承恩《西遊記》第 14 回：「若無徒弟之分，此輩是個兇頑怪物，哄賺弟子，不成吉慶，便揭不得起。」

2.2. 或作「賺騙」，亦同義連文。如：

（12）明·湯顯祖《牡丹亭·尋夢》：「怎賺騙？依稀想像人兒見。」

（13）明·馮夢龍《喻世明言》卷 29：「長老聽罷大驚，悔之不及，道：『我的魔障到了，吾被你賺騙，使我破了色戒，墮于地獄。』」

倒言則作「騙賺」，如：

（14）清·蒲松齡《聊齋誌異》卷 4：「今有匪類，以甘言誘行旅、夤緣與同休止，因而乘機騙賺。」

（15）清·蒲松齡《聊齋誌異》卷 21：「諸無行者知其性，咸朝夕騙賺之。」

2.3. 或作「賺啜」，亦同義連文。「啜」，猶言教唆、挑撥，字亦作「諁」。《廣韻》：「啜：言多不止。」《集韻》：「諁、啜：多言不止謂之諁，或从口。」故引申也有「誘騙」義〔註2〕。

（16）明·湯式《一枝花·春思》套曲：「不是我怪膽兒年來太薄劣，將枕邊廂話兒說，把被窩兒裏賺啜，都寫做慇懃問安帖。」

（17）明·佚名《認金梳》第 1 折：「他謀害了你父爺，將親娘故賺啜。」

倒言則作「啜賺」，王鍈曰：「『啜賺』一詞，亦源自市語，語素『啜』為嘴義，『賺』為欺誘哄騙義，合而為一則表示以空言欺人，為偏正式合成詞……按朱居易《元劇俗語方言例釋》213 頁收此目，以為『啜、賺』連文同義，其說未洽。」〔註3〕朱說是，王氏轉為失之。例如：

（18）宋·李心傳《建炎以來繫年要錄》卷 123：「大槩金人姦謀，凡所施設，巧僞甘言以相啜賺。」

（19）宋·宋慈《宋提刑洗冤集錄·降頒新例·檢驗法式》：「州縣司吏，通行捏合虛套元告詞，因啜賺元告絕詞文狀。」

（20）明·羅貫中《三國演義》第 30 回：「紹見書大怒曰：『……汝與曹

〔註2〕 參見龍潛庵《宋元語言詞典》，上海辭書出版社 1985 年版，第 816 頁。
〔註3〕 王鍈《宋元明市語匯釋》，中華書局 2008 年版，第 22 頁。

操有舊，想今亦受他財賄，爲他作奸細，啜賺吾軍耳！』」

（21）明・呆菴《呆菴普莊禪師語錄》卷 2：「瞿曇降誕是斯辰，啜賺古今多少人。」

倒言也作「賺啜」，「賺」讀爲「諁」、「啜」。如：

（22）明・馮夢龍《喻世明言》卷 21：「錢鏐已知劉漢宏賺賺之計，便將計就計。」

（23）明・馮夢龍《醒世恒言》卷 6：「王臣吃了夜飯，到房中安息。自想野狐忍痛來賺賺這冊書，必定有些妙處，愈加珍秘。」

（24）明・施耐庵《水滸傳》第 61 回：「盧俊義道：『小人一時愚蠢，被梁山泊吳用，假做賣卜先生來家，口出訛言，煽惑良心，賺賺到梁山泊，軟監了兩個多月。』」

（25）明・王玉峰《焚香記・辨非》：「判官，與我逐一查那善惡文簿，要見何年月日有何人套寫王魁家書，賺賺他夫妻離間。」

2.4. 或作「賺脫」，亦同義連文。「脫」、「啜」一音之轉也。如：

（26）宋・趙彥衛《雲麓漫鈔》卷 6：「太宗開國之文君，不應賺脫一僧，而取翫好。」

（27）清・蒲松齡《聊齋誌異》卷 6：「女怨曰：『我固道渠不義，今果然！』乃於衣底出黃金二鋌置几上，曰：『幸不爲小人賺脫，今仍以還母。』」

倒言則作「脫賺」，王鍈曰：「脫賺，欺騙。」〔註4〕如：

（28）宋・朱熹《朱子語類》卷 133：「如王公明炎、虞斌父之徒，百方勸用兵，孝宗盡被他說動，其實無能，用著輒敗，只志在脫賺富貴而已。」

（29）宋・朱熹《乞給由子與納稅戶條目》：「令所納人當官交領，不得似前，只將鈔單脫賺人戶。」

（30）宋・王明清《揮麈後錄》卷 3 引方軫疏：「又況數年間行鹽鈔法，朝行夕改，昔是今非，以此脫賺客旅財物。」

2.5. 「賺啜」音轉則爲「攛掇」，《康熙字典》：「攛，俗謂誘人爲非曰攛掇。」如：

（31）宋・朱熹《朱子語類》卷 35：「使學者聞之，自然懽喜，情願上這一條路去，四方八面攛掇他去這路上行。」

（32）宋・朱熹《朱子語類》卷 125：「子房爲韓報秦，攛掇高祖入關。」

（33）宋・黃震《曉諭假手代筆榜》：「世有富商大賈，一旦失其本心者……攛掇乞丐爲富人，而自身情願受飢寒」

（34）元・石德玉《秋胡戲妻》第 3 折：「他那裏口口聲聲，攛掇先生，不如歸去。」

明、清舊小說中，例子更多。

又音轉爲「躥掇」，如：

（35）明・馮夢龍《喻世明言》卷 10：「你今日是聽了甚人躥掇，到此討野火吃？」

3.　《五音集韻》：「賺，拐賺也，虛狀物不實。」《正字通》：「賺，俗謂相欺誑曰賺。」《漢語大字典》、《漢語大詞典》「賺」字條也都立有「哄騙」、「誑騙」的義項。《大詞典》、《戲曲詞語匯釋》、《宋元語言詞典》、《元曲釋詞》、《唐宋筆記語辭匯釋》的「賺」、「賺哄」、「賺啜」、「賺脫」、「賺騙」、「啜賺」、「脫賺」等詞條釋義也正確〔註 5〕。但諸家都是根據例句採用歸納法歸納出的詞義，都未能得其語源。

徐復曰：「賺，通作『謙』。《廣韻》：『詀，被誑。俗作謙。』《集韻》作『謙』，與『賺』同音。『賺』有『市物失實』一義，『被誑』即由此引申，亦後起分化字。」〔註 6〕字亦作詀，《玉篇》：「詀，多言也。」又「詉，詀詉，言不正。」指用不正當的言辭慫恿、哄騙別人。俗字也作謙，《廣韻》：「詀，被誑。謙，俗。」《集韻》「賺」與「詀」、「謙」同音直陷切，云：「詀、謙：被誑也，或從兼。」《類篇》：「謙，謙詉，言不正。被誑也。」《五音集韻》：「詀，被誑。謙，俗。」明・陳士元《俗用雜字》：「被人欺誑曰謙，一作詀；賤買貴賣曰賺，俱音暫。」〔註 7〕被人欺誑曰詀，欺誑別人也曰詀。《龍龕手

〔註 5〕　陸澹安《戲曲詞語匯釋》「賺」、「賺啜」條，上海古籍出版社 1981 年版，第 624 頁。龍潛庵《宋元語言詞典》「賺」、「啜賺」，上海辭書出版社 1985 年版，第 816、964 頁。顧學頡、王學奇《元曲釋詞（四）》「啜賺」、「賺啜」條，中國社會科學出版社 1990 年版，第 462 頁。王鍈《唐宋筆記語辭匯釋》，中華書局 2001 年版，第 171 頁。

〔註 6〕　徐復《敦煌變文詞語研究》，《中國語文》1961 年第 8 期，收入《語言文字學叢稿》，江蘇古籍出版社 1990 年版，第 227 頁。

〔註 7〕　陳士元《俗用雜字》，附於《古俗字略》卷 7，收入《歸雲別集》卷 25，《四庫存目叢書・經部》第 190 冊，第 164 頁。焦竑《俗書刊誤》錄其文，收入景印文淵閣《四庫全書》第 228 冊，臺灣商務印書館 1986 年版，第 581 頁。

鑑》：「詀，誆詀也，與謙同。」此義文獻未見用例，皆以「賺」字爲之。徐復又曰：「詀，亦借用賺，俗謂被人誆騙。」〔註8〕《妙法聖念處經》卷6：「誆詀有情，詐行恩愛。」又「誆賺有情……不樂散亂。」《祖庭事苑》卷1：「賺，當作詀。」又卷3：「賺，當作詀，被誆也。餘倣此。」又卷5：「賺舉，賺當作詀，被誆也。賺，市物失實。非義。」亦借用嗛字爲之，明·李贄《與焦弱侯書》：「夫以遊嵩、少藏林汝寧之抽豐來嗛我。」亦借用鑽字爲之，《紅樓夢》第118回：「賈芸又鑽了相看的人。」俗字又作䞋，《通雅》卷49：「謀人財物曰䞋，音戰。」《正字通》：「䞋，之扇切。音戰。謀人財物曰䞋。」

〔註8〕 徐復《〈廣韻〉音義箋記》，收入《徐復語言文字學晚稿》，江蘇教育出版社2007年版，第183頁。

《〈本草綱目〉「䤖」字音義》補正

　　《本草綱目》卷 17「鳳仙」條：「人采其肥莖，汋、䤖，以充蒿笋。」劉
衡如校：「䤖，字書無，疑『挹』或『脆』之誤。」劉敬林謂校爲「挹」或「脆」
文義不通，因重新考證，其文要點爲：(a)「䤖」爲「醃」、「腌」的異體；(b)
「醃」、「腌」爲浸漬食物字；(c)「汋」同「瀹」，義即浸漬；(d)「汋䤖」爲
同義連用〔註 1〕。

　　劉敬林所引劉衡如校本爲人民衛生出版社 1982 年版本，此本我未見，我
見到的是華夏出版社 2002 年出版的劉衡如《本草綱目新校注本》，他的校記
還有「張作『脆』」三字〔註 2〕，所指張本爲清光緒乙酉年合肥張氏味古齋重
校刊本。「脆」當即「䤖」字形誤。

　　1. 劉氏謂「䤖」爲「醃」、「腌」的異體甚確。除了劉氏所舉的例證外，
還可補充。《御定佩文齋廣群芳譜》卷 47「鳳仙」條引《別錄》：「採肥莖，汋、
醃，可爲葅。」〔註 3〕正作「醃」字。《說文》：「腌，漬肉也。」《廣雅》：「醃，
葅也。」《玉篇》：「醃，葅也。」《廣韻》：「醃，鹽漬魚也。腌，上同。」又
「醃，鹽醃。」字或作淹，《玉篇》：「淹，漬也。」《鹽鐵論・散不足》：「煎
魚切肝，羊淹雞寒。」孫詒讓曰：「淹即腌同聲叚借字。」〔註 4〕王佩諍申其
說，並指出「俗作醃」〔註 5〕。字或作䱒、鰜，《玉篇》：「䱒，鹽漬魚也。」《廣

〔註 1〕　劉敬林《本草綱目》「䤖」字音義》，《中國語文》2011 年第 3 期，第 286 頁。
〔註 2〕　劉衡如《本草綱目新校注本》，華夏出版社 2002 年版，第 829 頁。
〔註 3〕　《御定佩文齋廣群芳譜》，景印文淵閣《四庫全書》第 846 冊，臺灣商務印書
　　　　館 1986 年初版，第 424 頁。
〔註 4〕　孫詒讓《札迻》卷 8，中華書局 1989 年版，第 247 頁。
〔註 5〕　王佩諍《鹽鐵論校記》，商務印書館 1958 年版，第 132 頁。

韻》：「腌，鹽漬魚也。鮧，上同。」《集韻》：「鮧、鮧：一日漬魚也，或从邑。」《本草綱目》卷 44 引陶弘景曰：「俗人以鹽鮧成，名鮧魚。」字或作膃，《集韻》：「腌、膃：《說文》：『漬肉也。』或从邑。」字或作浥，《廣韻》「腌」、「浥」並音於業切。《爾雅翼》卷 4《音釋》：「浥，音邑，漬也。」《六書故》卷 20：「鬵，浥魚也。」又「鮑，浥魚也，以鹽浥而暴藏之，今謂之鮺……唐本曰瘞魚也，徐本曰饐魚也，顧野王曰漬魚也，今謂浥。」考《釋名》：「鮑魚，鮑，腐也，埋藏淹使腐臭也。」《史記·貨殖傳》：「鮑千鈞。」《索隱》：「魚漬云鮑。」《漢書·貨殖傳》顏師古注：「鮑，今之鮧魚也。」是「浥」同「鮧」，亦即「淹」也，其義為漬。《齊民要術·脯腊》：「作浥魚法：凡生魚悉中用，唯除鮎鱧耳。去直膃，破腹作鮍，淨疏洗，不須鱗。夏月特須多著鹽，春秋及冬調適而已，亦須倚鹹兩兩相合……」水漬為淹，漬魚為腌、鮧，漬肉為腌、膃，各改義符以製專字，其義一也。

2.「腌」、「腌」為浸漬食物，是指用鹽醃漬。此義今各地方言通用，無庸引證。

3.「汋」同「瀹」，其本字為「鬻」。《說文》：「鬻，內肉及菜湯中薄出之。」指把肉及蔬菜放在開水裏略微煮一下就撈起來。《繫傳》：「臣鍇曰：今諸書多作瀹，《禮》注云：『新春菜可瀹。』故謂春祭曰禴。鬻，煠也。」「煠」同「煠」。段玉裁注：「內，今之納字。薄音博，迫也。納肉及菜於鬻湯中而迫出之，今俗所謂煠也。玄應曰：『江東謂瀹為煠。』煠音助甲切。鬻，今字作瀹，亦作汋。《通俗文》曰：『以湯煮物曰瀹。』《廣雅》曰：『瀹，湯也。』孫炎說『夏礿』之義曰：『新菜可汋。』」〔註6〕敦煌寫卷 S.617《俗務要名林》：「瀹，瀹菜也，羊灼反。」《廣韻》：「鬻，內肉及菜湯中薄出之。瀹，上同。」《集韻》：「鬻，通作瀹、汋。」《釋名》：「生瀹蔥薤曰兌。」是後漢已用「瀹」字。唐訓方《里語徵實》卷上：「略煮曰鬻，音藥，俗音却。」〔註7〕今吳方言「鬻」亦讀「却」音。明朱橚《救荒本草》卷 2 謂鳳仙可救飢，其食制之法是：「採苗葉煠熟，水浸一宿，做菜，油鹽調食。」可證「汋」即「煠」也。俗又借用同音字「綽」，《西遊記》第 25 回：「二童忙取小菜，卻是些醬瓜……綽芥菜，共排了七八碟兒，與師徒們吃飯。」俗亦借用同音字「焯」，《說郛》卷

〔註6〕 段玉裁《説文解字注》，上海古籍出版社 1981 年版，第 113 頁。

〔註7〕 唐訓方《里語徵實》，收入〔日〕長澤規矩也編《明清俗語辭書集成（2）》，上海古籍出版社 1989 年版，第 1455 頁。

74 引宋林洪《山家清供・薝蔔煎》：「（梔子花）大者以湯焯過，少乾，用甘草水和稀麵拖油煎之，名薝蔔煎。」又引《山家清供・紫英菊》：「春採苗葉洗焯，用油略炒煑熟，下薑鹽羹之。」今吳語、粵語、中原官話、膠遼官話猶有「瀹」、「淪」、「焯」之語〔註8〕。

　　4.「汋、醃」謂或汋或醃，汋爲熟食，醃則生食之。「汋、醃」是二種不同的食製方法，不是同義連用。桂馥《札樸》卷9《雜言》：「鹽藏魚菜曰腌……菜入湯曰瀹，或曰煠。」〔註9〕

　　附記：張春雷《〈〈本草綱目〉「醃」字音義〉商補》（《中國語文》2013 年第 6 期，第 563～565 頁），對劉文及拙文提出了商榷，他指出《本草綱目》是引用並刪改了《食物本草》卷 19：「人采其肥莖汋醃，或醬，或以鹽醃，槽藏以充蒿蕢，脆美可啖。嫩花酒浸一宿，亦可食。」認爲「醃」的本字當是「淹」，解爲「浸泡」。可以參看。

〔註8〕　參見許寶華、宮田一郎《漢語方言大詞典》，中華書局 1999 年版，第 7488、7531、6275 頁。
〔註9〕　桂馥《札樸》，中華書局 1992 年版，第 390 頁。

《〈何典〉『易』字考》補正

　　《何典》第 1 回：「幾乎連階沿磚都踏烊易了。」陳源源《〈何典〉『易』字考》一文謂「烊易」中「易」爲方言記音字，磨損、消磨義〔註 1〕

　　關於「磨損」、「消磨」義讀如「易」的本字，陳君摘錄了明清學者的二種說法：

（a）「勩」字說。段玉裁《說文解字注》曰：「今人謂物消磨曰勩是也。2571-3160/2800 蘇州謂衣久箸曰勩箸。」朱駿聲《說文通訓定聲》曰：「今蘇俗語謂物消磨曰勩，謂衣可耐久曰勩著。」

（b）「鉇」字說。焦竑《俗書刊誤》卷 11《俗用雜字》曰：「金石久用無楞曰鉇（音御），《漢書》：『磨錢取鉇。』」李實《蜀語》：「磨之漸銷曰鉇。」翟灝《通俗編・雜字》「鉇」字條引《五音譜》：「磨 12\41 礱漸銷曰鉇。」《越諺》卷下：「鉇，異。堅硬器物磨礱漸消。銅錢、牙牌磨鉇。《宋書》，又《丹鉇錄》。」乾隆 15 年《寶山縣志》：「磨鉇，物漸磨去曰磨鉇。鉇，音裕，今俗呼如異。」民國七年《上海縣續志》：「鉇，俗呼如異，物漸磨去也。」

　　《漢語大字典》、《漢語大詞典》皆據（a）立說，陳君說：「勩爲勤勞、勞苦義⋯⋯勩何以會有『磨損』之義呢？我們仍不得其解。」然後據《越諺》及兩種舊《縣志》認爲「『勩』、『易』都是方言記音字，其本字應爲『鉇』」。

　　陳君的結論，剛其反而。

　　首先我們要補充，「鉇」字說還有以下材料：焦竑《俗用雜字》實轉錄自

〔註 1〕　陳源源《〈何典〉『易』字考》，《中國語文》2009 年第 5 期。

明人陳士元的《俗用雜字》〔註2〕，這一點焦氏有說明。楊慎《丹鉛總錄》卷7：「鉛音裕，《五音譜》：『磨礲漸銷曰鉛。』今俗謂磨光曰磨鉛是也。往年中官問於外庭曰：『牙牌磨鉛字何如寫？』予舉此答之。」〔註3〕楊慎《古音餘》卷4：「今俗物朽酒（舊？）云摩鉛。」〔註4〕《正字通》亦採楊慎說。《通雅》卷49：「磨鉛：音裕，今人有此語。《五音譜》：『磨癠漸消曰鉛。』」〔註5〕岳元聲《方言據》卷下：「物磨損謂之鉛。鉛，音裕。」〔註6〕《越諺》卷上：「百行百弊，鬍頭無有弊，頂埠要修鉛。」〔註7〕《江南志書·嘉定縣志》與《寶山縣志》同〔註8〕。《遵義府志》：「磨之漸消曰鉛，俗讀作遇。」〔註9〕姜亮夫《昭通方言疏證》：「磨鉛，下音如裕。昭人謂磨物使光潔曰裕，又磨損亦曰裕。」〔註10〕

「鉛」字說本於《五音譜》，「勘」字說的鼻祖爲段玉裁。段說是。何以「勘」有「磨損」、「消磨」義呢？段玉裁是有解釋的，陳君引段注不完整。段玉裁《說文注》原文爲「按凡物久用而勞敝曰勘。明楊慎答中官問，謂牙牌摩損，當用鉛字。今按非也。當用勘字。今人謂物消磨曰勘是也，蘇州謂衣久箸曰勘箸。」〔註11〕「勘」有「磨損」、「消磨」義，是由本義「勞敝」引申而得。朱駿聲即採用了段玉裁的說法。章太炎《新方言·釋言》：「《說文》：

〔註2〕 陳士元《俗用雜字》，收入《歸雲別集》卷25，明萬曆刻本，《四庫全書存目叢書·經部》第190冊，齊魯書社1997年版，第160頁。

〔註3〕 《丹鉛摘錄》卷2說同，並收入景印文淵閣《四庫全書》第855冊，臺灣商務印書館1986年初版，第397、234頁。

〔註4〕 楊慎《古音餘》，收入《叢書集成新編》第40冊，新文豐出版公司1985年版，第157頁；楊說又見楊慎《俗言》卷1，收入《叢書集成初編》第336冊，中華書局1985年影印，第3頁。

〔註5〕 方以智《通雅》，收入《方以智全書》第1冊，上海古籍出版社1988年版，第1448頁。

〔註6〕 岳元聲《方言據》，收入《續修四庫全書》第193冊，上海古籍出版社1995年版，第406頁。

〔註7〕 范寅《越諺》（侯友蘭等點注），人民出版社2006年版，第40頁。

〔註8〕 《江南志書·嘉定縣》，收入《古今圖書集成》《字學典》卷145，中華書局民國影本。

〔註9〕 轉引自許寶華、宮田一郎《漢語方言大詞典》，中華書局1999年版，第6166頁。

〔註10〕 姜亮夫《昭通方言疏證》，收入《姜亮夫全集》卷16，雲南人民出版社2002年版，第109頁。

〔註11〕 段玉裁《說文解字注》，上海古籍出版社1981年版，第700頁。

『勸，勞也。』凡物勞劇則損，故今謂器物磨損爲勸。段玉裁說。」〔註11〕
「鎔」當音「裕」，諸書「鎔」字說，實爲《五音譜》所惑，《五音譜》不可
據以爲典要。《俗書刊誤》所引《漢書》「磨錢取鎔」之鎔當訓銅屑，臣瓚曰：
「許愼云：『鎔，銅屑也。』摩錢漫面，以取其屑，更以鑄錢。《西京黃圖敍》
曰『民摩錢取屑』是也。」顏師古曰：「鎔音浴，瓚說是也。」《史記·平準
書》「鎔」作「鎔」，字同。《俗書刊誤》引徵不恰當。《說文》：「鎔，可以句
鼎耳及爐炭。一曰銅屑也。讀若浴。」《玉篇》、《廣韻》、《集韻》並承其說。
由此二義引申，「鎔」字斷無「磨損」、「消磨」之義〔註13〕。

吳語謂耐磨爲耐勸，朱駿聲《說文通訓定聲》「紬」條云：「（紬）蓋絲靐
帛厚而耐勸者。」〔註14〕今猶有此語。今溧陽話謂腐蝕、損壞爲烊易，正可
與《何典》相印證。

某氏曰：「『烊易』爲方言，意爲塊狀條狀東西未放穩，一邊高、一邊低。
像石條、磚塊鋪地，中間有突出硬物支撐，不平穩即喚作『烊易』。觀《何典》
原文，意爲連階沿磚都踏活了。」〔註15〕臆測無據。

〔註11〕章太炎《新方言》，收入《章太炎全集（七）》，上海人民出版社1980年版，
　　　　第37頁。
〔註13〕王繼如謂「由磨取而得到的銅屑引申而指磨損」，雷漢卿謂「銅屑是通過『磨』
　　　　得來的，那麼磨的動作也叫『鎔』」，皆甚爲牽強。王繼如《語詞的潛在及其
　　　　運動》，《江蘇大學學報》2008年第1期，第40頁。雷漢卿《明清白話小說詞
　　　　語叢札》，《中國訓詁學報》第1輯，商務印書館2009年版，第273頁。
〔註14〕朱駿聲《說文通訓定聲》，武漢市古籍書店1983年版，第236頁。
〔註15〕意猜《「烊易」試解》，《甘肅社會科學》1992年第4期。

「重棗」解

　　古小說常形容人臉色紫紅爲「面如重棗」，明清小說慣用，如《三國演義》7 見，《水滸傳》6 見。較早用例有：唐・李無諂《不空胃索陀羅尼經》卷 1：「身重棗色。」〔註 1〕宋・佚名《百寶總珍集・江豬牙》：「江豬猶如重棗色，象牙粗細有兩般。」明嘉靖刻本《清平山堂話本・洛陽三怪記》、《西湖三塔記》並有「面色深如重棗，眼中光射流星」句。《正統道藏・太平部・法海遺珠》卷 39：「戴青長結巾，重棗色面，鳳眼，美髯。」〔註 2〕又《正一部・道法會元》卷 259：「元帥重棗色面，鳳眼，三牙鬚。」〔註 3〕

　　「重棗」費解，《辭源》解爲「赭紅色」，《漢語大詞典》解爲「深暗紅色的棗子，常用以形容人的臉色」。〔註 4〕此說似解「重」爲顏色深。

　　考查古籍，「重棗」還有其他表達形式：

　　也作「天尜棗」、「天蒸棗」，宋・蘊聞《大慧普覺禪師語錄》卷 12：「鄒搜欸似天尜棗，輕輕觸著便煩惱。」〔註 5〕明・董斯張《吹景集》卷 10「貌不颺曰鄒搜」條引《語錄》作「天蒸棗」〔註 6〕。

〔註 1〕　李無諂《不空胃索陀羅尼經》，收入《大正新修大藏經》第 20 冊，新文豐出版有限公司 1983 年印行，第 415 頁。

〔註 2〕　《正統道藏・太平部・法海遺珠》，第 26 冊，第 939 頁。

〔註 3〕　《正統道藏・正一部・道法會元》，第 30 冊，第 588 頁。

〔註 4〕　《辭源》（修訂本），商務印書館 2009 年版，第 3436 頁。《漢語大詞典》（縮印本），漢語大詞典出版社 1997 年版，第 6081 頁。

〔註 5〕　蘊聞《大慧普覺禪師語錄》，收入《大正新修大藏經》第 47 冊，新文豐出版有限公司 1983 年印行，第 862 頁。

〔註 6〕　「鄒搜」亦作「皺搜」、「搊搜」、「搊瘦」等形，另參見蕭旭《古國名「渠搜」名義考》。

也作「挣棗」，明・佚名《關大王單刀劈四寇》第 3 折楔子：「生的面如挣棗色。」〔註7〕

也作「熏棗」，明・羅懋登《西洋記》第 52 回：「廟堂上坐著一個丹鳳眼、臥蠶眉、面如熏棗、鬚似長楊的關聖賢。」明・羅貫中《殘唐五代史演義傳》卷 1 第 7 回：「面如熏棗，體似狼形。」明・諸聖鄰《大唐秦王詞話》卷 3：「面如熏棗，三丁掩口。」明・陶汝鼐《榮木堂合集》卷 2《關夫子畫像詩》：「但疑史云面熏棗，寫真今只如初酣。」

也作「垂棗」，明・酉陽野史《三國志後傳》第 27 回：「面如垂棗。」〔註8〕

顧學頡、王學奇曰：「挣、重雙聲；挣、蒸同音，均通用。」〔註9〕胡竹安曰：「重棗，重陽時的棗子，其色接近紫紅。」〔註10〕曾良謂「垂棗」是正字，云：「『面如垂棗』就是指國字臉，蓋垂棗比較飽滿，兩端都略鼓出，像人的飽滿的天庭和下巴。」〔註11〕

「重」、「挣」無通假可能，顧、王說非也；至謂「挣、蒸同音通用」則是也。胡竹安說是望文生義，「重陽棗」不可省稱作「重棗」。「面如重棗」明顯描寫的是臉色，而非臉形，曾說亦未是。「重」、「垂」當爲「熏」的形譌字〔註12〕，「熏」、「蒸」同義。上引《清平山堂話本》句，明・安遇時編萬曆刻本《包公案》卷 3 正作「面色深如熏棗，眼中光射流星」，不誤。

「烝棗」、「蒸棗」爲棗名，又稱作「天蒸棗」。《晏子春秋・外篇》：「景公謂晏子曰：『東海之中，有水而赤，其中有棗，華而不實，何也？』晏子對曰：『昔者秦繆公乘龍舟而理天下，以黃布裹烝棗，至東海而捐其布，破黃布，故水赤；烝棗，故華而不實。』」《類聚》卷 85、87、《文選・新刻漏

〔註7〕 佚名《關大王單刀劈四寇》，收入《孤本元明雜劇（二）》，影涵芬樓藏版。

〔註8〕 酉陽野史《三國志後傳》，收入《古本小說集成》第 3 輯第 57 冊，上海古籍出版社 1993 年版，第 420 頁。

〔註9〕 顧學頡、王學奇《元曲釋詞（四）》，中國社會科學出版社 1990 年版，第 437 頁。

〔註10〕 胡竹安《水滸詞典》，漢語大詞典出版社 1989 年版，第 62 頁。

〔註11〕 曾良《明清通俗小說語彙研究》，江西教育出版社 2009 年版，第 102 頁。

〔註12〕 元・關漢卿《關張雙赴西蜀夢》第 1 折：「西川途路受驅馳，每日知他過幾 **垂** 深山谷，不曾行十里平田地。」「**垂**」即「重」，與「垂」字字形極近。「熏棗」先大量譌成「重棗」，又偶譌成「垂棗」。《元刊雜劇三十種》，影印北京圖書館藏本，收入《古本戲曲叢刊》四集之一，商務印書館 1958 年版。此例承陳敏博士檢示，謹致謝忱。

銘》李善注、《御覽》卷 820、965、《事類賦注》卷 26、《記纂淵海》卷 92、《全芳備祖》後集卷 7 引並作「蒸棗」。宋・周密《武林舊事》卷 9 有「大蒸棗」。《齊民要術・種棗》引《廣志》、《爾雅翼》卷 10 皆載「東海蒸棗」。宋・寇宗奭《圖經衍義本草》卷 35：「大棗……惟青州之種特佳，雖晉絳大實亦不及青州者之肉厚也。並八月採，暴乾，南郡人煮而後暴，及乾，皮薄而皺，味更甘於它棗，謂之天蒸棗。」《太平寰宇記》卷 46 載河東道蒲州土產有「天蒸棗」。《說郛》卷 105 引元・柳貫《打棗譜》有「天蒸棗」之名，云「乾紅于樹上」。

《新鄉縣續志》卷 2：「熏棗，出趙村。製法：先用大鍋煮熟，每煮時用蔴油入鍋內，再用砂仁紫蔻少許入之，棗皮不裂，色鮮明，味清香，熟後用箔少晾，再上焙。焙法：一日用火三次，少歇，將焙上面棗翻至下面，再用火三次，計滿二日方成。」〔註13〕

其所異者，「蒸棗」為暴乾而製成，故又名「天蒸棗」；「熏棗」則用火焙乾而製成。其實一也。此棗色紅，故用以形容人臉色或身色之紫紅者。

〔註13〕《新鄉縣續志》，成文出版社影民國十二年刻本。